Kurt Drawert   **Dresden. Die zweite Zeit**

Kurt Drawert

DRESDEN. DIE ZWEITE ZEIT

Roman

C.H.Beck

Die Arbeit des Autors am vorliegenden Buch wurde vom Deutschen Literaturfonds e.V. gefördert.

Man erbt immer ein Geheimnis.
KARL MARX

Ich bin mit allem, was ich entwickeln muss,
ehe ich sterbe, in Verzug.
JACQUES LACAN

Für meine Mutter

- 9 Bahnhöfe. Ankunft [1]
- 17 Töne. Spuren
- 22 Heimat. Ankunft [2]
- 29 Schuld. Erinnerungsmythos [1]
- 34 Pegida. Metaphern
- 47 Vaters Buch [1]
- 52 Kolumne, SZ [1]
- 55 Gespräche. Keine Gespräche
- 59 Kolumne, SZ [2]
- 65 Lektüre. Randnotizen
- 71 Kolumne, SZ [3]
- 75 Fehlerwartung. Wahrnehmungsfehler
- 84 Schuld. Erinnerungsmythos [2]
- 87 Die Diktatur nicht des Proletariats, sondern der Technik
- 91 Das verlorene Erbe. Häuser, Straßen, Tod
- 98 Lesen. Existieren
- 105 Spiegelland / Spaltungen. Zerwürfnisse
- 119 Nicht mehr: *Im Namen des Vaters*
- 134 Die Schuld, es zu sagen / oder es nicht zu sagen
- 143 Der Sturz. Schultermetapher [1]
- 150 Vaters Buch [2]
- 168 Der Ort. Schultermetapher [2]
- 187 Die Liebe meines Vaters zu seinem Hund
- 194 Der Schnitt in den Körper

203	Subjekte. Objekte
215	In den Fabriken [1]
223	Buch Ludwig
236	Die missglückte Operation. Versagensscham
244	Vaters Buch [3]
254	In den Fabriken [2]
265	Mutters Buch [1]
275	Das Glück des Sisyphos. Mutters Buch [2]
282	Schuld. Erinnerungsmythos [3]
291	Danksagung
293	Bildnachweis

Bahnhöfe. Ankunft [1]

Ich suche etwas, von dem ich nur weiß, dass es mir fehlt. So bin ich zurück nach Dresden gekommen, ein halbes Jahrhundert danach. Aber auch, wenn ich meine Koffer auspacke, komme ich nicht an. Vielleicht gerade auch deshalb nicht, weil ich die Stadt noch aus den Siebziger- und Achtzigerjahren kenne, davon heute aber nichts mehr wiederfinden kann. Die gleichen Straßen sind andere Straßen, die gleichen Häuser andere Häuser. Alles ist anders, auch wenn es, seiner Form, seiner Hülle, seiner Haut nach, überhaupt nicht anders ist. Doch es geht eine Bewegung durch die Dinge hindurch, die noch die alten Dinge sind, durch die sie andere werden, fremde, rätselhafte Wesen. Es sind die Menschen, durch die sich alles, auch das Unveränderte, ändert. Und man selbst ist ja auch unentwegt ein anderer. Nur der Fluss ist mir vertraut, sein ruhiges Gleiten in weichen, mäandernden Bögen, von Wiesenlandschaft gerahmt und an den Hängen der Loschwitzer Höhe vorbei, heute wie gestern oder wie vor einhundert Jahren. Der Dresdener Dichter Heinz Czechowski, den seine Freunde, so er am Ende noch welche hatte, liebevoll Czecho nannten, schrieb einen der schönsten Verse dazu: *Sanft gehen wie Tiere die Berge neben dem Fluss.*

Die Wohnung im Stadtteil Pieschen, Arbeiterviertel, Prekariat statt Prominenz (was mir besser gefällt), ein Einkaufscenter schräg gegenüber, Discounter, ein kleines Obst- und Gemüsegeschäft, das einem Vietnamesen gehört, der aus der D.D.R. nicht mehr rechtzeitig wegkam (oder sind es schon dessen Kinder oder Enkelkinder?), die Straßenbahn gleich vor dem Hauseingang, der immer mit irgendetwas vollgestellt ist und verweht von Laub oder Fetzen Zeitungspapier, das berühmt/berüchtigte Brauhaus Watzke zwei Straßen weiter («Wo Sie vielleicht nicht so gern hingehen möchten?» – «Nein, und warum nicht?»), Ein-Zimmer-Apartment im vierten Stock, Kunststofffußboden, der mich an Plaste & Elaste aus Schkopau erinnert, unter mir ein IT-Management, eine Arztpraxis, die Sparkasse. Funktional, ausdruckslos, aber mit heller Fensterfront und einem (allerdings verwucherten) Dachgarten, der mich versöhnt. Die Vorstellung, nicht aus einer Wohnung ins Freie treten zu können, und sei es nur auf einen Balkon, jetzt, im Sommer, war mir fast unerträglich. Bin ich verwöhnt?

Der Kleiderschrank im Vorraum ist schmal, mehr ein Spind in zwei Reihen, zur Hälfte mit Handtüchern, Bettwäsche und den vergessenen Sachen früherer Gäste gefüllt. Ich hänge ein paar Hemden und Jacketts auf die schon verbogenen Bügel aus Draht, wie man sie von der Reinigung bekommt, und lasse alles andere im Koffer. Ich habe keine Lust, mir weitere Fächer zu suchen oder sie durch Umschichtung der Innenablagen frei zu räumen; es kommt mir plötzlich so absurd vor, dieses Hiersein, dieses Ankommen und Auspacken und Einräumen der Dinge des täglichen Bedarfs, im Grunde geübt und erfahren durch viele andere Stipendien an allen möglichen Orten der Welt, die besser oder schlechter, größer oder kleiner, vornehmer oder einfacher waren; dieses «Zurück-in-der-Heimat-sein-Wollen», das ich mir als ein mögliches Motiv so konkret bis zu diesem Moment gar nicht vorgestellt habe und das ich, in einer anderen Verfassung, entschieden bestritten und mit einem Zitat aus «Spiegelland» (von vor fast dreißig Jahren) fortfolgend widerlegt hätte: «Die Geschichte des Körpers ist hinlänglich beschrieben, und man muss sie verlassen, man muss seine Herkunft verlassen und deren Bilder und alles, was an sie erinnert. Und man verlässt sie, indem man sie ausspricht, wir müssen alles erst einmal sprechen, um es dann zu verlassen, wir sagen unseren Namen, und wir haben unseren Namen verlassen, wir sagen unsere Liebe, und wir haben unsere Liebe verlassen, wir haben eine Sprache, um die Sprache zu verlassen, und so verlassen wir uns selbst, um uns selbst zu erreichen, ich kann eine Stadt und eine Landschaft und eine Herkunft, ob es dieser holsteinische Ort ist oder das Sachsen oder das Märkische meiner Kindheit, ohne Trauer verlassen, ich kann mich ins Auto setzen und losfahren und ohne Mühe alles und für immer verlassen, denn es gibt keine Heimat, wenn es sie in uns selbst nicht gibt. Und heimatlos sind wir doch alle.»

Nach besinnungslosen Tagen voller Termine und Verabredungen verstaue ich auch die restlichen Sachen, die noch irgendwo auf dem Fußboden liegen, und räume die Bücher, die ich mir mitgebracht habe, in zwei frei gebliebene Regalfächer ein – die anderen sind mit Touristenliteratur, Kunstbänden und den Hinterlassenschaften ehemaliger Stipendiaten gefüllt: Die Biografie über Jacques Lacan von Élisabeth Roudinesco, an der ich schon fast ein halbes Jahr lese, weil sie so tiefgreifend und voluminös ist, dann Schriften Lacans, das berühmte «Seminar X», Essays von Zygmunt Bauman zur Flüchtlingskrise und zur «Angst vor den anderen», eine gerade in

Dresden sicher ergiebige Lektüre, ebenso wie die von Julia Kristeva: «Fremde sind wir uns selbst», ein Text, der, schon in den 1980er-Jahren geschrieben, alles Wichtige vorausgesagt hat, Proust, Band drei und Band vier, «Das Leben» von Georges Perec, «Die Jahre» von Annie Ernaux, das mich nach vierzig Seiten plötzlich zu langweilen begann und in eine Krise des Lesens stürzte, weil mich dessen komplexe Struktur, nein, nicht überforderte, aber in mir auf eine Ungeduld stieß, die ich so noch nicht kannte, ein Maurice Blanchot, Titel gerade nicht greifbar, Nachschlagewerke, Wörterbücher, und, wie immer, der Duden, zerlesen und mit Markierungen versehen wie kein anderes Buch, nach alter Rechtschreibung, in Leinen gebunden und nur noch antiquarisch erhältlich. Auch ein paar eigene Bücher, für den Fall der Fälle, dass ich irgendwo eingeladen werde und der Gastgeber auch ein Leser ist (oder sich die Bücher wenigstens, nach Größe und Farbe des Covers geordnet, ins Fach stellt). Zumindest das ist ein praktischer Nebeneffekt des ansonsten kaum rentablen Schreibens: Man hat immer etwas zum Verschenken dabei. Die berühmten *Bücher für den Zahnarzt*, so hatte es mein toter Freund Raddatz genannt; dieser herrlich böse Kauz, und wie sehr er mir fehlt.

Auch Gerüche sind eine Sprache, die eine Geschichte erzählt, und diese Wohnung riecht nach Desinfektionsspray, wie man ihn von den Toiletten einer Arztpraxis kennt. Aber das ist nur der erste, flüchtige Eindruck, denn dahinter, hinter dieser strengen, scharfen Geruchswand, die zweifellos die Spuren einer letzten Putzbrigade sind, die im Auftrag des Vermieters kurz vor meiner Ankunft hier gesaugt, gefegt und aufgeräumt hat, liegen leichtere, wärmere, schwebende Gerüche, etwas süßlich, wie ein Parfum oder Atem der Haut oder Träume, die zu einem Duft geworden sind, und nur ich, in diesem Moment, nehme ihn wahr.

Es ist die Anwesenheit des anderen, die seiner tatsächlichen Anwesenheit noch recht lange folgt, eine abwesende Anwesenheit, eine lautlose, verborgene, ferne Anwesenheit, eine Anwesenheit in den Spuren und Dingen, die liegen geblieben oder vergessen worden sind wie diese Sachen im Spind auf dem Flur. Es ist die Anwesenheit einer anderen Sprache, eines anderes Textes, einer anderen Stimme, die sich mit einem Namen und einem Gesicht und einem Charakter verbindet und die für eine unbestimmt lange Zeit in die eigene Stimme hineinspricht, sie stört oder verhindert. Es ist nicht das grandiose Rauschen der Bücher in den Sphären der universalen Bibliothek, das jeder, der schreibt, zu hören und zu übertönen hat, sondern es ist die ganz konkrete andere Schreibexistenz, die sich ihr Zelt genau dort hingestellt hatte, wo man nun selber für eine Weile kampiert. Und es hat mich immer bedrängt, wenn dieser (oder diese) andere Manuskripte zurückgelassen hat, irgendwo in den Ablagen, angefangene Erzähltexte, Dialoge zu einem Stück, begonnene und plötzlich unfertig endende Gedichte, vielleicht, weil gerade Besuch gekommen ist; und dann, fein geordnet im oberen Fach, die eigenen Bücher, meistens die letzten, wenn vorhanden in einer Taschenbuchausgabe, die billiger ist, aber eben so, dass sie eine Herausforderung sind, in die Hand genommen und gelesen zu werden, dass sie *sprechen* (wo ein anderer, jetzt ich, seine unbedingte Ruhe haben will).

Es herrscht ein extremer Narzissmus unter uns Schreibexistenzen, durch den wir selbstverständlich davon ausgehen, dass jeder Satz, den wir für alle Welt niedergeschrieben und aufbewahrt haben, alle Welt auch interessiert. Aber anders würden niemals die Bücher entstehen, die entstehen, weil es diese Anmaßung, diese Zumutung, diese Überheblichkeit gibt. Und es gibt eine einzige Entschuldigung, die von Gültigkeit ist: Die Sätze, Bücher, haben es verdient, in einer Bibliothek zu erscheinen, weil sie etwas über sich selber Hinausweisendes sind – eine Produktion, von der der Autor selbst nichts mehr weiß. Und so auch verstehe ich die zurückgelassenen Papiere der anderen: Es sind Illusionen von Bedeutsamkeit, Berührungsversuche *mit einem Leser* (wer auch immer das sein soll).

Eines aber war mir immer schon und ausnahmslos in allen Häusern, Zimmern oder Apartments, Schlössern, Burgen oder Villen für Stipendiaten der schreibenden Kunst ein Problem: das Bett. Nicht das Möbel an sich, mit guter oder schlechter Matratze, zu klein oder zu groß, zu hoch oder zu niedrig, sondern das Ding, das Geschichten erzählt, die ich nicht erzählt bekommen mag – erzählt bekomme allein dadurch, dass ich sie mir selber erzähle, einbilde und als Einbildung vor mir erstehen lasse wie Bilder aus der wirklichen Welt. Das Bett in einer Stipendiatenwohnung ist völlig unvergleichbar mit einem Bett im Hotel, wo ich nicht weiß und auch nicht wissen will, wer alles schon vor mir dort lag. Ein Bett im Hotel geht mich nichts an; es ist anonym, kalt, unbeseelt; es hat keine Geschichte oder eben keine, die mich in irgendeiner Weise interessiert. Das Bett im Hotel ist ein Bett im Hotel. Hier aber, in dieser Stipendiatenwohnung, die ich jetzt bewohne, sehe ich sofort im Gästebuch nach, sofern ich es nicht schon vorher durch diverse Vermerke im Internet oder in Katalogen oder auf den Listen der Stipendienempfänger im Einladungsschreiben mitbekommen habe, wer vor mir alles schon da war, und je näher deren oder dessen Zeit an meine Gegenwart rückt, desto unwohler ist mir und desto bedrängter fühle ich mich, so als würde er oder sie immer noch da sein und gerade schlafen, Musik hören oder (und daran führt kein Fantasieweg vorbei) es mit jemandem tun.

In diesem Bett aber – Gott sei Dank oder leider, je nachdem, durch welches Schlüsselloch hindurch man das sieht – kann man es nicht tun, oder man muss sich verrenken und bricht sich ein Bein. Allein liege ich gut darin, gewiss, kann lesen und im Geist unterwegs sein – aber es ist, ganz protestantisch, auf Keuschheit gerüstet.

Töne. Spuren

Ein surrender Ton ist zu hören, wie von einem Kühlschrank, nur lauter, schneidender, unablässig. Er breitet sich in der gesamten Wohnung aus, wie ein Geschwür, gegen das nichts getan werden kann. Ich stecke mir Watte in die Ohren, setze Kopfhörer auf – der Ton kommt meinem Gehör hinterher, leiser, gedämpfter, aber hörbar genug, um genau dadurch, dass er gehört werden kann, unerträglich zu sein. Gerade zur Nacht, wenn alle anderen Geräusche verschwunden sind, bleibt dieser grelle, schneidende Ton und zerrt und sägt an den Nerven. Ohne Schlaftabletten komme ich nicht durch die Nacht. Am nächsten Morgen rufe ich in der Stadtverwaltung an. Da könne man nichts machen, heißt es, es sei eine Klimaanlage, die automatisch, sobald eine bestimmte Außentemperatur auf einem Sensor erscheint, zu laufen beginnt. – «Aber», setzt die Frau auf der anderen Seite der Telefonleitung noch hinterher, «wir haben deshalb auch noch niemals Beschwerden gehabt. Vielleicht sind Sie ja auch besonders empfindlich?» – «Ja», sage ich, «ich bin besonders empfindlich, weil ich hier den ganzen Tag bin und arbeiten muss, wofür ich diesen Lärm ganz bestimmt nicht gebrauche.» – «So? Was machen Sie denn, wenn ich so neugierig sein darf?» – «Schreiben, so es denn geht.» – «Schreiben? Sie schreiben? Aha.»

Kunst und Idiosynkrasie, was für ein Thema. Völlig unmöglich, einem, der nicht schreibt, verständlich zu machen, was einem, der schreibt, alles stören und hinderlich sein kann. Es ist ein solches empfindsames Gewebe an innerer und äußerer Reizbarkeit nötig, um eine Stimme, die es nicht gibt, zu hören – nicht zu halluzinieren, sondern in sich zu finden, zu imaginieren, zu transformieren und produktiv werden zu lassen –, dass kleinste Störungen in diesem Netz aufeinander reagierender Gefühlswahrheiten, die schließlich Sätze und Gedanken werden, fatale Wirkungen haben und schließlich etwas außer Kraft setzen können, blockieren und verhindern, das es nur vor dem Hintergrund dieser Möglichkeiten gab. Das klingt kompliziert und ist es wohl auch. Das Einfache ist immer kompliziert. Einfachheit und Kompliziertheit ergänzen einander und komplettieren den jeweils anderen Teil. Es ist unser Blick, unsere Frage, unsere Wissenssehnsucht, nicht nur ein Ding zu besitzen, sondern es auch zu verstehen. Das Schwierige zu erfahren, das System hinter dem Ding zu erkennen, ist eine sehr eigene Lust, die über alles hinaus befriedigen kann. Erkenntnis ist an Lust gebunden, sonst wäre es kaum auszuhalten, sie zu erwerben.

Wohl aber auch das stimmt: wenn man von einem Schriftsteller abzieht, was ihn als Schriftsteller ausmacht, ihn also um jenen Mehrwert, den er zu produzieren imstande ist, reduziert, kommt oft etwas Enttäuschendes, unerwartet Banales heraus. Dies umso mehr, als man ihn sich gern idealisiert denkt, abgerückt von den Zudringlichkeiten der Tage und immun gegen Blasenschwäche und Zahnweh. Man liest seine Werke und ist geblendet – und die Person hinter dem Werk, ihre materielle Präsenz, sie verschwindet in der Schönheit der Schrift. Und dann der Schock, wenn der Meister einen schlechten

Mundgeruch hat oder die Angewohnheit, die Suppe zu schlürfen anstatt fein zu löffeln.

Eine Frau Uhlmann möchte mich sprechen und mir erzählen, wie sie mit 50.– Euro die Woche über die Runden kommt. Vielleicht, so ihr Anliegen, könnte ich darüber ja etwas für die Zeitungen schreiben. – Ein Journalist sucht Kontakt zu mir, um ein Interview mit mir zu führen (das wäre dann das achte innerhalb weniger Tage, so als hätte ich jede Stunde etwas Neues zu sagen). – Eine ältere Dame von einem Literaturgesprächszirkel möchte, dass ich sie alsbald *beehre*. – Per E-Mail erreicht mich die Bitte, Anfrage, Vorstellung, ich möchte doch einen Videoclip drehen, um auf Facebook, Instagram, YouTube und weiß der Himmel wo alles noch *präsent zu sein* und die an Literatur nicht mehr interessierte Jugend *zu euphorisieren*. – «Bitte, zwei, drei Gedichte, und eher der einfachen Art, dabei ein kleiner Spaziergang an der Elbe, gern gegen Abend, wenn das Licht nicht so hart aufs Gesicht fällt. Und über die Kleidung, etwas cooler vielleicht, sprechen wir noch.» Kommt morgen die Zahnpastawerbung, CHLORODONT von den Leowerken? Ein Dampfschiffunternehmen? Der Philatelistenverband? Der Briefkasten ist voller Zeitungen, Werbeprospekte und Zusendungen der verschiedensten Art. Der Anrufbeantworter blinkt Alarm, als hätte ich Dienst in der Notfallseelsorge – und dabei bin ich noch gar nicht richtig da. Ich lösche alles ohne abzuhören und ziehe das Telefonkabel heraus. Wie viele Stunden haben die Tage? Wie viele Tage haben ein Jahr? Ich denke an einen Satz von Lacan: «Ich bin mit allem, was ich entwickeln muss, ehe ich sterbe, in Verzug.» Aber wer, außer jetzt mir, kann es verstehen?

Ich habe es unterschätzt, was dieses hochgelobte, in allen Zeitungen kommentierte Amt, das man *Stadtschreiber* nennt, an Erwartungen mit sich bringen würde; unausgesprochene Erwartungen; Präsenz- und Bekenntniserwartungen; Zuwendungserwartungen; still im Hintergrund bleibende oder offensive Erwartungen; Auftritts- und Redeerwartungen; Repräsentationserwartungen; Erwartungen von Medien, für Interviews mit Bild, Ton oder Schrift zur Verfügung zu stehen. Erwähnenswert allenthalben, dass das Interesse auf der anderen Seite fast augenblicklich erlischt, sobald man nach den *Konditionen* gefragt hat.

Kultur, heißt es bei Lotman, ist eine Hierarchie der Zeichensysteme. Oder einfacher: Jeder rote Teppich hat einen Anfang und ein Ende. Über die Laufzeit, die man benötigt, um ihn einmal zu überqueren, sollte man sich eine möglichst genaue Vorstellung machen, sonst winkt man noch mit dem Kavalierstuch, aber es ist niemand mehr da.

Heimat. Ankunft [2]

Heimat – die Bedeutung des Wortes verstehe ich nicht. Aber es gibt noch einen anderen Grund, dieses Stipendium angenommen zu haben, obgleich es mich organisatorisch schon jetzt überfordert: meine alte, in Dresden lebende Mutter, die ich zu selten zu sehen bekomme, fast gar nicht gesehen habe, und wenn, dann in der Eile eines mit Terminen beladenen Nachmittags, weil ich zu irgendetwas eingeladen war und anderntags schon früh wieder wegmusste. – «Nun habe ich Zeit», habe ich ihr am Telefon gesagt, «dich zu besuchen, wann immer du willst, und dann fahren wir mit dem Auto irgendwohin», habe ich gesagt, «und verbringen ein paar schöne gemeinsame Stunden.» – «Aber ich verlasse das Haus doch nicht mehr», hat sie geantwortet, «nur noch ein paar Schritte bis hin zu den Tonnen.» Und obwohl ich also meine Mutter so oft wie möglich sehen wollte, jetzt, wo ich da bin und Zeit dafür hätte, sehe ich sie kaum. Etwas hindert mich, hält mich ab, sie zu besuchen, und es wären, mit dem Auto, nur fünfzehn Minuten und mit der Bahn fünfundzwanzig, bis zu ihr hin. Ich suche Zusammenhänge: meine Mutter, meine Schmerzen, die Schwermut, der Mythos Dresden. Die Stadt ist ein Körper, der meinen Körper besetzt hat.

Was will ich von meiner Mutter, ohne dass ich es weiß? Als ich sie nach gut einer Woche das erste Mal besuche, steht sie schon vor der Tür ihrer Wohnung im zehnten Stock einer Hochhaussiedlung aus den Siebzigerjahren und sieht mich mit Blumen in der Hand aus dem Fahrstuhl tretend auf sich zukommen, den schmalen Gang entlang, der immer noch den gleichen Geruch verströmt, wie ich ihn seit vierzig Jahren kenne und der etwas Amorphes, Muffiges, Abgeschiedenes hat. Auf Krankenstationen gibt es diesen Geruch oder in Pflegeheimen wie in dem meines Vaters, ehe er, in tiefer, einsamer Dunkelheit, starb. Jetzt nehme ich diesen Geruch sehr bewusst wahr, in seinem assoziativen Effekt, einen Hinweis auf die Vergänglichkeit zu geben, auf die Linie, die plötzlich abbricht. Daran hat auch die Zeit nichts geändert, die Geschichte der Zeit, dass es diesen Geruch gibt, diesen Stoff, der ihn verbreitet, überall auf der Welt.

Ich stehe vor der Tür meiner Mutter und ziehe die Schuhe aus, obgleich sie es heute nicht mehr verlangt. Ich habe ausnahmslos immer die Schuhe ausziehen müssen, wenn ich in die Wohnung hereinkommen wollte. Alle, die in die Wohnung hereinkommen wollten, haben vorher ihre Schuhe ausziehen müssen und dafür ein Paar Pantoletten bekommen oder auch gar nichts, um mit bloßen Socken auf dem immer gebohnerten Fußboden oder frisch gesaugten Teppich zu stehen, ob Frühling, Sommer, Herbst oder Winter, vormittags, mittags, abends oder nachts. Alle und natürlich ebenso ich haben immer erst ihre Schuhe ausgezogen, ehe sie eingetreten sind, und sie haben es, wenn sie nur oft genug dazu aufgefordert wurden, weil sie öfter auch kamen, von selber getan, unaufgefordert, fast nicht mehr bewusst wie gut dressierte kleine Hunde. Und wenn jemand zum ersten Mal gekommen ist, dann wurde er entschieden darauf hingewiesen, dass er doch bitte so freundlich sein und die Schuhe ausziehen möge, denn es sei gerade gebohnert oder gewischt worden und draußen doch so fürchterlich schmutzig und von der Erde her nass. Es war eine Verfügung, ein festes, unumstößliches Gesetz, die Schuhe vorher auszuziehen, wenn man von draußen hereingekommen ist, und ausnahmslos jeder, der von draußen hereinkommen wollte, musste es tun. Es herrschte eine völlige Gleichheit aller vor diesem Gesetz, sich die Schuhe abzustreifen, ehe man in die Wohnung meiner Mutter – die nur scheinbar auch die Wohnung meines Vaters oder, noch früher, der ganzen Familie gewesen ist, weil allein meine Mutter über alles die Wohnung Betreffende verfügte –, hereinkommen konnte, und allein diese Gleichheit vor dem Gesetz wird es ausgemacht haben, dass sich keiner beschwerte oder gar widersetzte und sagte: Gut, dann komme ich eben nicht herein und bleibe an der Türschwelle stehen oder kehre gleich wieder um. Es hat keiner getan, ich habe es niemals erlebt, und es nicht getan zu haben und auf die Forderung meiner Mutter stillschweigend eingegangen zu sein und sich bei jedem Wind und Wetter die Schuhe abgestreift zu haben, weil man hereinkommen wollte, war an Nachsichtigkeit und Verständnis ihr gegenüber kaum mehr zu überbieten, und sicher hatte diese Gleichheit aller vor dem Gesetz, das ein erfundenes, absurdes und hochgradig zwanghaftes Hausordnungsgesetz war, eine wesentliche Aktie daran. Mir hat sich dieses Schuhe-ausziehen-Müssen, wenn man in die Wohnung meiner Mutter hereinkommen wollte, dermaßen tief in den Körper gebrannt, dass ich lange Zeit und gelegentlich immer noch, wie automatisch und ohne auch nur eine Sekunde darüber nachzudenken, die Schuhe ausziehe, wenn ich irgendwo eine fremde Wohnung betrete, und es hat einige wirklich fatale Situationen gegeben, in denen es mir hochnotpeinlich geworden war, plötzlich in Socken auf den blanken, kalten Dielen gestanden zu haben, ohne dass irgendwer irgendetwas dahin gehend gesagt gehabt hätte. – So nun stehe ich auch heute mit ausgezogenen Schuhen vor ihrer Tür, und sie hat gar nichts dergleichen verlangt.

Eine Wiederholung ist keine Wiederholung, sondern eine Aussage.

Dresden. Der weich klingende, Geborgenheit versprechende Name war es, der mich versöhnte, als wir 1967 von Hohen Neuendorf, einem Ort an der Havel, in die ferne sächsische Stadt gezogen sind. Mein Vater wollte bei seiner in Dresden lebenden Familie sein, vor allem wohl, mehr unbewusst als ausgesprochen, bei seiner Mutter, an der er sehr hing und für die er, als ältester von fünf Brüdern, der Mannesersatz war während des Krieges und der Jahre danach. Dann bekam er eine leitende Stelle bei der Kriminalpolizei, verkaufte das heute kaum mehr bezahlbare Haus mit großem Garten und angrenzender Heidelandschaft für ein Katzengeld von ein paar Tausend Mark der D.D.R., die er dann für den Umzug und die Einrichtung der neuen Wohnung in der von Beamtenprominenz bewohnten Gegend in Nähe des Altmarkts aufbrauchte, und zog mit uns und meiner Oma, die nach dem frühen Tod ihres Mannes bis zu ihrem eigenen Tod bei uns gelebt hat (und vor allem für meine Mutter die immer anwesende, verfügbare, dienende Übermutter war, die ihrerseits, so denke ich es, ihre Tochter nicht loslassen, nicht gehen lassen konnte) ins sächsische Dresden.

Dresden, immer wieder sagte ich diese zwei Silben vor mich hin. Ihr warmer Ton nahm mir die Angst vor dem Fremden, Ungewissen, das mich erwartete, es lag etwas Gutes darin, etwas von Illusion getragen Schönes. Diese Neugier auf das Andere, das vielleicht besser sein würde, interessanter, wurde zunehmend größer, mit jeder Stunde im Zug, die wir, meine Oma, meine Brüder und ich – wo waren meine Eltern? Ich sehe sie, während ich das niederschreibe, nicht –, dem neuen Wohnort näher kamen. André und Ludwig stolperten, wo immer sie gingen, über ihre eigenen Füße, als wir vom Hauptbahnhof zur Straßenbahn liefen, so sehr waren sie überwältigt und irritiert von den Autos, dem Verkehr, den Lichtern und Geräuschen, die unser Dorf, aus dem wir kamen, in Gedanken noch einmal kleiner und unscheinbarer machten, als es, geteilt in einen oberen und unteren Ortskern, tatsächlich war. Wenn ich an André und Ludwig denke, Ludwig, der verstorben ist und wie durch einen Fluch belastet alles Unglück dieser Welt auf sich und seinen Körper zog, beide, ein Zwillingspaar, knapp sechs Jahre jünger als ich, sehe ich sie immer an meiner Hand und über ihre eigenen Füße stolpern, der eine links, der andere rechts von mir, und sie stürzen nur deshalb nicht hin, weil ich sie fest an den kleinen, zarten Handgelenken halte. Es gibt ein Foto davon, aufgenommen kurz vor unserem Umzug nach Dresden, im Garten von H. N., Spätsommer, jetzt war es Winter, Anfang oder Mitte Februar, Schnee war gefallen, die Straßen grau, ich den Kopf nach unten gesenkt, Ludwig in die Luft schauend, irgendwohin im Reich seiner Träume, André zu mir blickend, in die Realität des Moments, und beide an meiner Hand. Wer ist das, neben mir links und neben mir rechts? Was habe ich zu tun? Was ist meine Aufgabe, meine

Pflicht, meine Verantwortung? Sie zu halten, festzuhalten, damit sie nicht über ihre eigenen Füße stolpern? Kann ich es verhindern? Konnte ich verhindern, dass Ludwig so frühzeitig starb? Hätte ich es gekonnt haben müssen?

So etwas steht mir ins Gesicht geschrieben, so etwas lese ich aus dem Foto heraus. Und immer wieder – wo waren meine Eltern? War ich sie geworden? Vater und Mutter für André und Ludwig? Und Oma, war sie meine Mutter? Und wo war meine Mutter? Ich besitze kein einziges Bild der Familie, weder in meiner lose herumliegenden Fotosammlung in einer alten Kiste aus Holz, die auf einer Ablage in meinem Arbeitszimmer steht und in der ich, von Zeit zu Zeit und in trüben Momenten, nach etwas suche, das es nicht gibt, noch im inneren Bild des Erinnerns, auf dem ich meine Mutter sehe. Ich habe Bilder von meiner Mutter allein oder mit meinem Vater, aber nie in einem größeren, die gesamte Familie versammelnden Zusammenhang zu einem bedeutsamen Anlass wie meine Hochzeit etwa (mit achtzehn), die mich, bis zur Scheidung kurz vor dem Ende der D.D.R. (und vielleicht liegt auch darin schon eine versteckte Symbolik, ein Code) dreizehn zerrissene Jahre gekostet hat. Entweder war sie nicht da, oder das Bild hatte sie verschwiegen, ich weiß es nicht, sie fehlte, um dann, im letzten Moment, vielleicht doch noch zu kommen, wie bei Ludwigs Beerdigung, zu der sie erst nicht kommen wollte, um dann, im letzten Moment, eben doch noch zu kommen oder auch nicht zu kommen, ganz sicher nicht zu kommen, weil sie es nicht aushalten könne, wie sie mehrfach betonte, klagend und schluchzend am Telefon, sie in Dresden und ich in Istanbul oder sonst irgendwo, ich weiß es nicht. Genau weiß ich aber, dass ich mit André und Ludwig allein in Dresden angekommen bin, und mit unserer Oma natürlich, die mir jedoch das Gefühl, ich sei mit meinen Brüdern allein in Dresden angekommen, nicht nehmen konnte. Denn meine Oma war nicht meine Mutter, auch wenn sie es in einer anderen, vielleicht sogar stärkeren Weise doch war.

Schuld. Erinnerungsmythos [1]

Doch es gab noch ein weiteres Motiv, meine Ankunft in Dresden mit dem Gefühl einer grandiosen Hoffnung zu verbinden, einer Hoffnung, die nur eine Verklärung sein konnte und weniger mit einem neuen, anderen Leben und der Erwartung zu tun hatte, die Stadt würde mir jetzt etwas geben, das mir das kleine brandenburgische Siedlungsmilieu unweit der Havel mit einer Barackenschule im Stile eines Feldlazaretts, in der man nur bis zur fünften Klasse unterrichtet werden konnte, weil es an Räumen und Lehrern fehlte, einem verwilderten Sportplatz und einem Bus, der kaum wirklich fuhr, niemals hätte geben können, wie ich es nach außen vertrat, immer wieder: Ich freue mich auf Dresden! rufend, ich freue mich auf Dresden!, und dieser andere, tiefere und, wie ich es erst heute sagen kann, eigentliche Grund war die Hoffnung, eine Schuld loszuwerden, eine zutiefst mich quälende und im Inneren meiner Selbstverurteilung als geradezu untilgbar empfundene Schuld, wie sie durch ein Unglück, ein Versehen, eine Überreiztheit im Spiel über mich kam. Kurz vor unserem Umzug geschah es auf der weiten, von tiefen Bombenlöchern zerfurchten Heide hinter dem Haus, wo wir, ich und mein kleinerer Freund Robert, Cowboy und Indianer spielten, oder Russe und Nazi oder Nazi und Partisan, dass ich ihm, nachdem ich ihn in seinem Versteck aufgelauert hatte und selbst wie in einem Zustand von Rausch darüber war, nun gleich gewonnen zu haben und der Stärkere zu sein, der Gute, der Partisan, mit dem Pfeil meines gut gespannten Bogens ein Auge ausschoss, nicht gänzlich ausschoss, aber so stark verletzte, dass es an Sehkraft verlor und irgendwann später – denn ich hörte nicht auf, mich über eine noch erhalten gebliebene Kinderfreundschaft danach zu erkundigen, die ganze Zeit, die ich in Dresden verbrachte, hindurch – erloschen war.

Er jammerte, schrie, krümmte sich auf der Erde und hielt sich mit den Händen den Kopf. Als der Schmerz etwas nachgelassen hatte und ich seine Verletzung anschauen konnte, sah ich einen Splitter in der Mitte des Auges. War es schlimm? War es nicht schlimm und sah nur schlimm aus? Ich bat ihn flehend, mich nicht zu verraten und etwas anderes zu erzählen, wenn sein Vater, der unser Schuldirektor war und vor dem wir alle eine Angst verspürten, die nicht nur die Angst vor einem mit persönlicher Macht ausgestatteten Menschen war, sondern vor etwas um vieles Größerem und Mächtigerem, das er mit Strenge und Klassenbewusstsein vertrat, ihn fragen würde, woher diese Verletzung kommt. – «Erzähle», sagte ich, «du wärest gestürzt oder hast dich verletzt an einem Ast im Gestrüpp.» – «Ja, ich bin gestürzt und habe mich verletzt an einem Ast im Gestrüpp.» Anderntags kam er nicht in die Schule. Wir hatten Unterricht in Heimatkunde bei seinem Vater, der es uns gleich auch erzählte, dass sein Sohn, der Robert, einen Unfall hatte und nun im Krankenhaus liegt mit einem zerschossenen Auge. – «Wenn ich den», sagte er und schaute mich dabei an und hielt einen Käfer, den er demonstrativ vom Fensterbrett aufgehoben hatte, um ihn gleich zu zerquetschen, zwischen Daumen und Zeigefinger der rechten Hand, «in die Finger bekomme, der das getan und zu verantworten hat, dann wird er», und er schaute noch immer mich dabei an, ohne dass wirklich zu erkennen gewesen wäre, ob er mit diesem bösen, bohrenden Blick mich auch gemeint hat, «seines Lebens nie wieder froh!», und dann gab es ein kurzes, knackendes Geräusch, deutlich vernehmbar, weil wir alle wie erstarrt still gewesen sind. Hatte Robert geschwiegen? Oder hatte er nicht geschwiegen, und ich würde doch noch überführt und bestraft werden können, ehe wir umgezogen wären? Oder würden wir umziehen, und ich wäre erlöst? Denn Dresden schien mir so unendlich weit weg, dass ich tatsächlich glaubte, dort könnte man mich niemals finden und ich wäre für immer erlöst. Dresden war mir, ohne dass ich es damals verstand, ein Erlösungsort, aber nur für kurze, sehr kurze Zeit. Denn kaum waren wir in Dresden angekommen und ging ich mit André und Ludwig auf den Hof, um zu spielen oder, besser, um aufzupassen, wie André und Ludwig spielten, ohne eine der Regeln zu verletzen, die es auf dem Hof einzuhalten galt und die einzuhalten wir von unserem Leben auf dem Land her nicht kannten, sah ich in jedem Mann, der plötzlich durch einen der Durchgänge von der Straßenseite auf unsere Hofseite kam, Roberts Vater. Überall und immer wieder sah ich Roberts Vater, wie er den langen Weg nach Dresden gekommen war, um mich in meiner elenden Schuld aufzuspüren und zu vernichten.

Wo waren mein Vater, meine Mutter? Wussten sie über all das Bescheid und ließen mich, der es ihnen und allen gegenüber verschwiegen hatte und Robert, seinen Freund, darum gebeten hatte, es auch zu verschweigen, mit Absicht in dieser Angst, er könnte eines Tages doch noch von diesem Mann, der Roberts Vater war und als Direktor der Schule mit Macht ausgestattet, aufgesucht und bestraft werden, zerquetscht werden wie ein vom Fensterbrett aufgehobener Käfer zwischen Daumen und Zeigefinger der rechten Hand? Hatten sie alle, sein und mein Vater, seine und meine Mutter, auch Robert, eine Verabredung darüber, mich in dem Glauben zu belassen, niemand außer Robert und ich wüssten Bescheid, in Wahrheit aber schon lange eine Einigung gefunden, wie sie den Unfall, denn natürlich war es ein *Unfall*, auch wenn er hätte verhindert werden können, hätten wir nur etwas anderes gespielt, zur Entschädigung bringen? Dann wäre alles, nachdem es geschehen war, in kurzer Zeit schon geregelt gewesen, und nur ich, der kleine, schuldige Mensch, lief jahrelang mit diesem Albtraum herum und blieb in der Angst eingesperrt, eines Tages kommt doch noch heraus, was du damals im blinden, grausamen Spiel mit Robert getan hast. Dann auch wäre ihr Schweigen zu meinem Schweigen die Strafe gewesen, die deshalb kein Ende fand, weil sie niemals erhoben worden war.

Pegida. Metaphern

An der Elbe entlang von Pieschen bis in die Altstadt zu laufen, ist einer der schönsten Wege der Stadt. Den Blick immer auf das Panorama des alten Dresden gerichtet wie auf ein Gemälde von Canaletto – die Hof- und die Frauenkirche, das Italienische Dörfchen und die brühlsche Terrasse, das Albertinum und die Augustusbrücke, die sanften Wiesen, die sich dem Flusslauf anschmiegen wie eine zweite, äußere Haut, der leichte, schwebende Nebel, der zum Abend hin über dem Fluss liegt, das milde Licht einer sinkenden Sonne, die kleinen Bars auf der linken Seite des Ufers, Sportplätze, Sonnenschirme und Liegestühle – und immer wieder denke ich, wenn ich das sehe und von dieser Schönheit berührt bin: Warum haben wir das damals nicht haben können, in den Siebziger-, Achtzigerjahren, als ich hier lebte und meine Jugend an ein Land verlor, das meines nie wurde; warum war es andauernd dunkel, wenn ich jetzt daran denke? Der Blick war derselbe, und er war nicht derselbe, weil unsere Augen auch andere Augen gewesen sind. Oder aber nur mir allein war es verborgen. Und dann kommt mir die Titelzeile einer Reportage in einem Magazin in den Sinn: «Dresden, Stadt der Schmerzen», und ich frage mich, was für Schmerzen sollen das, heute, sein? Der Phantomschmerz des Zweiten Weltkriegs? Die Zerstörung Dresdens am 13. Februar 1945? Oder die Ära des Stalinismus und der realsozialistischen D.D.R.? Und nicht nur mit der Erinnerung an diese Geschichte, für die es kein Maß gibt, keinen Rahmen, der sie in aller Gültigkeit hält, sondern in der tiefen Versenkung eines somatischen Wissens, eines Körperwissens, das jedem Gedanken vorausgeht und ihn auf eine Umlaufbahn bringt, auf der er nicht mehr er selbst ist; auf der er ist, was er ist, aber in seiner Konsistenz über das Bewusstsein hinausgeht, das er von sich haben und repräsentieren kann.

Bei Julia Kristeva finde ich dazu den Satz: «Das Subjekt eines *Sinns* ist schon da, selbst wenn das Subjekt der sprachlichen Bedeutung noch nicht aufgebaut ist.» Es gibt demnach eine psychogene Vorgängigkeit, abgelegt im System der Affekte und der Gefühle, die beeinflusst, in welcher Sprache wir welche Inhalte denken – welche Semiotik in welche Semantik mündet. Der Gedanke – das abstrakte, in Zeichen verpackte Modell – ist also immer auch rückübersetzbar auf einen Zustand, der eine bestimmte Verfasstheit gewesen ist, eine Stimmung, eine Atmosphäre, in die das *Subjekt des Sinns* schon verstrickt war, ehe es zu einem Subjekt der Sprache wurde. Wenn mir heute Bilder in den Sinn kommen, Szenen oder Ereignisse, die sich, bei genauer Recherche, nicht bestätigen lassen, dann sind sie, allein dadurch, dass ich sie, oder besser: dass etwas *in mir* sie aufgerufen hat, wahr. Nicht wahr im Sinne einer Tatsachenwahrheit, aber wahr in der Vorgängigkeit eines Gefühls, durch das sie hätten wahr, also möglich sein können. Die Wahrheit vom Tatsächlichen und die Wahrheit vom Möglichen sind stets unvereinbar und dennoch miteinander verknüpft – die eine gehört ins Feld der Wissensgeschichte, die andere in jenes der Künste und der Literatur, in der nichts mehr bewiesen werden kann oder muss (außer durch ästhetische Immanenz und eine Logik der Form).

Es hat mich immer irritiert, wenn die *Wunde Dresden*, die Zerstörung der Stadt fünfundvierzig, sinnlos und furchtbar und durch nichts zu verstehen, in sich selbst beschlossen blieb, ein singuläres Argument, mit nichts mehr teilbar, so als hätte es nur diese eine Wunde gegeben, dieses eine Objekt, in dem aller Schmerz sich vereint und alle Ströme des Schmerzes zusammenfließen. So war mir auch die Frauenkirche, ehe sie wieder aufgebaut wurde, um heute in einer Anmut den Platz zu beherrschen, als stünde man geradewegs in Florenz oder Rom, in ihrer Rolle nicht ein, sondern *das* Monument der Grausamkeit des Krieges zu sein, wie eine Anmaßung, eine Vermessenheit erschienen, es war mir erschienen wie ein semantischer Kurzschluss, ein falscher Satz im falschen Text, in den Trümmern aus Stein eine Zerstörung sehen zu sollen, die universal und gigantisch in einem Ausmaß war, dass sie niemals auf einen Blick, in einem Eindruck hätte erfasst werden können; und allein der Gedanke, diese Zerstörung, diese innere und äußere, reale und symbolische Katastrophe auf einen Blick erfahrbar und erfassbar zu machen, war mir verfehlt vorgekommen, in seinem Anspruch gescheitert und blind für das Ganze; und vielleicht war dieser nur noch als manisch zu bezeichnende Gedanke auch der dauernden Hilflosigkeit geschuldet, nichts anderes aus diesen Trümmern machen zu können, als sie sich selbst zu überlassen, so lange, bis sie zu einem Mythos werden würden, der nichts mehr zu beweisen hat. So war es immer nur Dresden, wenn es um den Schmerz in der Geschichte ging, und es war immer die Frauenkirche, die als Pate dafür stand. Und Hamburg, Köln, Nürnberg? Oder Darmstadt, zu achtzig Prozent im Feuersturm zerstört, kaputt, fast ausgelöscht, eine bezaubernde Stadt, wenn man sie in den Alben der

Vorkriegszeit ansieht? Nichts und niemand in der Geschichte kann alles in sich vereinen, ein Zeichen für jede Bedeutung sein. Leid ist nicht teilbar, aber die Symbolik, mit der es sich kulturell einschreibt, ist allegorisch und universell.

Als der deutsch-syrische Künstler Manaf Halbouni am 13. Februar 2017 vor der Frauenkirche am Neustädter Markt drei Buswracks hochkant aufgestellt hatte, um damit auch der Zerstörung der syrischen Stadt Aleppo zu gedenken, hagelte es Proteste nicht nur von Vertretern der AfD oder Pegida, sondern aus allen Teilen der Bevölkerung. Der Gedenktag an die Zerstörung Dresdens wäre, so das schwere Argument, durch dieses Kunstobjekt entwürdigt und entweiht – es sei «respektlos und unangemessen» den Opfern gegenüber. Was aber soll respektlos daran sein, wenn im Gedenken an die Opfer eines konkreten historischen Ereignisses auch derer gedacht wird, die heute und vor unser aller Augen hungern, leiden und sterben? Wer hat das Recht auf einen Ausschließlichkeitsanspruch von Schmerz? Im Gegenteil, das Monument mit den drei zerschossenen Bussen gibt der Erinnerung erst dadurch eine aktuelle Würde und Form, dass es sie an eine Gegenwart bindet, die gleichfalls bedroht ist und durchzogen von Zerstörung und Krieg; es eröffnet einen neuen, größeren, universalistischen Zusammenhang; es erhebt das konkrete Ereignis in den Stand der Verallgemeinerbarkeit. Allein dafür hätte man dem Künstler dankbar sein dürfen – und andere waren es ja auch –, denn er hatte es vollbracht, die kollektive Trauer einer Stadt zu einer Welttrauer werden zu lassen, zu einer Trauer jedem Toten gegenüber, der in einem Krieg umgekommen ist. Aber diese besondere, in sich geschlossene Trauergemeinschaft will keine Welttrauer mit ihrer Stadttrauer teilen, sie will nicht das Symbol eines Symbols für etwas sein, das größer und weiter und tiefer in den kosmopolitischen Raum hineinwirkt, sie will nur sie selbst sein, im totalen Einschluss eines einmaligen Vorgangs.

Dresden ist ungewöhnlich in seiner Streit- und Debattenkultur, wenngleich mir auch manchmal der leise Verdacht kommt, dass sie vom Wesen der Betriebswirtschaft und ihrem Dauerbegehren nach neuen Einnahmequellen mitbestimmt ist. So gibt es kaum einen tagespolitischen oder historischen Gegenstand, der nicht vielfach gesehen und gewendet wird; es ist eine Reizbarkeit, die einerseits für Leidenschaft und ein waches Interesse spricht, andererseits aber auch immer etwas zu befürchten scheint, das sich selbst nicht mehr zeigt und damit ansprechbar macht – so als könnte etwas wieder genommen werden oder verschwinden, das man gerade erst bekommen hat; eine Reizbarkeit, die schnell zum Affekt werden kann, zur Kränkung oder zum Zorn. Auf dem Weg in den Kulturpalast, um dort ein Gesprächsforum mit dem Titel «Streitbar» anzuhören – eine Art Positionsbestimmung divergierender politischer Meinungen mit dem leider recht schwachen Ausgang einer argumentativen Beliebigkeit und zerfasernder Diskurse, an deren Ende nichts (oder eben nichts Neues) mehr steht –, komme ich über den Neumarkt und an der Frauenkirche vorbei, die majestätisch zu mir herabsieht. Neben dem Lutherdenkmal ein Bus mit Plakatierung und Infostand – ES REICHT! RAUS AUS DER DIKTATUR! Dann aus einem Lautsprecher die Parolen und Thesen eines sogenannten *Reichsdeutschen*: Deutschland befinde sich nach wie vor im Kriegszustand. Es habe nie eine Kapitulation gegeben, die anerkannt worden wäre. Die Bundesrepublik und ihre Verfassung seien unrechtmäßig und die einzige Währung für Deutschland sei noch immer die *Reichsmark*. Mir wird schlecht und ich gehe weiter. Aus was für einer «Diktatur» muss das Land raus, wenn es ermöglicht, dass so etwas öffentlich gesagt und publiziert und distribuiert werden kann? Was ist das für ein *Gesinnungskorridor*, von dem Pegida permanent spricht, und das weit über einen «Korridor» hinaus – nämlich auf allen analogen und digitalen Kanälen? Wer übertönt gerade wen?

Dresden und Pegida, das ist derzeit semantisch ebenso miteinander verwoben wie Dresden und Frauenkirche oder Dresden und Semperoper oder Dresden und Canaletto. Es ist eine doppelte Konnotation, die eine Klammer um alle Gegensätze zieht und sie im Widerspruch kurzschließt. Hier die Errungenschaften eines humanen, aufgeklärten Geistes, die grandiose Metropole mit ihren Schätzen und ihrem Glanz, und dort deren Dispositive und Paradoxien, die kaum mehr fassbar und verständlich sind. Diese aufgebrochene Oberfläche einer in sich selbst gespaltenen Gesellschaft, wie es sie in dieser Deutlichkeit und Zuspitzung wohl nur in Dresden gibt – temporär erweitert zuletzt auch auf Chemnitz –, war ein Grund unter Gründen, für längere Zeit hierherzukommen, um genau das erfahren und begreifen zu können, was sich im Bericht durch Medien und aus zweiter Hand nicht oder nur auf höchst abstrakte Weise erschließt. Man muss eines dieser im Hass versteinerten Gesichter gesehen haben, die Frau um die fünfzig mit Sachsenfahne und Accessoires von Dynamo Dresden am Leib, verschwitzte, verzottelte Haare, Regenjacke und zerschlissene Jeans (die eher im Modetrend liegen und keine Armut anzeigen), und wie sie «Fotze Merkel! Merkel Fotze!» schreit. Das fängt ein Kamerabild noch lange nicht ein, auch wenn es alles in Ton und Bild zeigt – dieses Energiefeld, das sich auf andere gleich einer Welle überträgt, die andere Wellen in Bewegung bringt, und wie die Worte einer Säge gleichen, die tief in einen Körper schneidet (der jetzt der meine ist).

– «Weißt du», sagte mein Vater einmal kurz nach der Wende, «ich habe dich immer dafür geschätzt, dass du dir deine eigene Meinung bewahrt hast», und ich erinnerte mich an die Ohrfeigen ebendeswegen. Dann fügte er noch hinzu, und nicht ohne Stolz: «Da kommst du eben nach mir», und da musste ich auf der Stelle gehen, sonst wäre womöglich noch etwas passiert.

In der Dresdener Gemäldegalerie Alte Meister ist eine Darstellung des heiligen Sebastian von Antonello da Messina zu sehen, an der ich niemals vorübergehen kann, ohne mich in diesen melancholischen, leicht verträumten, zutiefst kontemplativen Blick des am Marterpfahl von fünf Pfeilen durchbohrten Märtyrers für längere Zeit zu verlieren, der sich nach innen auszudehnen scheint zu einer Ewigkeit des Augenblicks. Anders als die Gemälde von Antonio Pollaiuolo oder Andrea Mantegna, die Sebastian in seinem Leiden und in seiner Anrufung zu Gott zeigen, ist er hier schmerzlos und eher gelangweilt als gefoltert und durch Strafe genötigt. Er ist, in seinem Glauben vom Glauben (oder Wissen vom Wissen), in einer Weise transzendental, dass es keine irdische Macht gibt, die ihm ernsthaft nahekommen und ihn vernichten könnte. Nicht einmal peinigen kann sie ihn, sie ist, vor seiner Immanenz des Geistes, nichts als niederträchtig und banal. Das bürgerliche Personal, das klein im Hintergrund bleibt und fast schon vor der Dominanz der Person des Vordergrunds verschwindet, es wird schnell vergessen sein – und überdauern allein wird die Kunst.

Als ich in den Zug nach Frankfurt einsteige, haben sich zehntausend Dresdener zu einer Protestveranstaltung gegen Pegida versammelt, die ihr vierjähriges Bestehen begeht, und zur Toleranz und Demokratie aufgerufen. Es ist an einem Tag im Oktober, der so warm ist, als wäre es Mai.

In einem großen Feuilleton erscheinen Passagen aus meinem Manuskript. Daraufhin erreicht mich eine Welle von Hass und Empörung, wie ich es noch nicht erlebt und für möglich gehalten habe. Ich beginne zu antworten – aber was soll man sagen, wenn man in schmutziger Sprache beschimpft wird und der Sender keine Antwort will? Ich lasse mich belehren, dass es sich um sogenannte Trolls handelt (negative Gefühlsverstärker im Internet, die nach einem Algorithmus generiert werden können). Tauchen bestimmte Vokabeln im Text auf – etwa die einer Partei oder politischen Gesinnung –, geht die Maschine in Betrieb. Das ist die eine Seite, die mich jetzt nicht weiter beschäftigt, froh genug, in aller Regel so etwas gar nicht erst zur Kenntnis nehmen zu müssen, weil ich solche elektronischen Kontakthöfe schlichtweg nicht finde. Dann aber denke ich, dass es etwas *hinter* dem Hass geben muss, der nur die raue, kulturlose Oberfläche ist und eine Substanz unterdrückt hält, für die es keine Sprache mehr gibt. Auch dazu finde ich einen Kommentar: – «Für einen Außenstehenden ist es überaus offensichtlich, dass jemand Probleme mit sich selbst hat. Wo wäre eure Wut, wenn kein einziger Flüchtling je Sachsen oder Deutschland erreicht hätte?» – Ja, wo? Sind die Migranten die Juden der Gegenwart?

Und noch eine Bemerkung, die ich interessant finde und die auf eine Unterzeile zu meinem Text reagiert, die ich selbst nicht mehr verantworten muss: *Der Autor auf der Suche nach der Seele der Stadt*. Dazu schreibt Klaus_Der Doktor: – «Ja, hätte er mal richtig gesucht, diese Seele der Stadt, dann hätte er vielleicht etwas davon gefunden. Aber nein, nichts.» Das sagt mir zweierlei. Erstens: Klaus_Der Doktor *weiß*, was die Seele ist, weil er hier geboren wurde oder schon sehr lange lebt und dadurch über eine Art von Wissenserbschaft verfügt, die jedem Fremden naturgemäß fehlt, und zweitens: dass ich natürlich *der Andere bin*, irgendwo aus dem kolonialistischen Westen, der nichts von dem kennt, wie der Osten so tickt, und der Dresdener besonders. Es gibt keinerlei Neugierde darauf, sich den fremden Blick anzueignen, um sich dadurch auch selbst neu zu sehen, sondern es wird, im strengen Vorurteil eines magischen Geheimwissens, *abgeglichen*, wo der Andere dem Eigenen ähnelt oder wo er verwiesen werden muss, ausgesondert und abgestempelt, weil er so gar nicht denselben Geruch hat. Das ist die psychogene Wurzel des Hasses auf alles Fremde: die narzisstische Eigenliebe, die nicht mehr den Weg über den Anderen geht, sondern sich selbst so herrlich findet, dass der oder das Andere nur noch feindlich sein kann. Freud würde es dem Stadium der Oralität zuschreiben, jener genetisch ersten Phase einer prägenitalen Sexualorganisation, deren Triebobjekte der Mund und die Brust sind. Politisch übersetzt könnte man sagen, der Knecht und sein Herr. Der Rest ist Feindesland, monströs und unheimlich. Diese Selbstherrlichkeit, woher auch immer sie ihre Form hat, kann nur im Einschluss des Eigenen, der den Ausschluss des Anderen erzwingt, funktional sein; sie kann weder Differenzen ertragen noch Ambiguität; sie besetzt einen Ort mit einem Spiegel vom Ort, und sobald sich irgendetwas anderes zeigt, muss es aus dem Bild genommen werden – oder der Spiegel zerbricht.

Der Zwergenstaat D.D.R. hat hier seine dunklen Verdienste, dass er ein Volk ohne Weltbewusstsein in ebendiese Welt hinein entlassen hat, von der vorher keiner wusste, dass es sie gibt (außer durch Zeitungsartikel oder heimliches Westfernsehen). Bis neunundachtzig hat es keine Spur von Internationalismus oder gar Kosmopolitismus gegeben, von ein paar subalternen Kreisen der Bildungs- und Kulturelite abgesehen. Die zu Zeiten des Verteidigungskrieges gegen Amerika ins Land gekommenen Vietnamesen waren die *Fitschis*, die man die größte Drecksarbeit in Gärtnereien oder Markthallen machen ließ, ich habe es selber gesehen, weil ich als junger Mensch selbst die größten Drecksarbeiten machen musste und sie mir dann mit ihnen teilte. In weißen Hemden standen sie da – offenbar hatten sie keine anderen – und sortierten die matschigen Zwiebeln aus Kübeln voller Zwiebeln heraus, die dermaßen stanken, dass man diesen Geruch, der sich am ganzen Körper festsetzte, nie wieder losgeworden ist, sodass selbst noch auf dem Heimweg oder in der Straßenbahn sich die Leute die Nasen zuhielten und angeekelt «i, ein Fitschi!»

riefen. Zugleich klebten die gleichen Leute Solidaritätsbriefmarken in ein sogenanntes Freundschaftsheft, je nach Einkommen und Position. Die Schwarzen aus Angola oder Mosambik, meistens im Sonderbildungssystem an einer Universität, um zu erlernen, wie der Sozialismus *siegt*, weil das Rad der Geschichte und so weiter, waren die *Bimbos*, und die Polen wurden, als sie 1981/82 in Danzig revoltierten und auch für die D.D.R. eine Gefahr darstellten, quasi über Nacht die *Polacken*, die erst mal ordentlich arbeiten sollen und von denen man weiß, dass sie nur eines gut können, nämlich klauen. Dass diese nationalistischen, chauvinistischen und faschistischen Leitbilder so nahtlos in den Volkston implementiert werden konnten, von der Stasi und deren Helfern lanciert, lag allein daran, dass sie nie tot gewesen waren, sondern nur verdrängt von einer Ideologie der Völkerfreundschaft, die sofort ihre Bindung verlor, als sie gegen eine andere ausgetauscht wurde. Wäre die Parole vom Land ohne Volk aufgetaucht – sie hätte den gleichen, furchtbaren Erfolg erlebt wie schon einmal. Und auch das ist Pegida: die Wiederkehr des Verdrängten.

Diese Labilität von Zugehörigkeit, wie ich sie am Beispiel der Entsolidarisierung mit Polen erlebte, als dort einundachtzig das Kriegsrecht ausgerufen wurde, ist ein Beispiel dafür, dass es in der D.D.R. keine *Identität* im Sinne einer Anerkennung ideologischer Phantasmen gab; die einzige Identität, an die ich mich erinnern könnte, war die des Nichtidentischen. Von daher war ich doch sehr verwundert, als nach der sogenannten Wende – ich werde mich an das zur Generalmetapher gewordene Wort nie so recht gewöhnen, weil in Wahrheit weniger «gewendet» wurde, als es äußerlich den Anschein hat, und unterschlagen wird, was zum Erhaltungskapital der D.D.R. gehörte – so emphatisch von *Identitätsverlust* gesprochen wurde, und diese Verlustanzeige noch mit einer stillen oder auch gar nicht so stillen Anklage gegen den Kolonialherrn aus dem Westen versehen war. Eine Identität, die eingeschrieben ist ins kollektive Empfinden einer Gruppe oder Nation, eingebrannt ins Fleisch eines täglichen praktischen Handelns, löscht sich nicht gleich dadurch aus, dass ihr die Form genommen wird, in der sie sich gebildet und erhalten hat; im Gegenteil, sie lebt gerade dann und dort weiter, wo ihr eine Infragestellung droht, eine Aberkennung und Wertverlorenheit. Mit und nach der Wende aber brachen alle sozialen und kulturellen Verbindlichkeiten, die vorher wie in Stein gemeißelt waren, zusammen, und was blieb, war ein großes, enigmatisches (Bedeutungs-)Loch. Wo waren sie hin, die hochbeschworene Solidarität untereinander, der klandestine Subtext in Kunst und Literatur, die Substanz des Erhabenen vor dem Hintergrund des Gemeinen? Hätten diese Wesenszüge des Widerstands so schnell verschwinden können, wenn sie mehr als nur Makulatur gewesen wären? Eine Einbildung vom Besonderen, um das unerträgliche Mittelmaß der D.D.R. zu ertragen?

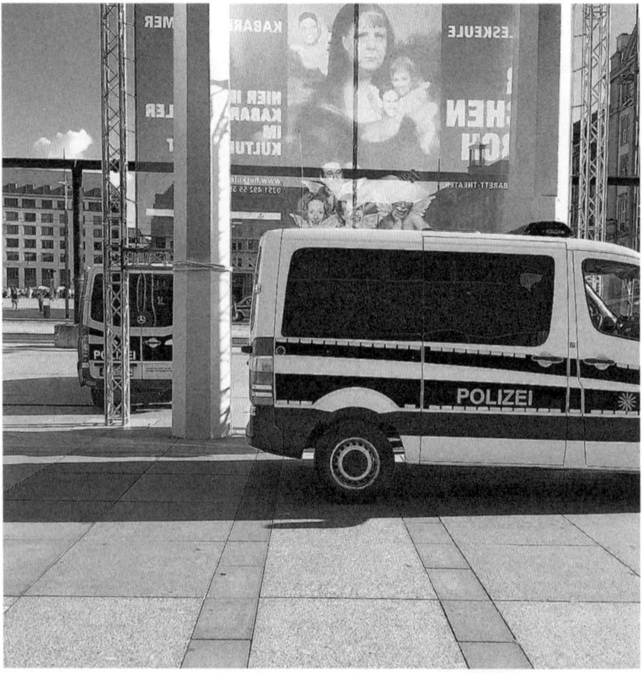
POLIZEI

Vaters Buch [1]

Mein Vater, kurz nach der «Wende», interessierte sich plötzlich für etwas, das zu D.D.R.-Zeiten als reaktionär galt und verboten war: die *Sudetendeutschen Landsmannschaften*. Er, geboren in Aussig/Ústi nad Labem und nach dem Krieg mit der Familie nach Deutschland vertrieben, las und studierte die Geschichte erst des Zweiten und dann des Ersten Weltkriegs in allen nur denkbaren Einzelheiten, immer auf der Suche nach *Identität*, nach Wurzeln, die vielleicht etwas Halt geben könnten. Schließlich war er mit seinen Studien in der K.-u.-k.-Monarchie angekommen, um sich nun die Folianten eines fernen Jahrhunderts zu besorgen und abzuschreiben und aufzuschreiben, was sie mit ihm und seiner Familie, deren väterliche Linie ins österreichisch-ungarische Offiziersmilieu führte, zu tun haben könnte. Einmal fuhr er sogar bis nach Innsbruck, wo es noch ferne Verwandte gab, zu denen über Jahrzehnte hin kein Kontakt mehr bestanden hatte und die er nun auf eine mit enormem Rechercheaufwand verbundene Weise, wofür ihm seine lebenslangen Erfahrungen als Kriminalist sehr entgegenkamen, ausfindig machte – und das alles, um eine Familiengeschichte so zu erzählen, dass sie Kontinuität bekommen und die verlorenen, durch biografische Verzweigungen in den Westen ausgegrenzten Angehörigen wieder aufnehmen würde. Dieses Bild einer familiären Geschlossenheit, mehr erfunden als dokumentiert, ist ihm zu einer späten, hochidealisierten Vorstellung geworden, fast könnte man sagen, zu einer fixen Idee, denn die über viele Jahrzehnte praktizierte Verleugnung oder Verstoßung, oder wie immer man es noch nennen könnte, einzelner Teile der Familie aus Gründen einer von außen eingeführten, vom autoritären Klassenstandpunkt der Partei ins innere Wesen der Familie übernommenen politischen Gehorsamkeit, sobald sich der ein oder andere vom Land und seiner auf Entmündigung und Unterwerfung begründeten Politik abzuwenden begann, hat tiefe Risse, Narben und Leerstellen hinterlassen, die unmöglich wieder zu schließen sein konnten, gleich gar nicht von meinem Vater kurz nach dem Ende der D.D.R.

Mein Vater wurde Redakteur oder Kolumnist, so genau weiß ich es nicht, einer Zeitschrift der *Sudetendeutschen Landsmannschaften* mit Sitz an seinem Geburtsort. Er fuhr zu Versammlungen und schwärmte vom deftigen böhmischen Essen und dem starken tschechischen Bier. Empathisch sprach er vom Verbrechen der Tschechen gegen die Sudetendeutschen nach fünfundvierzig, verteufelte die Beneš-Dekrete und erzählte vom Massaker auf der Brücke von Aussig, bei dem zahlreiche Menschen ums Leben gekommen waren (die offiziellen Angaben sind hier erstaunlich different: zwischen vierzig und fünfzig bis zu zweitausend). Auf meinen Einwand, die Deutschen hätten selbst zu verantworten, was infolge ihrer Annexion der Tschechoslowakei neununddreißig und eines verlorenen Zweiten Weltkriegs, den schließlich *sie* begonnen haben, passiert war, wurde er plötzlich sehr still, wo er früher, sobald wir durch eine grundlegend andere Meinung was auch immer betreffend aneinandergeraten waren, aufgebraust wäre und mich angeschrien hätte, was für einen jämmerlichen Blödsinn ich rede, den ich ja nur irgendwo aus dem Westen haben könne, wo sowieso noch alle alten Nazis sitzen und nie richtig aufgeräumt worden sei – und für den Moment denke ich jetzt, was er wohl gesagt und getan hätte, getan als Kriminalpolizist im Namen des Staates, hätte ich damals, vor neunundachtzig, ebenso mit den *Sudetendeutschen Landsmannschaften* sympathisiert wie jetzt er; nun aber wurde er still, so still, dass es schon unheimlich war, weil es eine tief nach innen gewendete, den Kontakt zu mir abbrechende, ganz und gar unansprechbar gewordene Stille war; es war eine Stille nicht der Nachdenklichkeit, sondern der Einsamkeit und Resignation. Später nahm er Einwände oder Kommentare zu seinen ausgedehnten, durch viele Wiederholungen zäh und anstrengend gewordenen Monologen, die Geschichte vor allem der letzten Jahrzehnte, am Ende gar der letzten Jahrhunderte betreffend, weil der Stoff der zwei großen Kriege unterdessen selbst schon verbrannt war, gar nicht mehr entgegen und fuhr, ohne auch nur einmal aufzusehen, fort, an seinem Bild von einem Ganzen zu basteln, das in einer tieferen Schicht seiner selbst immer auch die Sehnsucht nach dem *Ganzen der Familie* war, ob er es nun wusste oder nur ahnte oder auch nicht. So auch habe ich die Vermutung, dass seine zunächst nur langsam voranschreitende Demenz, die uns zunächst gar nicht aufgefallen war, um dann, mit einem plötzlichen Ausbruch, einem Zwischenfall von ernster Gefährdung für meine Mutter, die er plötzlich für einen Einbrecher hielt und mit einem Gegenstand bedrohte, ebendieser ins eigene Fleisch übernommene Riss war, der wie im Schnitt mit dem Messer durch den Körper der Familie ging und durch meinen ohnehin. Nur wenige Jahre nach diesem handgreiflichen Zwischenfall, der seine Krankheit offenbar werden ließ, brach er geistig zusammen und ging über in eine Welt ohne Sprache, einer Auslöschung gleich, einer endlosen, bleiernen Ödnis.

Ich kam, selten sowieso und dann oft nur für ein, zwei Stunden, die mir für einen Besuch noch geblieben waren, weil ich am Abend eine Veranstaltung oder Termine hatte und anderntags sofort zurückfahren musste, wo immer ich gerade lebte und war; denn ich war, das fällt mir jetzt auf, während ich schreibe, immer *weit* von meinen Eltern entfernt, seit ich mit achtzehn das Haus verließ, und es wurde, fast mit jedem Jahrzehnt, immer *weiter* und *weiter*, erst von Sachsen nach Niedersachsen, dann von Niedersachsen nach Rom; ich also kam in die Wohnung meiner Eltern, und mein Vater fing sofort an, noch ehe ich überhaupt den Mantel ablegen und Guten Tag sagen konnte, über seine aktuellen Studien des Krieges zu referieren, wer wann und wo wen und mit welcher Strategie, mit welchen Zielen und welchen Verlusten im Himmel, auf der Erde oder zur See vernichtet hatte, um beim Thema *Vertreibung der Sudetendeutschen aus Böhmen* wie endlich bei sich selber angekommen zu sein und kein Ende und keinen Ausgang mehr zu finden. Dann las er angestrichene Passagen in einem Buch oder Abschriften vor, die er sich aus den Büchern, die nicht seine eigenen waren, anfertigte, in einem Fall, den Titel weiß ich nicht mehr, schrieb er fast ein ganzes Buch ab, jeden Tag, sagte meine Mutter, mehrere Stunden, von morgens um sieben bis gegen Mittag, und dann noch einmal, von nachmittags um drei bis gegen sechs Uhr zum Abend hin, erst mit der Hand und dann mit der Maschine, einer alten Reiseschreibmaschine, die schon so sehr abgenutzt war, dass man die Schrift fast nicht mehr lesen konnte, so blass und verwaschen waren die

Buchstaben auf dem Papier. Neben seinen Schreibmaterialien und zu einem Stapel aufgetürmten oder aufgeschlagen neben sich liegenden Büchern lag eine Lupe, mit der er sich die Zeichnungen und Dokumente der Atlanten anschaute, die Tabellen in den Registern der Alben oder Fotografien. Weit über das Buch gebeugt, konnte er viel Zeit damit verbringen, sich Details anzusehen, die zu sehen nur noch mit optischer Vergrößerung möglich gewesen ist, es musste sich, denke ich, eine solche Leere in ihm ausgebreitet haben nach dem Verlust der Gewissheit, mit der D.D.R. und ihrem großen Bruder, der Sowjetunion, in einem zukunftsgesicherten Land zu leben, das eines Tages auch zur natürlichen Grabstätte wird, dass jede, ausnahmslos jede Zerstreuung von Zeit zugleich auch ein Hilferuf war, eine Abwehr von Verlust und Niederlage.

Kolumne, SZ [1]

Wenn ich jetzt auf der Wilsdruffer Straße stehe, gegenüber dem Stadtmuseum, vor dem Haus Nummer 9, dann schaue ich unwillkürlich zu den Fenstern der zweiten Etage hinauf, von denen aus ich früher auf die Straße hinabsah, als wir hier einmal wohnten, ich, gerade aus brandenburgischer Provinz nach Dresden gekommen, ein anderer, ein Fremder, der lange nicht ankommen sollte als ein Preuße in Sachsen. Eines Tages im späten August achtundsechzig, die Nachrichten waren voll von Meldungen eines drohenden Krieges und dem Aufstand der Massen in Prag, standen wir, Kinder und Seid-bereit-Pioniere, denen immerhin die Zukunft gehörte, mit wehendem Halstuch am Straßenrand, sie zu begrüßen, die ruhmreiche Sowjetarmee, die nun in ein anderes Land einmarschierte, um den Frieden zu sichern und uns zu beschützen. Ich sehe mir von heute aus zu, wie ich am Bürgersteig der Ernst-Thälmann-Straße, so hieß sie damals, vor dem Hauseingang stehe und ängstlich auf einen Panzer schaue, von dem aus ein Soldat nun zu mir schaut und mit Gesten zu verstehen gibt, ich möge doch zu ihm herauf und in den Panzer hinabsteigen, in dem ich mich kurz daraufhin dann auch tatsächlich befand wie Jonas im Bauch eines Wals. Während mir die Männer lachend und freundlich alles zeigen, überkommt mich eine ohnmächtige Angst, eine Panik, eine Ahnung des Untergangs und des Todes. Ich will, so schnell es irgendwie geht, wieder hinaus, uninteressiert an aller Technik, die für andere meines Alters eine Leidenschaft war. Schulfreunde waren neidisch, Mutter, glaube ich, stolz, doch ich war von etwas berührt worden, das kalt und dunkel und auf unbestimmte Weise unheimlich war. In diesem Moment bin ich erwachsen geworden, nicht biologisch, aber im Denken. Dieser Einbruch einer Realität, die das Gegenteil der inszenierten Harmonie war, des verordneten Glücks und der Ordnung, die immer diese eine herrliche Ordnung sein sollte, hatte alles in mir verändert. Ich dachte, von diesem Augenblick, dieser Szene an, die sich mir tief ins Gedächtnis einbrannte, das Gegenteil aller Behauptungen mit, dieses Andere, für das es im System meiner kleinen schulischen Welt, die naturgemäß eine Welt der Erwachsenen und ihrer autoritären Ideologie war, keine Sprache gab. So lagen auch die Fragen sehr nahe, auf die ich zu dieser Zeit keine Antworten finden konnte: Was macht ein Land militärisch in einem anderen, und kann das noch recht sein und gut? Dieser Schnittpunkt zwischen Subjekt, Bewusstsein und Geschichte, wie er sich für mich plötzlich aufgezeigt hatte, bestimmte fortan mein Leben und führte zu Verwerfungen, von denen ich vorher nichts gewusst hatte. Vielleicht auch, und es ist gewiss nur ein Spiel mit den Möglichkeiten und Spekulation, bin ich dadurch, dass mir Wege nicht mehr offenstanden, Schriftsteller geworden. Nicht durch das eine, starke Ereignis an sich, sondern weil es etwas über sich Hinausweisendes ausgelöst hatte und zu einer Spur geworden war. So erinnere ich mich heute daran, ein halbes Jahrhundert danach, und stehe doch an einem sonnigen Tag im Oktober an ebenjener Stelle, die sich mir biografisch so tief eingeschrieben hat, als wäre ich gerade das Kind. Denn es gibt keine Zeit, die nicht von anderen Zeiten durchströmt, erinnert oder antizipiert wird. In der Kognitionswissenschaft wird der Modus für Gegenwart auf drei bis fünf Sekunden geschätzt. Das ist das schmale zeitliche Fenster, durch das wir einen Zugang auf Wirklichkeit haben und selber präsent sind. Aber selbst in dieser kurzen Sequenz sind Reiz und Reaktion durch die Verarbeitungsdauer von Informationen nicht kongruent, und das verfälscht auch die Antwort. Oder poetischer mit einem Distichon von Schiller gesagt: «Spricht die Seele, so spricht – ach! – schon die Seele nicht mehr.» Wir sind also, sobald wir denken und reden, immer schon an einem anderen Ort, und das lässt die Gegenwart unerkennbar werden. Aber es gibt noch einen anderen Grund, weswegen ich diese Episode erzähle, deren historischer Rahmen der Prager Frühling von '68 ist – sie ist nämlich auch die Erzählung von der Unabschließbarkeit der Geschichte und ihres Wirkens über sich selber hinaus. Hegel nennt es «das stumme Fortweben des Geistes im einfachen Inneren seiner Substanz», und ich meine damit, dass es die D.D.R. so lange gibt, solange sie in uns, die sie erlebten, ihre Bilder, ihre Stimmungen und ihren Ton, ihre Sprache und ihre Gestalt behält. Ein System ist auf der Ebene der Instanzen und Institutionen schnell abgewickelt. Seine Kultur aber, jener tiefe innere Text, der die Gewohnheiten und Codes einer kollektiven Verständigung prägt, wirkt fort, solange die Menschen, die sie verinnerlicht haben, noch leben. Und nichts ist verständlicher.

Gespräche. Keine Gespräche

Ich weiß nicht, warum, aber das Haus, meine Wohnung in diesem Haus, riecht unvorteilhaft, genauer, es stinkt. Nach Toilette, nach Abfall, nach Ausguss. Ich trete aus dem Fahrstuhl, den Koffer hinter mir herziehend, als wäre er schon alles, was noch zu mir gehört, öffne die Wohnungstür, und dieser schwere, faulige Geruch steigt mir in die Nase, etwas süßlich, wie billiges Parfum oder Katzenpisse. Keiner kann sagen, woher der Gestank kommt und warum er sich bildet. Womöglich bleibt Abwasser im Rohrsystem stehen, wenn die Spülung nicht öfter benutzt wird, oder der Chemiefaserboden schwitzt die Arbeitskraft der Arbeiter aus. Vielleicht sollte ich das auch symbolisch verstehen, als eine besondere Art der Disziplinierung, weil ich wieder ein paar Tage nicht da, nicht *präsent* gewesen bin (obgleich ich hier in keiner Weise *beaufsichtigt* werde, wie ich es andernorts auch schon erlebt habe). Aber wenigstens blinken keine Anrufe auf dem Anrufbeantworter. Das heißt, ich hatte, ehe ich losfuhr, das Telefonkabel aus der Buchse gezogen.

– «Das war die Idee», sagte ich meiner Mutter, «ein Gespräch zu führen in kleinem Kreis, ohne Presse, ohne Förmlichkeiten und Eintrittskarte. Mit Leuten sprechen, die zu sprechen sich sonst nicht getrauen, die nicht stumm, aber leise sind. Das war die Idee», sagte ich zu meiner Mutter, als wir Kaffee tranken, wie immer, am Sonntagnachmittag. Es ist ein Ritual, solange ich in Dresden bin, dass wir uns am Sonntagnachmittag treffen und erzählen, ehe André ein wenig später dazukommt und meistens noch einen Film mit dabeihat, den wir zum Abend hin gemeinsam sehen, oder ich gehe früher, weil mich ein Film um diese Uhrzeit nicht reizt. Wenn ich komme, zwischen zwei und drei Uhr, steht alles griffbereit da, die Teller und das Geschirr, noch von meiner Oma, glaube ich, mit Zwiebelmuster und Goldrandverzierung, Kuchengabeln und Kaffeelöffel, der zu kleinen Rechtecken geschnittene Apfelkuchen oder was gerade im Gefrierfach lag. Die Kaffeemaschine ist mit Wasser gefüllt und der Filter liegt eingepasst im Filterfach. Das Kaffeepulver in einer bunt verzierten Metalldose, deren Deckel schon aufgeklappt ist, steht links daneben, der Maßlöffel, mit dem das Pulver in abgezählten Maßeinheiten eingefüllt wird, liegt ebenfalls bereit. Es ist ein stilles Arrangement von Perfektion in der Vorbereitung, in dem nichts dem Zufall überlassen oder vergessen worden ist und jede nun folgende Bewegung, die mir gehört, damit betraut, die richtige Menge Kaffee für die passende Stärke zu finden, genau vorherbestimmt ist. Jetzt macht er das, jetzt macht er das, jetzt macht er das. – «Ich wollte», sagte ich meiner Mutter, «eine kleine, intime Gesprächssituation arrangieren, irgendwo in einem kleinen Raum, fern aller großen Bühnen und heller Beleuchtung. Aber es geht ... es geht einfach nicht. Alles wird hochgezogen, aufgeblasen, künstlich befruchtet, es gibt ... es gibt keine Nischen», sagte ich zu meiner Mutter, «es gibt allenfalls die Ausblendung, das Nichtgehörtwerden, die Antwortlosigkeit, und diese Ausblendung, dieses Nichtgehörtwerden, diese Antwortlosigkeit sind wahrscheinlich das Wahrscheinlichste. Oder es kommt die schwere Last des Lichtes über einen, dessen Zweck es ist, auf andere zurückzustrahlen. Die ganze Last des Lichtes. Und man macht gerade vielleicht nichts anderes, als sich den Schuh zuzubinden oder das Hemd zuzuknöpfen und die Haare zu bürsten, es ist egal und gleichviel.» Dann sagte ich nichts mehr. Wir saßen still beieinander und hörten der Kaffeemaschine zu, als erzählte sie uns, was das Leben ist.

Das Gespräch war kein Gespräch, es war, im Grunde genommen, nur leere Zeit. Ich stellte mich vor, erzählte von meinen Jahren in Dresden zu Zeiten der D.D.R., las ein wenig aus meinen Büchern, und sie fragten, ob ich Fan des Fussballklubs Dynamo sei und was ich von der Sanierung einer Brücke halte und von den Fahrradwegen der Stadt. Kann man mehr noch an sich vorbeireden, sich weiter verfehlen? Was habe ich nur erwartet und wen? Die romantische Vorstellung von der *Wahrheit des Sprechens*, für die ich eine Art Schutzraum habe bieten wollen und die Presse vorsorglich auslud (die dann natürlich dennoch da war in der maskierten Gestalt eines *interessierten Bürgers*), wie nur kam ich darauf? Ich dachte tatsächlich, auf Menschen zu stoßen, die mit ihren Nöten allein seien, ungehört, ungesehen, unbeachtet, sie wollte ich treffen und von ihnen etwas erfahren. Aber von denen, die es zu Hunderten, zu Tausenden gibt, in den Vororten und Untergründen, den Seitenstraßen und auf den Bänken der Parks, irgendwo im Niemandsland der Gesellschaft, war – naturgemäß, sollte ich sagen – kein Einziger da; sie erfahren von einem solchen Angebot gar nichts oder werfen es auf der Stelle weg, weil es ihre Situation nicht verbessert (und weil das System, in dem sie existieren gleich einer Fliege in Bernstein gegossen, sich nicht verändert). Und so ging es denn auch, sobald ich von meinen Gedanken und Themen abgekommen war und meine Rede unterbrach, damit sie andere ergreifen können, um *nichts*.

FOCUS ALBERTINUM

15.6.18–
7.1.19

Ost-
deutsche
Malerei
und
Skulptur
1949–
1990

Kolumne, SZ [2]

Im Albertinum hat es einen Bilderstreit gegeben, wie er auch fast dreißig Jahre nach dem Systemzusammenbruch nicht zu vermeiden war. Bilder der D.D.R.-Kunst wurden aus der Dauerausstellung abgehängt und dann, nach heftigen Protesten, temporär wieder aufgehängt, gerade zu sehen in einer Sonderausstellung zur ostdeutschen Kunst zwischen 1949 und 1990, die ein großer Gewinn ist. Nun hängt zusammen, was nicht zusammengehört, historisch aber ein Bild komplettiert, das D.D.R.-Kunst heißt: subventionierte Auftragsmalerei hier, Kunst im Widerstand dort, figurativ oder abstrakt, affirmativ oder provokativ, eingeschlossen oder ausgeschlossen, regional oder international von Belang. Und dann hängt da ein Bild, das mich, als ich es sehe, trifft wie ein Blitz und meine Frage, was ordne ich wo und wie ein, für den Moment außer Kraft setzt: «Peter im Tierpark» von Harald Hakenbeck. Woher kenne ich dieses Kindergesicht, das mich anschaut, als hätte ich gerade Oma belogen oder einen Tintenklecks ins Heft gesetzt, weil es selbst so tadellos unschuldig ist? Aus meinem Lesebuch in den Sechzigerjahren, nehme ich an. Dieses Bild hat sich mir so tief in den Körper geschnitten, weil ich es einmal täglich zu sehen bekam, entweder im Buch oder gerahmt irgendwo an der Wand, sodass sich mir in diesem Augenblick der Wiederbegegnung eine Gefühlswelt fern aus der Kindheit eröffnet. Ich rieche plötzlich die Kernseife, mit der wir uns die Hände wuschen, fühle das harte Leinenhandtuch, mit dem ich sie mir trocken rieb, habe die kleine, aus Holz gebaute Barackenschule inmitten einer Heidelandschaft nahe der Havel vor Augen, als wäre ich jetzt ebendort. Für Sekunden bin ich aus der Gegenwart verschwunden und aufgetaucht in einer anderen Zeit, die selbst zur Gegenwart wird. Hirnphysiologisch könnte man dieses Déjà-vu-Phänomen zur Darstellung bringen in Art und Weise aktivierter Hirnareale, die bis eben noch inaktiv waren – über das Verhältnis von Betrachter, Gegenstand und Blick sagte es allerdings nichts. Nun ist der Effekt des Wiedererkennens jeder Kunst immanent, aber ist dieses Bild allein deshalb schon Kunst, weil es diesen einen assoziativen Einschnitt gibt, der etwas wiedererkennen und auferstehen lässt, was in den Tiefen der Erinnerung liegt? Ist die affektive Energie, die ein ästhetisches Objekt freisetzt, schon ein Kriterium für künstlerische Qualität? Dann könnte alles, was einem plötzlich am Schuh klebt, ein Kunstwerk sein – und wäre es auch, wenn es nur theoretisch überzeugend genug erklärt werden würde. Wie nun sollte man vor diesem Hintergrund dem naiven Betrachter, der einfach nur etwas wiedererkennt, was ihn an etwas erinnert, und seine Freude daran hat, klarmachen wollen, dass er womöglich nur Kitsch sieht? Und wer bestimmt, dass es Kitsch ist? Wir haben es also, wenn wir von Kunst der Gegenwart reden – und jene der jüngeren Vergangenheit, die alle noch lebenden Generationen miteinander verbindet, gehört noch dazu –, immer mit politischen, sozialen und psychologischen Einschreibungen zu tun, mit Strömen des Interpretierens und Bedeutens, die ästhetisch gar nicht legitimiert werden können, weil der Kunstbegriff selbst etwas höchst Bewegliches und Prozesshaftes ist. Vor allem die Gegenwartskunst ist durchzogen von außerästhetischen Positionen und politischen Feldern. Sie ist eingelassen und aufgelöst in einen Machtdiskurs, der sich auf sie überträgt. Das Auf- und Ab- und dann doch wieder Aufhängen von Bildern, wie es uns das Albertinum gezeigt hat, ist der nervöse Reflex genau darauf, dass die Kunst in einer referenziellen Funktion steht. Und eben weil sie sich erst im Diskurs etabliert, im permanenten Fluss der Meinungsbildung und Bedeutungszuschreibung, ist ihre Wertigkeit labil. Dennoch aber zeichnet sich heute schon ab, wo ein Sujet seine Zeitlichkeit verlässt und etwas aufgenommen hat, das über sie hinausweisend ist. «Peter im Tierpark» aber wird bleiben, wo er schon ist: in einem sehr alten Schulbuch.

Eine Leserin meiner Kolumne schreibt mir dazu: «Sehr geehrter Herr D., Dank für Ihren Text über die DDR-Gemälde. Ich bin auch sehr froh darüber (heutige SZ), daß diese nun wieder gezeigt werden. Mir gefällt ‹Peter im Tierparkt› auch sehr; habe das Heftchen deshalb lange bewahrt. Nehmen Sie es jetzt bitte als Geschenk von einer treuen SZ-Leserin! Mit dem Bild ‹Paar am Strand› (Womacka?) geht's mir ähnlich wie mit PETER. D.S., 78 Jahre, Urgroßmutter, 58 Jahre verheiratet, 2 Töchter/4 Enkel/1 Urenkel.» Beigelegt ist ein kleines Heft: «Hakenbeck. Maler und Werk», auf dessen Rückseite das Zitat des Malers von Frau S. unterstrichen wurde: «Um uns entsteht eine neue Welt, deren Maß und schöpferische Kraft der arbeitende Mensch ist.» Ich habe ihr nicht geantwortet, denn ich hätte ihr schreiben müssen, dass sie mich missverstanden hat und dass mir das Bild ja eben *nicht* gefällt. Aber dann hätte ich sie nur enttäuscht, und das wollte ich nicht. Vielleicht ist ja das Recht auf Symbole stärker als die Kunst und das Bedürfnis zur Identifikation mit Objekten, in denen die Zeit sich spiegelt, größer als deren ästhetische Referenz (was immer das sein soll). Ich lese ihre Karte noch einmal und bin gerührt und denke: Vielleicht ist es auch scheißegal, was ein Bild ist, wenn es einem so viel bedeutet. Denn die andere, hässliche Seite der subjektiven Bedeutung ist das Spiel einer objektiven Spekulation.

Das während einer Auktion in London geschredderte Kunstwerk des Street-Art-Künstlers Banksy ist ein Spiel mit diesem Spiel. Bansky ließ sein Werk, während es versteigert wurde und schließlich für 1,2 Millionen Euro unter den Hammer kam, im Augenblick des Verkaufs durch einen im Rahmen eingebauten Schredder laufen und stellte diese Aktion im Internet als Kritik am Kunstmarkt dar. Diese *Kritik* wurde vom Kunstmarkt naturgemäß und augenblicklich assimiliert, also gekauft, indem das zerstörte Werk durch Alex Branczik, dem Leiter der Abteilung für zeitgenössische Kunst in Europa beim Auktionshaus Sotheby's, zum «erste(n) Kunstwerk der Geschichte, das während einer Auktion live entstanden (sei)», erklärt wurde. Nicht nur Original und Kopie, sondern auch Konstruktion und Destruktion, Form und Zerstörung werden nun eins und damit zu einem Wert ohne Wert, so teuer und ebenso faul wie eine Aktie auf dem Finanzmarkt.

Rembrandts Selbstporträts gehören für mich zum Faszinierendsten der Kunstgeschichte; dieser gnadenlose Blick auf sich selbst, auf die Schrunden und Falten, auf die immer sichtbarer werdende Hinfälligkeit, bis vor die Tore des Todes. Dieses Leben vor einem Spiegel, der nicht lügen kann, hat mit Eitelkeit nichts mehr zu tun; es

ist ein auf sich selbst gerichteter Geist, der aus einer
Höhe der Unbestechlichkeit auf die sterbliche Hülle herabsieht wie auf ein dauerndes Fragment.

So auch möchte ich *ich* gesagt haben.

Nette Einladung zum Essen. Wohlstandsbürgertum. Zeit- und Geldüberschuss. Ich möchte heute mal ganz entspannt sein und den Abend genießen. Nur leider habe ich zu viele Sorgen, um einfach so *abzuhängen* und die *Seele baumeln zu lassen*. Was, um Himmels willen, soll ich hier? Was mache ich mit meiner Zeit, nur um freundlich zu sein? – «Gib artig Händchen», sagte Großmutter, als wir im Garten den Nachbarn trafen, der mich nicht registrierte. Ich also streckte ihm meine Hand entgegen und zog sie, unerwidert, wieder zurück.

Die Gesetze der Jungpioniere WIR JUNGPIONIERE lieben unsere Deutsche Demokratische Republik. WIR JUNGPIONIERE lieben unsere Eltern. WIR JUNGPIONIERE lieben den Frieden. WIR JUNGPIONIERE halten Freundschaft mit den Kindern der Sowjetunion und allen Ländern. WIR JUNGPIONIERE lernen fleißig, sind ordentlich und diszipliniert. WIR JUNGPIONIERE achten alle arbeitenden Menschen und helfen überall tüchtig mit. WIR JUNGPIONIERE sind gute Freunde und helfen einander. WIR JUNGPIONIERE singen und tanzen, spielen und basteln gern. WIR JUNGPIONIERE treiben Sport und halten unseren Körper sauber und gesund. WIR JUNGPIONIERE tragen mit Stolz unser blaues Halstuch. WIR JUNGPIONIERE bereiten uns darauf vor, gute Thälmannpioniere zu werden.

Biografisches Stück Zwischenzeitlich hebt er das Gesicht, schiebt sich die linke Hand ins aschblonde Haar, richtet den Oberkörper auf, wandert mit den Fingern über die Kopfhaut, stößt die zu lange angehaltene Luft durch die Nase und kontrolliert seine Haltung. / Darauf zu achten liegt ihm im Blut, der Urgroßvater war k. u. k. Offizier, Vater zeigte ihm die Bilder. Danach der Balanceakt über die Teppichstange. Kerzengerade, an Absturz dachte er nicht. / Einmal, beim Stehen am Fischladen, Vater aß so gerne Fisch, wollte er in die Hocke gleiten, beugte langsam die Knie, ließ die Arme schlaff herunterhängen und rutschte, vorsichtig, die Wand herab; Stück für Stück, den Blick auf das Vorbild gerichtet. / Dann kam der gutgemeinte Rat, und er stand wieder auf: Schief laufen, ich möchte schief laufen, dachte er, schob die linke Hand ins aschblonde Haar, schlenkerte mit den Beinen und hielt die Luft an.

Lektüre. Randnotizen

Aber auch die Versagenshistorie der Nachwendezeit ist ein Argument, das man ernst nehmen muss; nur eben: mir gelingt es nicht, diese leere, sprachlose Hülle der Aggression mit Sinn aufzuladen; Pegida bleibt mir ein Rebus, der nicht entschlüsselt und nicht verstanden werden kann; eine dunkle, mythische Empörungsgemeinschaft in ihrer archaischen Urform. Da trifft mich die These, dass der Rechtspopulismus im Osten eine emanzipatorische Reaktion auf die Diskurshegemonie des Westens sei und dass Pegida und AfD das Bedürfnis der ostdeutschen Bevölkerung nach politischer Souveränität einlösten, wie ein Handkantenschlag, und ich dachte eines sofort: bitte schön, ja, aber dann auch in den Grenzen der ehemaligen D.D.R. (!). Die Pläne dafür sind in diversen Museumskatakomben sicher noch in gutem Zustand erhalten. Eher wohl stimmt, dass der Erfolg der Rechten ohne das Versagen der Linken undenkbar ist; er geht aus deren Niedergang hervor und setzt sich in einer politischen Leerstelle fest, die sie selbst aufgerissen hat. Das zu einem Erregungstopos auf ostdeutschen Straßen zu machen, löst den Osten aus seiner Einbindung in universale Prozesse heraus – es schickt ihn genau dorthin zurück, woher er kommt und zu Recht auch ausgebrochen ist: eine ahistorische Enklave zu sein, für die andere Gesetze und Währungen gelten. Dafür spricht, dass die Führungselite zum Beispiel der AfD gar nicht aus dem Osten kommt, sondern ihr Programm dorthin exportiert hat. Nur der Bodensatz ist dafür wohl günstig. Und gut – das allerdings führte uns zur These vom Anfang zurück, und vielleicht war sie ja so auch gemeint.

Das Spiel mit den Zeichen des Nationalsozialismus gehörte schon in meiner Kindheit zu den äußersten Praktiken der Aggression. Wer besonders auffallen und provozieren wollte, ritzte ein Hakenkreuz in die Schulbank oder schrieb die Initialen H. H. an die Tafel. Es kursierte ein Abzählvers unter uns *Jungpionieren*, dessen Obszönität mir bis heute nicht aus dem Sinn geht: «Hast du Hunger, / ist dir kalt, / dann geh zurück / nach Buchenwald.» Diese symbolischen Fremdanleihen hatten die stärkste affektive Sprengkraft, mehr als alle sexuellen Vulgärvokabeln zusammengenommen, und das hatte einen hauptsächlichen Grund: Sie trafen auf einen tiefen Schuldkomplex der Elterngeneration, die Erben einer Schuld am Zweiten Weltkrieg gewesen zu sein – und in einigen Fällen auch nicht nur die Erben. Ich glaube sicher, dass der Umgang mit Verdrängung und Schuld als Folge des Zweiten Weltkriegs im Osten ein anderer war – vorgezeichnet von den Legenden der aus dem sowjetischen Exil heimgekehrten Antifaschisten, die einen Persilschein quasi für alle mitbrachten, die in der D.D.R. ihr neues Deutschland erblickten und die die Versagens- und Schulderfahrung umso tiefer in die Dunkelzonen des Bewusstseins abdrängten und mit Tabus belegten. Hier, wo es keine Nazis mehr gab, war jeder Verweis darauf umso schändlicher und riss die Spuren der Verdrängung neu auf.

Da ich Antworten suche, Erklärungen für die vielen sozialen Paradoxien, die nirgends so augenscheinlich sind wie in Dresden, bin ich offen für jede Lektüre, die mir in meiner Erklärungsnot hilft. So lese ich in einem Zug (und im Zug): Petra Köpping: «Integriert doch erst mal uns. Eine Streitschrift für den Osten». Aber nicht nur der Titel, der mit einer impliziten Ausgrenzungsbehauptung den Menschen im Osten die Rolle des ewigen Opfers sichert – die ja gerade aufgelöst werden soll –, verstört mich sofort; mehr noch ist es die naive Kausaldialektik, mit der Ursache und Wirkung linear zueinandergebracht werden, die ich ärgerlich finde. Es ist wie ein Realismus ohne Realität und erinnert mich auf fatale Weise an die Praxis des – man kann es ja nur einen *sogenannten* nennen – dialektischen Materialismus in der D.D.R., der von einem Weltbild ausging, das allenfalls mechanisch zu erklären war, in simplen Binärcodes wie warm/kalt, hoch/tief, klein/groß, oder, ins Politische gewendet, fortschrittlich/reaktionär, sozialistisch/kapitalistisch und so weiter. Ein Parteisekretär fragte mich einmal im Ernst, weil ich mich weigerte, am 1. Mai eine Fahne zu tragen (was naturgemäß hieß, dann auch hingehen zu müssen), ob ich für den Frieden sei oder nicht. Es gab in seiner Rhetorik eine direkte Beziehung zwischen *Fahne tragen* und *Frieden*, die logisch zu erfassen mir leider unmöglich war.

Zwei Stellen streiche ich mir an. Zitat Nummer 1: «Das Thema der Geflüchteten war allgegenwärtig. Ein Zusammenhang wurde schnell hergestellt. Doch es wird dabei oft vergessen, dass die Demonstrationen von Pegida weit vor dem Sommer 2015 starteten, also *bevor* die vielen Geflüchteten ins Land kamen.» (2018, 7) Die erste Pegida-Demonstration fand am 20. Oktober 2014 in Dresden statt. Zu dieser Zeit waren mehr als 200 000 Asylanträge in Bearbeitung, auf das Jahr 2015 kommen 476 508 Anträge, auf 2016 dann 745 154. Es gibt eine klare Korrelation zwischen Asylpolitik und den Aktivitäten durch Pegida. Selbstverständlich, und vielleicht meint das auch die Autorin, ist die Affektbereitschaft und Stimmungslage der Pegida-Anhänger nicht allein durch die Immigranten bestimmt, sondern geht aus verschiedenen kulturellen und politischen Widerspruchsfeldern hervor, die rational oft nicht mehr zu fassen und sprachlich nicht zu benennen sind. Aber als ein kollektives Objekt der Projektion und Verschiebung innerpsychischer und in der politischen Gemeinschaft vergesellschafteter Grundwidersprüche funktionieren die Ausländer schon; sie sind die Sündenböcke im neoliberalen Marktverständnis, die (O-Ton) *Eindringlinge und Wirtschaftstouristen*, die unser so schönes *Sozialsystem plündern*. – «Und für uns bleibt dann nichts mehr übrig.»

Zitat Nummer 2: «Es gibt die Bereitschaft, Verhärtung und Sprachlosigkeit zu überwinden. Gewiss, Kränkungen und Scham sitzen tief. Man redet nicht gerne über die damalige Zeit. Die Bezeichnung als ‹Wendeverlierer›, ‹DDR-Nostalgiker›, ‹Jammer-Ossi› hat die Leute still und stumm gemacht. Und es machte die Menschen erst richtig wütend.» (2018, 12) – Mich macht etwas anderes wütend: dass offensichtlich niemand daran denkt, für die Geschichte der D.D.R. (mit-)verantwortlich zu sein, für ihre Misere, ihren Niedergang, ihr großes Desaster. Den Ungerechtigkeiten in der Nachwendezeit, wie sie Köpping zitiert, stehen so viele Ungerechtigkeiten gegenüber, die *vor* neunundachtzig liegen, dass es mir schwerfällt, das eine gegen das andere auf- oder abzuwerten und ins Verhältnis zu setzen. Die Ungerechtigkeit, vom höheren Bildungsweg ausgeschlossen zu werden, weil man dafür *keine politische Reife* besaß (oder richtiger: zu kritisch auf die Gesellschaft geblickt hat), war auch nicht so fein. Oder – man vergisst ja so vieles so schnell, wenn die Verhältnisse andere sind: das Recht des Staates, das Recht der Menschen zu brechen, wenn es den autokratischen Grundsätzen zuwiderlief. Das Recht zu reisen; das Recht zu denken und zu sprechen; das Recht *auf sich*. Wo waren sie, die *nach der Wende* so schwer enttäuscht und gekränkt worden sind von einem Kapitalismus, der, alternativ- und konkurrenzlos geworden, seine Masken verlor, *vor dem Kollaps* der D.D.R.? Haben sie studiert und wurden Parteisekretäre? Hatten sie Privilegien und gute Gehälter? Waren sie anerkannt und aufgenommen im Schoße der Einheitspartei? Und die anderen, die im Dunkeln gelebt haben? Die nichts werden konnten und, mit etwas Glück, in den Westen verkauft? Die Namenlosen, auch *nach* der Wende, die nicht nur keinen Anschluss mehr fanden, sondern abgehängt schon immer waren (und die ich in einem Anfall von Sentimentalität tatsächlich finden und sprechen wollte, als ich ein *Bürgergespräch* ins Leben rief)?

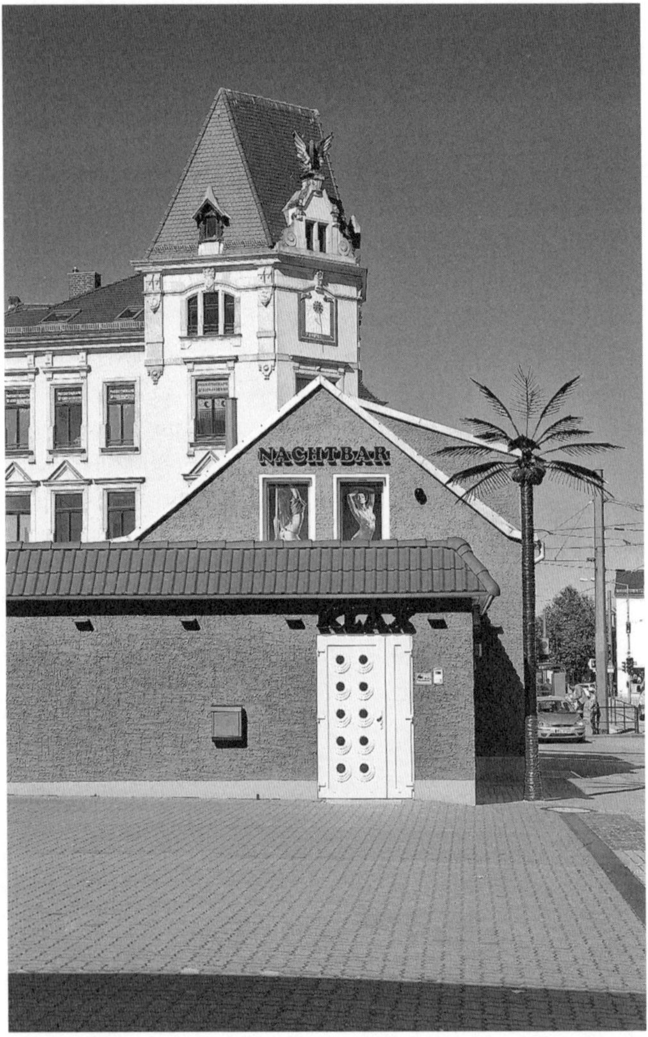
NACHTBAR

Kolumne, SZ [3]

Immer, wenn ich im Osten das Wort «Osten» höre, weiß ich nicht mehr, was es mir sagt. Der Osten als Synonym eines anderen Gesellschaftssystems mit seinen fatalen Utopien und Verwerfungen kann heute, drei Jahrzehnte später, nicht mehr gemeint sein. Denn schon ab jener nicht mehr existenten, sich mir aber dennoch immer wieder in Erinnerung bringenden Grenze bei Eisenach auf der Autobahn Richtung Dresden überkommt mich ein Gefühl, wie ich es früher nur kannte, wenn ich von Dresden oder Leipzig nach Frankfurt fuhr: in den Westen zu kommen. Die Straßen werden breiter, ruhiger, besser befahrbar. Die Städte sind in einer Weise restauriert oder neu aufgebaut worden, dass man sie, die Bilder von früher vor Augen, nicht wiedererkennt. Aber auch das Wort «Westen» steht nicht mehr für das, was es einmal bedeutet haben mag: das Bessere, Schönere, Modernere zu sein. Es gibt verfallene Gebiete, verkommene Stadtteile, Leerstand und Armut. Und es gibt einen um vieles größeren Anteil an Migranten und Ausländern als im geografischen Osten. Nun mag es in Mecklenburg-Vorpommern oder Sachsen-Anhalt schon wieder anders aussehen und noch einmal anders auf dem Land als in den Städten – aber darum geht es mir jetzt nicht. Es geht um die Hinfälligkeit der historisch gewordenen Bedeutungskontexte, die sich an die Begriffe von Osten und Westen jenseits ihrer territorialen Zuordnung binden. Vielmehr haben wir es mit neuen politischen und kulturellen Konstitutionen zu tun, die sich in die alten Synonyme hineintragen lassen, ohne sie tatsächlich zu füllen. So kann ich wirklich nicht sagen, was am Osten der Osten und am Westen der Westen ist – es sind Mischgefühle, Ambivalenzen, Überschneidungen von Erinnerung, Erfahrung und aktuellem Geschehen. Einiges ist besser, einiges schlechter, einiges schlicht überlebt. Die Furcht, es könnte wieder etwas verloren gehen von dem, was man nun endlich besitzt, und die vielleicht auch die massiven Ressentiments vor allem Fremden und Anderen gegenüber ein wenig erklärt, mag eher hierher gehören als nach Frankfurt oder Köln. Dann aber werden wieder Konfliktfelder kenntlich, die keine getrennte Geschichte mehr haben und Produktionen eines gleichen Landes oder, besser noch, einer einzigen in ihrem Globalisierungszusammenhang unauflösbar ineinander verflochtenen Welt sind. Dieses politische und kulturelle Gewebe hat, bei aller regionalen und historisch bedingten Verfärbung, eine neue Sprachsubstanz nötig, neue Begriffe, die etwas Neues zur Vorstellung bringen, das lange schon da, noch nicht aber verstanden ist.

Wenn ich abends noch einmal hinausgehen will, dann gibt es ums Eck eine Kneipe, die jeden erwartet, der nicht einschlafen kann und am Tresen gegen die Uhr kämpft. Einen Mann im mittleren Alter treffe ich immer, und immer trinkt er Wodka und alkoholfreies Bier, weil er, so seine überzeugende Auskunft, noch mit dem Auto fahren muss, um nach Hause zu kommen. – «Aber wenn du einen Unfall baust», sage ich, «sind nicht die anderen schuld, die Ausländer, die an allem sonst schuld sein sollen.» – «Wer weiß, wer weiß», sagt er und trinkt weiter. Als ich schon auf der Straße stehe, bedaure ich, kein Gespräch geführt und nicht noch einmal nachgefragt zu haben, wie er das meint. Ich hätte vielleicht etwas erfahren über meine Vorurteile des Augenblickes hinaus. Aber die Wahrheit des Augenblickes eben ist: mich interessiert es gerade nicht. Ich will jetzt *nichts wissen*. Nicht mehr um diese Zeit. – «Was aber ist Zeit?», fragte schon Augustinus, um darauf zu antworten: «Wenn niemand danach fragt, weiß ich es; will ich es einem Fragenden erklären, weiß ich es nicht.» Heute würde ich die Frage gleich anders stellen, nämlich: Gibt es noch Zeit? Oder ist jedes physische Nacheinander der Dinge, die im Raum existieren, nicht schon von ihrer digitalen Repräsentation so überformt, dass der Raum dahinter oder darunter verschwindet und mit ihm die Zeit? Anstelle eines kontinuierlichen Fließens von Stoff, der eine Geschichte erzählt, tritt die Überlagerung der Stoffe, durch die sie zerstört wird. Alles ist gleichzeitig vorhanden, und das löscht alles auch gleichzeitig aus.

Geträumt, ich sitze nackt in einem Kubus aus Glas, an einem Schreibtisch aus Glas, darüber ein Schild mit der Aufschrift «Stadtschreiber Dresden». Vor mir auf der Straße irgendwo im Zentrum der Stadt bleiben Passanten stehen, betrachten mich, wie man einen Schimpansen im zoologischen Garten betrachtet, und treten der Reihe nach an eine Wechselsprechanlage, über die sie mit mir in Kontakt kommen können. Dann geben sie ihre Bestellungen ab – von Liebesbriefen bis Grabsteininschriften alles. Ich schaue in einer Preisliste nach und mache für jeden einen Kostenvoranschlag, bis mein Auftragsbuch voll ist. Einige sind gleich einverstanden, andere müssen erst noch überzeugt werden, dass auch die Kunst ihren Preis hat und immer noch günstiger ist, als wenn der Klempner ins Haus kommt und einen Dichtungsring wechselt.

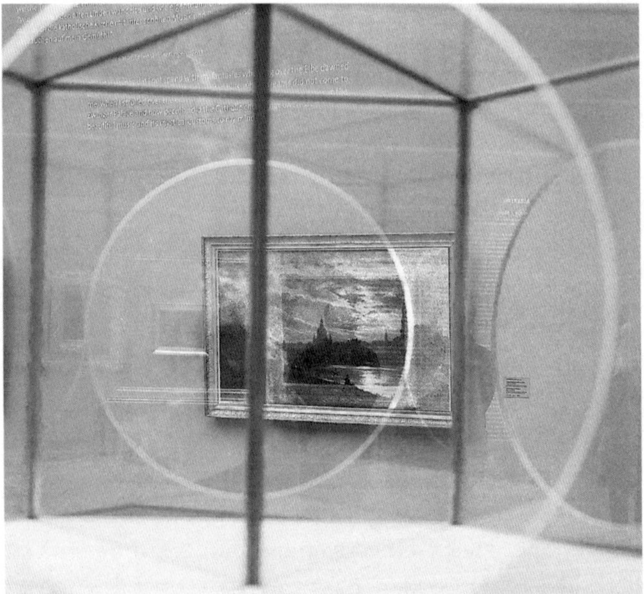

Fehlerwartung. Wahrnehmungsfehler

Mutter möchte heute nicht, dass ich sie besuche, um mit ihr Kaffee zu trinken. Sie habe gerade alles sauber gemacht, geordnet, gefaltet und gebügelt, die Kissen auf dem Sofa dekoriert, die Ziervasen entstaubt und an ihren Platz im Regal zurückgestellt, die Decken entfusselt und den Boden gesaugt. Auch gehe es schon auf Weihnachten zu, und da möchte sie heute noch die Sterne und Lichterketten aus den Schubfächern holen und mit dem Hängen beginnen. – «Mutter, wir haben Ende Oktober.» – «Ja, du bist noch jung.» – «Auch mit achtzig würde ich nicht im Herbst an Weihnachten denken.» – «Und außerdem, du legst dich immer aufs Sofa, wenn du mal da bist, und ich habe danach alles wieder herzurichten und sauber zu machen.» – «Sauber zu machen? Was musst du denn sauber machen, wenn ich mich eine halbe Stunde auf dein Sofa lege?» – «Na ja, die Kissen und Decken und Puppen und alles. Das muss doch dann wieder aufgeräumt und hingestellt und glatt gelegt werden. Ich bin alt, mich strengt das an.» – «Dann lege ich mich eben nicht mehr hin. Ich muss mich auch nicht unbedingt setzen, wenn dadurch irgendeine Unordnung entsteht, die dich verwirrt.» – «Und das Wasser für den Kaffee musste ich das letzte Mal auch aus der Kanne zurückschütten, weil du nicht kamst.» – «Ja, das ist schlimm. Außerdem hatte ich gar nicht zugesagt zu kommen. Ich habe gesagt, ich melde mich vorher noch, wenn ich es schaffe, und ich habe es nicht geschafft.» – «Aber ich habe den Kaffee schon vorbereitet gehabt und das Wasser in den Behälter getan, damit du dann nur noch das Pulver eingeben und auf einen Schalter drücken musst.» – «Du hast ja auch früher, wenn ich mich richtig erinnere, eine geschlagene Woche vorher angefangen, den Tisch zu decken, weil sich am Sonntag darauf Besuch aus der Familie angesagt hatte, und wir konnten bis dahin das Zimmer nicht mehr betreten.» – «Eine Woche vorher? Du übertreibst.» – «Zwei Wochen vorher.»

Ob ich es denn nicht gehört oder gelesen hätte – die Zeitungen waren doch voll mit dieser Nachricht, dass eine Bombe aus dem Zweiten Weltkrieg in Nähe meiner Wohnung gefunden wurde und nun entschärft werden müsse. Für alle Anlieger im Umkreis von zwei Kilometern hieße das: Evakuierung, für die Nacht von Montag auf Dienstag, und dann für unbestimmte Zeit. – «Ich war in München, wie soll ich dort erfahren, dass hier eine Bombe unter meiner Schreibstube liegt? Hätte mir das keiner sagen, schreiben, mailen können? Wenn ich noch für die kleinste Hinterhofzeitung ein Interview geben soll, erfahre ich das zu jeder Stunde und überall auf der Welt. Warum denkt jetzt niemand daran, dass es mich in diesem Sperrgebiet gibt?» Ich fühlte mich vernachlässigt wie ein Kind, das man auf den Topf gesetzt und anschließend vergessen hatte. Ich fühlte mich überhaupt auf eine merkwürdige Weise wie zurück in die Kindheit geworfen, dorthin, wo die Orte des Sprechens zur Beschädigung kamen, wo ein Riss liegen musste, eine tiefe Verletzung, die durch meine Person geht, die dann, aus dieser Verletzung heraus, falsch reagiert. Aber wie lassen sich Reaktion und Projektion unterscheiden? Wann ist was und auf welche Weise der Fall?

Ich stehe mit meiner Großmutter (der Mutter meines Vaters, die ich, glaube ich, hasste) beim Bäcker. Ich werde sechs Jahre alt sein und für einige Monate, in denen meine Mutter André und Ludwig zur Welt bringt und meine Eltern umziehen werden, von Dorf A bei Berlin nach Dorf B bei Berlin (und ohne dass ich von all dem etwas wusste – was meine Mutter, heute, bestreitet, weil sie es sich, heute, selbst nicht mehr erklären kann), zu meinen Großeltern nach Dresden gebracht, von denen ich sehr verstört wieder zurückkommen werde. Jetzt stehe ich mit Großmutter beim Bäcker. Es riecht nach Pflaumenkuchen. Vor mir ein Mädchen, das Pflaumenkuchen isst, den ihr jemand in die Hand gedrückt hat, ihre Mutter oder ihr Vater, ich sehe es nicht, weil ich nur auf das Mädchen schaue und wie es das Stück Pflaumenkuchen isst. – «Bitte, Großmutter, bringe mir doch ein Stück Pflaumenkuchen mit.» Ich sehe zu ihr herauf, und sie sieht über mich hinweg. Ich ziehe leicht an ihrer Hand, damit sie mich bemerkt. – «Bitte, Großmutter, ein Stück Pflaumenkuchen, bitte.» – «Bettelt da jemand?» – «Nein, gar nicht.» – «Doch, da bettelt jemand. Da kann einer nicht abwarten, bis er gefragt wird.» – «Doch, ganz bestimmt kann ich das.» – «Nein, ganz bestimmt kann er das nicht.» Dann ist sie an der Reihe und bestellt alles, aber keinen Pflaumenkuchen. Die Verkäuferin sieht, dass ich weine. Sie halbiert ein Stück und will es mir schenken. – «Wollen Sie», sagt meine Großmutter nun, «dass er jedes Mal bettelt, wenn wir zum Einkauf gehen?» Und dann beugt sie sich zu mir herab, während sie das Brot und die Brötchen in ein Einkaufsnetz legt, und sagt: «Siehst du, ich wollte dir heute Pflaumenkuchen kaufen, weil ich es dir angesehen habe, dass du Pflaumenkuchen magst. Aber du hast gebettelt und mit dem Finger darauf gezeigt, und darum bekommst du es nicht.» Und nach einer bedeutungsvollen Pause setzte sie noch hinzu: «Man sagt nie, was man will, wenn man es will. Das gehört sich nicht. Das ist unanständig. Du bist niemand, der etwas wollen darf. Merke dir das. Niemand.»

Wenn ich an meine Großmutter denke, wird mir mein Vater verständlich.

– «Schreib deine Gefühle auf. Schreibe auf, was du empfindest, wenn du in Dresden die alten Straßen entlanggehst, die Orte wiederfindest, die dir einmal wichtige Orte waren, ereignisvolle Orte waren. Schreib es! Schreib es!» – Ich spüre vor allem eines: Zerrissenheit. Dresden ist eine zerrissene Stadt. Zerrissen zwischen links und rechts, arm und reich, Kunst und Kitsch, hohem Anspruch und Gewöhnlichkeit, eine Stadt im Konflikt mit der Welt, am meisten aber mit sich selbst. Mehr als irgendwo sonst ist die Vergangenheit keine Vergangenheit und die Zukunft auch keine Zukunft, es ist, als sprechen die Toten aller Zeiten mit den Lebenden dieser Zeit. Alles antwortet auf alles, jeder auf jeden, die Stimmung der Leute ist ein explosives Gemisch, das sich sofort und jederzeit entzünden kann, wenn ein falsches Wort in den Satzbau fällt wie eine Bombe im Krieg. Es gibt Momente, in denen fürchte ich mich zu sprechen. Es ist eine Furcht, die sich selbst kaum erkennt und rational nicht erklärbar ist, mehr eine Ahnung von Furcht, eine Art von Beklemmung, so als würde einem die Luft abgeschnitten und der Atem geraubt. In einer Veranstaltung ging es mir so, dass ich plötzlich spürte (oder glaubte zu spüren), wie mindestens einer im Saal durch das, was ich erzähle und lese, gekränkt ist. Zuspruch und Kränkung sind immer gleichzeitig präsent, es gibt keine Affektregulierung, keine innere Ausgeglichenheit im natürlichen Widerspruch der Dinge, sondern alles und jeder provoziert alle und jeden mit allem (im Grunde schon mit seiner bloßen Anwesenheit), es ist immer eine Art von Kampfbereitschaft im Spiel, von Gereiztheit, die zur Aggressivität neigt und dann hochgehen kann wie eine Tellermine im Sperrgebiet. So war mir das Sprechen an diesem Ort, an dem mein Sprechen erwartet worden und unter einen Titel gestellt war, der irgendetwas mit Freiheit zu tun haben sollte, bis zur Unerträglichkeit schwer vorgekommen, es war mir vorgekommen, als würde jeder nicht darauf achten, *was ich sage*, sondern was ich mit dem Gesagten *nicht gesagt* oder falsch gesagt oder verletzt habe; es war mir vorgekommen, als würde mir jemand über die Schulter dabei zusehen, was ich gerade verrichte, um es fortwährend zu korrigieren; es war mir, als säße mein Vater im Raum, gleich vorn, in der ersten Reihe, und dann noch einmal näher an mich herangerückt als jeder andere sonst. Das Licht im Saal war unterdessen erloschen. Nur ein Scheinwerfer schien auf uns beide herab und legte einen Schatten neben uns ab, der sich größer und weiter in den Raum hineinzog als unsere dagegen winzig wirkenden Körper auf den zwei sich gegenüberstehenden Stühlen, es war, als spreche ich nur mit meinem toten Vater über eine tote, andere Zeit; es war, als wären die Grenzen der chronologischen Zeit zusammengebrochen und zu einer Gleichzeitigkeit verschmolzen, in der keine Vergangenheit und keine Gegenwart und Zukunft mehr existierten.

Geträumt, ich hätte meinen Vater getroffen. Aber es war

ein anderer, ein fremder, sehr freundlicher Mann, in meinem Alter oder gar jünger als ich. – «Wo warst du?», frage ich ihn, «all die Zeit, die vielen Jahre, Jahrzehnte?» – «Im Urlaub», sagt er, und ich sehe in sein braun gebranntes, erholtes, frisches Gesicht. Dann nimmt er mich in die Arme, als wäre das die Entschuldigung für sein Fehlen bis zu diesem Moment. Ich drehe mich um und sehe in einiger Entfernung, in die Tür eines Hauses gelehnt, meinen alten und anderen Vater, den ich stets für meinen richtigen hielt. Er sieht zu uns beiden hinüber und wendet sich teilnahmslos ab.

Pegida kommt mir gelegentlich vor wie eine Gesellschaft von Kindern, die ihren Vater nicht kennt. Irgendwer muss nachträglich getötet werden, und er muss den Vater ersetzen, der unkenntlich blieb und überlebte, als das System zusammenbrach und das Land sich in ein anderes verlor. Der verpasste Vatermord als ein Motiv des Hasses wurde mir deutlich, als ich bei einer Pegida-Versammlung die Abbildungen von Ulbricht, Honecker und Merkel in einer Linie nebeneinander auf Transparenten fand. Die Ostdeutsche Merkel wird in einen Zusammenhang mit den Bonzen der D.D.R. gebracht (so empfunden), sie ist quasi die subkutane Verlängerung einer autoritären Staatsmacht, die es nun abzuschaffen (zu töten) gilt. Diese Projektion übernimmt einen Affekt, der nun drei Jahrzehnte alt ist und so lange unterdrückt gehalten wurde oder sich in andere Objekte verschob, bis er eben jetzt – mit der «Flüchtlingskrise» – nicht mehr zu unterdrücken oder zu verschieben war. Die D.D.R. nach 1989 war nicht tot (oder getötet), sondern sie ist nur implodiert und hat aufgehört zu atmen; sie war in eine Starre verfallen, in ein Koma, das vielleicht sogar Schutzfunktion hatte; unterirdisch, in einem tiefen kulturellen Gewebe, lebte sie weiter – und das umso erfolgreicher, je größer die Enttäuschungen wurden, die den großen Versprechen von den «blühenden Landschaften» folgten. Dieser abgrundtiefe Hass gerade auf Angela Merkel zieht einen anderen Hass nach sich, der seine Ursprünge im verpassten Vatermord hat: der D.D.R. nicht widersprochen zu haben, als es an der Zeit gewesen wäre. Das verpasste Nein!, jetzt soll es wiederbelebt und nachgeholt werden – nur ist der Gegenstand, dem es gegolten hätte, gar nicht mehr da. – «Der Gedanke enthält einen Fehler: Das kategorische *Nein* ist ja erfolgt, im Herbst neunundachtzig.» – «Ja. Aber von wem?», fragte ich zurück und sah offensichtlich ganz andere Menschen.

Es war kein Zufall, dass ich gleich nach der Wende meinen Roman «Spiegelland» schrieb, schreiben musste, und ich musste ihn von «außen» schreiben, von einem fremden Ort her, der Abstand schaffte und mich radikal schreiben ließ, rücksichtslos auch mir selbst gegenüber. Auch das Weggehen von L. in Sachsen nach Niedersachsen war kein Zufall, sondern Bedingung dieses Schreibens, wie ich es zu dieser Zeit selbst nicht wissen und nicht sagen konnte. Und ebenso war es kein Zufall, dass ich in genau dem Moment über meinen Vater und Großvater schreiben musste, in dem die D.D.R. zusammenbrach, denn beides, Staat und Familie, waren so stark ineinander verwoben – der autoritäre, strenge Ton, die Gewalt in der Sprache, das Niederhalten des Anspruchs eines Einzelnen auf sich selbst –, dass das eine vom anderen, der Vater von der Macht und die Macht vom Vater, gar nicht zu trennen sein konnte, auch wenn mein Vater (als soziale Person) in Wahrheit völlig ohnmächtig war, er war der Ohnmächtigste überhaupt, wenn ich heute daran denke. «Spiegelland» war *mein Vatermord*, um es symbolisch zu sagen, und ich bin mir gar nicht sicher, ob ich meinen Vater überhaupt meinte, als ich ihn, Satz für Satz und Seite für Seite, zu töten begann, oder nicht doch nur ein System, in dem er eingesperrt war, ganz so, wie er andere einsperren ließ.

Oma darf nicht nach Hamburg, zur Beerdigung ihrer einzigen Schwester, irgendwann in den 1970er-Jahren. Sie sitzt auf ihrem Sofa im kleinen Zimmer, darüber das Comic-Poster einer beliebten Trickfilmserie im Fernsehen mit der Unterzeile *Arthur-hilf!*, daneben ein paar Schmutzflecken an der Tapete von André und Ludwig, die auf dem Sofa herumgesprungen sind und sich mit fettverschmierten Händen an der Wand festgehalten haben, vor ihr, auf dem ovalen Beitisch mit gemusterter Plastikdecke, eine Vase mit schon etwas verwelkten Gladiolen, und weint in ihr Taschentuch hinein. Nein, sie darf nicht nach Hamburg zur Beerdigung ihrer einzigen Schwester, weil mein Vater als sogenannter Geheimnisträger keine Kontakte in den Westen haben darf, gar keine, auch nicht durch familiäre Bindungen bedingte. Er habe sogar unterschreiben müssen, keinen Kontakt zu unserer Oma zu haben, die mit in unserer Wohnung lebte und Post von ihrer Schwester und hin und wieder auch ein Päckchen erhielt, zu Weihnachten, zu Ostern und zu Pfingsten. Er habe auch unterschreiben müssen, keinen Kontakt mit einem seiner Brüder zu haben, dessen Schwiegereltern, als sie Rentner wurden, in den Westen auszogen, und wenn sie sich in einer Gartenanlage, in der beide einen Kleingarten hatten, zufällig trafen, habe mein Vater immer erst um sich geschaut, ob er gesehen würde, wenn er ihn grüßt, erzählte mir meine Oma, während sie auf dem Sofa saß und so bitterlich weinte, wie ich sie nie vorher oder später habe weinen gesehen.

Schuld. Erinnerungsmythos [2]

– «Wer hat das gesagt?!» Wir zuckten zusammen, noch ohne zu wissen, wer was gesagt gehabt hat; er musste es leise gesagt haben, so leise, dass nur er selbst und der Lehrer es hörten. – «Ich wiederhole für alle, die schwerhörig sind: Wer war das?! Wer hat dieses scheußliche Wort ausgesprochen?!» Es war eine Stille im Raum, die nur darauf wartete, dass es gleich einen Knall geben würde, einen heftigen Ausbruch an Zorn und Bestrafungsfantasie, eine Stille, die so angespannt war, dass man glaubte, das Rauschen des eigenen Blutes und das laute Schlagen des Herzens zu hören. Was, in Gottes Namen, hat wer zu wem gesagt? Alle dachten dasselbe, aber keiner wagte zu fragen. – «Gut. Ihr habt bis morgen Zeit, mir denjenigen oder diejenige zu nennen, der oder die das gesagt hat. Oder, noch besser, derjenige oder diejenige meldet sich bis morgen von selbst. Andernfalls ist die Klassenfahrt an den Bergdörfer Stausee im Juni gestrichen, aus und vorbei. Dafür Mathe und Russisch und, ihr liebt es ja alle und habt es auch nötig, Staatsbürgerkunde, Doppelstunden.»

– «Weißt du, was für ein Wort gefallen sein soll?» – «Nein, du?» – «Nein.» – «Vielleicht Fotze. Oder Nazi. Oder Russensau.» – «Fotze. Nazi. Russensau.» Wir rieten, spekulierten, warfen uns Unworte zu, als wären sie kleine Tennisbälle, Wurfzwerge in einem Varieté vor einhundert Jahren. Aber niemand hatte irgendetwas gehört. Nur und ausgerechnet der Lehrer. Ob er verrückt war?

Von einem Wahn besessen, wir würden genau das aussprechen, was auszusprechen verboten war, und dann hörte er, was zu hören er befürchtete? Fotze. Nazi. Russensau. Ich habe dann in ängstlicher Erwartung des nächsten Tages die halbe Nacht wach gelegen und gegrübelt und überlegt, wer was gesagt haben könnte, bis ich mir, irgendwann morgens, fast sicher war: Ich, ich habe das gesagt, mehr nach innen gesprochen, mehr zu mir selbst, so wie man sich auch selber verletzt, aber einen anderen meint, ich werde hingehen, ich werde gestehen, damit die Klassenfahrt im Juni stattfinden kann, aber ich wusste es nicht, ich ahnte es, aber ich wusste es nicht. Fotze. Nazi. Russensau. Ich war das nicht, ich sagte das nicht. Wir fahren nach Buchenwald. Buchenwald ist das Gegenteil von Weimar. Buchenwald ist die Nacht, Weimar ist der Tag. Weimar ist Goethe und Schiller. Buchenwald ist der Tod. Vom Ferienlager aus fahren wir hin und betrachten den Tod. Wir sehen die Folterkammer, Spritzen mit einer so langen Kanüle, dass sie bis tief ins Herz stechen können, Lampenschirme aus Menschenhaut, die Genickschussanlage. Im Krematorium liegt menschliche Asche. Wir wissen nicht, dass es nicht die Asche der Opfer ist, der Hingerichteten während des Krieges, sondern der Opfer danach, die Täter waren oder auch nur denunziert worden sind. Der Tod spricht deutsch, wie die Klassik. Ich bin in Maria verliebt. Maria hat große braune Augen, wie meine Mutter, die auch Maria heißt. Immer, wenn sie mich ansieht, werde ich rot, so als würde sie meine Gedanken erraten, meine Gefühle, meine mir unheimliche Lust. Im Bus, wenn er langsam über das Kopfsteinpflaster fährt, bekomme ich Erektionen. Ich muss dann eine Tasche oder meinen Anorak oder irgendetwas sonst auf die gewölbte

Stelle der Hose legen. Auch heute, als wir nach Buchenwald fuhren. Maria hatte es bemerkt, wie mir das kleine Ding groß geworden ist, und wurde so rot wie eine Arbeiterfahne. Wir gehen nebeneinander, durch das Lagertor mit der Aufschrift «Jedem das Seine». Hand in Hand. Und verliebt, denke ich jetzt.

Die Diktatur nicht des Proletariats, sondern der Technik

Was ehemals ein Parkplatz war, ist, während ich auf Reisen bin, eine Baustelle geworden. Eine SMS mit Foto, wie mein Auto allein in der Verbotszone steht und daneben ein Bagger, kommt mir hinterher: *Lieber K., du musst augenblicklich dein auto wegfahren. ich sah es zufällig. sonst ramponiert es der bagger. heidrun.* Was tun? Ich rufe bei der Sparkasse an, die für die Stipendiatenwohnung zuständig ist. – «Wir können da gar nichts machen.» – «Doch, ich bitte Sie. Der Autoschlüssel liegt auf meinem Schreibtisch, in der Wohnung, oder, wenn dort nicht, in der Schublade rechts, oberes Fach. Dann schicke ich einen Bekannten vorbei, dem Sie ihn bitte geben, damit er das Auto wegfährt.» – «Das dürfen wir gar nicht.» – «Wenn ich Ihnen eine Vollmacht sende?» – «Und woher wissen wir, wer Sie sind? Ich unterstelle Ihnen ja nichts, aber es könnte uns praktisch jeder anrufen und irgendwas behaupten. Jemand, der Sie über längere Zeit beobachtet hat und weiß, dass Sie gerade nicht da sind, zum Beispiel. Ich meine, das ist ja nur zu Ihrer eigenen Sicherheit.» – «Verstehe. Dann schicke ich Ihnen eine Kopie meines Personalausweises.» – «Gut. Vollmacht. Ausweiskopie. Uhrzeit, wann Ihr Bekannter am Parkplatz sein kann. Personalien des Bekannten. Name, Adresse. Und eine Haftungsausschlusserklärung, dass Sie selbst ...» – «Gut. Ja. Danke. Ich freue mich, dass Sie mir helfen.» – *Liebe heidrun, wann kann dein sohn das auto wegfahren? muss es schnell mit der sparkasse abstimmen. und ausweis bitte mit-*

bringen. und führerschein. danke sehr, k. Als ich nach Dresden zurückkomme, steht mein Auto zwar nicht mehr auf dem umzäunten und zur Baustelle gewordenen Parkplatz, dafür aber auf einer Straße mit eingeschränktem Halteverbot. Schon aus der Ferne leuchten mir viele blaue Zettel entgegen, sorgsam unter den Scheibenwischer geklemmt, damit kein Wind sie davonträgt, und jeder ein besonderer Gruß vom Ordnungsamt Dresden. – «Was ist eigentlich so schwer daran», sagte Heidrun, «dem Stipendiaten dieser Wohnung einen eigenen Parkplatz zu mieten, wie ihn jeder Hausbewohner hat? Ist es ungewöhnlich, dass ein *Schriftsteller* überhaupt so etwas wie ein Auto besitzt?»

Interessant finde ich etwas anderes, das ich, mit Strafzetteln oder Mahnbescheiden wegen fahrtechnischer Fehlleistungen in den verschiedensten Regionen zumindest der europäischen Welt nicht gerade unvertraut, noch nie gesehen habe: dass es auf dem sogenannten *Knöllchen* einen Verweis auf eine Onlineseite gibt, die *dresden-knöllchen.de* heißt und auf der man über ein mir lange unverständlich bleibendes System der Zuordnung mehrerer Codes seine Strafe via *Onlinebanking* gleich auch selbst begleichen kann oder soll oder muss – ich habe es wirklich nicht kapiert, mich aber zäh und zum Erfolg entschlossen durch das digitale Mysterium geklickt, bis ein *Betrag dankend erhalten* aufblinkte, das mich für den Bruchteil des Augenblicks mit dem stolzen Gefühl (sozusagen) entlohnte, etwas geleistet, verstanden, bewältigt zu haben. Als ich anderntags weitere *Knöllchen* auf gleiche Weise abbüßen wollte, hatte sich, quasi über Nacht, der Name der *Onlineseite* geändert, wie in einem Thriller, wenn der Gesuchte, um seine Spur zu verwischen, nach jedem Anruf gleich auch sein Handy wegwirft, mit dem er angerufen hat, und sich sofort ein neues besorgt.

Wer kommt überhaupt auf diese Idee, dass jeder über dasselbe technische Werkzeug verfügt, mit dem man da irgendwo hoch über den Wolken Geschäfte abwickelt? Was würde meine Oma heute machen, außer unablässig ihre Passwörter unter dem Schlafsofa zu suchen? Was ist das für eine technizitäre Diktatur, die uns als Freiheit verkauft wird? Gut. Ich bin gleich wieder ruhig und suche weiter den elektronischen Ausgang auf einer Plattform, die mich mit ihren Links und Likes ins Mysterium der Wünsche geführt hat und dort dauerhaft festhalten möchte (denn wir kommen überall herein, aber kaum wieder heraus) – dennoch bleibt die Kernfrage offen: Wo bleibt das Kapital, der Mehrwert, der aus der Differenz der Arbeitszeit entsteht, die vom Angestellten eines Herstellers auf den Verbraucher umgelenkt wird? Fein, ich kann vom Schlafzimmer aus meine Fahrkarte kaufen (aber ich ersetze die Fachkraft vom Fahrkartenschalter und nutze meine Geräte dafür). So gesehen habe ich eben nicht nur 100.– Euro für einmal Falschparken bezahlt, sondern 200.– Euro (plus Mehrwertsteuer).

Eine ähnliche Szene. Ich stehe in einer Reihe falsch parkender Autos, bin aber der Einzige, der dafür ein Knöllchen an seiner Windschutzscheibe hat. Ich schaue auf die Nummernschilder der anderen, die alle aus DD (= Dresden) kommen. Nur ich bin mit DA (= Darmstadt im Westen) ein Fremder, für den ganz offensichtlich andere Regeln gelten.

Eines macht die Digitalisierung tatsächlich leichter: die

blinden Konsumtionssubjekte so auszubeuten, dass sie es noch als Freiheit erleben, ausgebeutet zu werden, und wenn sie pünktlich ihre Bewertungspunkte liefern, ihre Likes und Kommentare, werden sie mit neuen Algorithmen belohnt, über die sie dann noch effektiver verführt und hineingezogen werden können in einen Kreislauf des falschen Begehrens.

– «Ach», stöhnte meine Mutter, «wenn du immer so schwierig schreibst, dann versteht das doch keiner.» – «Ach», stöhnte ich, «aber was soll ich machen.» Ich erkenne meine Mutter nicht wieder. Sie liest alles, was von mir erscheint, und *sie reagiert darauf*. Ich muss nicht fragen: ... hast du mal gelesen? Sie ruft sogar an, wenn ihr eine Passage oder ein Satz der Rede und Nachfrage wert ist. Gelegentlich erwische ich mich dabei, dass ich ungeduldig werde, weil ich gerade etwas anderes tue und zu tun vorhabe. Dann aber bleibe ich still und höre zu, weil es mich so begeistert, dass sie *Anteil nimmt*.

Ich beobachte mein Schreiben wie meinen Körper. Es sagt immer etwas über das Gesagte hinaus – mir und dem anderen, der das lesen mag. Hier sagt es mir durch die zwei unwillkürlich (unbewusst) gesetzten Kursivteile etwas: Meine Mutter *reagiert darauf*, und sie *nimmt Anteil*. Was für eine be-/deutende, auf eine Deutung hinweisende, Hervorhebung. Gleichsam wie: *ich werde gelesen, gesehen, gehört*. Gelesen kann ich erst worden sein, als ich mit dem Schreiben anfing und das Geschriebene auch publiziert haben konnte. Aber *gesehen und gehört*, anerkannt und zur Kenntnis genommen, Subjekt geworden (im Blick der anderen / des Anderen), wann wurde es mir (tatsächlich) zuteil?

Das verlorene Erbe. Häuser, Straßen, Tod

– «In einer weit unten liegenden Mappe in Vaters Aktenschrank habe ich das hier gefunden», sagt Mutter und legt ein vergilbtes Papier auf den Tisch, daneben eine Fotografie, die in der Mitte zerrissen und wie durch einen Einschuss zerlöchert ist. Ich öffne das dreifach gefaltete Papier und lese: SITUATIONS-PLAN *von derjenigen an der Wilhelm-Straße 66 belegenen, hier mit a b c d a umschriebenen Parzelle von 998 qm Flächeninhalt, welche die Berliner Cementbau Actien-Gesellschaft von ihrem im amtsgerichtlichen* GRUNDBUCHE *von Lichtenb. Bd. 41 N° 130 & 41 N° 1311 eingetragenen Grundstück abzweigen und an Herrn Restaurateur Carl Weigmann verkaufen will. – Vermessen, kartirt und berechnet. Berlin, im Juni 1894.* Das Foto, wo es erhalten geblieben ist, zeigt das Geschäft *Weigmann^s Bier & Weinstuben*, das unserem Opa gehörte und von dem Oma immer wieder sprach: – «Was für ein Unrecht, was für ein Unrecht» … – «Nun», sagt meine Mutter, «das hat Vater die ganze Zeit gesucht, um es dem Rechtsanwalt zu geben. Meinst du, wir können es heute noch verwenden?» – «Opa hat unterschrieben, dass es eine Schenkung ist», sage ich, «wir müssten beweisen, dass er gezwungen wurde, sein Eigentum dem Staat zu überlassen. Und das können wir nicht.» – «Das hat ihn gebrochen, damals», sagt Mutter und gießt sich Kaffee nach. «Ich sehe ihn noch, wie er aus Berlin zurückkommt und so bitterlich weinte, weil er sein Grundstück verloren hatte.» – «Und warum hat er unterschrieben?» – «Er war in der Partei. Beim Rat der Gemeinde, wo er sich um die Finanzen kümmerte. Sie sind doch Genosse, haben sie gesagt, da müssen Sie doch einsehen, dass uns jedes Privateigentum am Aufbau des Sozialismus hindert. Und dann haben sie ihn erpresst, mit seiner Arbeitsstelle und der Rente, die er erhalten würde.» – «Nötigung. Das muss doch nachweisbar sein.» Wir rufen meinen Cousin an, der sich in den Neunzigerjahren zusammen mit meinem Vater um die Rückübertragung der Grundstücksrechte an meine Oma gekümmert hat, um ihm zu sagen, dass die damals vermissten Dokumente aufgetaucht seien und wir vielleicht noch einmal klagen könnten. Der wehrt ab. Er war auf dem Liegenschaftsamt, und dort sei alles verloren und vernichtet, was irgendeinen Hinweis auf dieses Grundstück gibt, und daran ändere auch ein Schriftsatz von 1894 nichts mehr.

Wir kommen vom Baden in der Havel. Es ist ein heißer Tag im August. Ich gehe mit Robert. Vor uns Karin und Bärbel. Es liegt etwas Drückendes in der Luft, wie vor einem Gewitter. Als wir um die Ecke des kleinen Feldweges biegen, kommt uns Frau Schneider entgegen. – «Ach, Kinder», sagt sie, ohne dass ich verstehen kann, was sie damit meint. Nur ihr ernstes Gesicht verrät, dass es nichts Gutes sein würde, wenn es denn tatsächlich etwas Neues gäbe. Am Gartentor steht meine Mutter und schluchzt. Daneben Oma, die sich ein Taschentuch vor das Gesicht hält, damit wir ihre Tränen nicht sehen. – «Opa. Er ist eingeschlafen.» Ich verstehe nicht. Eingeschlafen. Wieso eingeschlafen? Was ist das: eingeschlafen? – «Tot», sagt meine Mutter. «Er ist tot.» Ich verstehe immer noch nicht. Tot. Was ist das: tot?

– «Opas plötzlicher Tod einundsechzig», sagt meine

Mutter, «hatte mit dem Haus zu tun. Da bin ich mir sicher.» Wir schweigen. Wenn wir schweigen, Mutter und ich, sind wir uns näher, als wenn wir erzählen. Vielleicht ist es überhaupt die größte mögliche Nähe, die man erreichen kann, mit einem anderen, im Schweigen. Aber es muss ein geteiltes Schweigen sein, ein zweisames Schweigen, ein Schweigen innerhalb, nicht jenseits der Sprache. – «Es war unrecht», sagt sie schließlich, «unrecht.» Ihre Stimme bringt es nur leise hervor, fast schon geflüstert, so als dürfte keiner es hören. Für den Moment denke ich daran, mit diesem vergilbten Blatt Papier und dem zerschossenen Foto, das mich anschaut, als müsste ich es sofort verwerten, eine Kanzlei aufzusuchen und Rat einzuholen, ob sich ein Einspruch nach so vielen Jahren und vor dem Hintergrund fehlender Akten beim Liegenschaftsamt lohnt. – «Am Ende», sagte mein Cousin vorhin am Telefon, «zahlst du noch drauf. Und nicht zu knapp.» – «Schade», sage ich, «was uns abhandengekommen ist.»

Meine Familie war immer arm, obgleich mein Vater stets gut verdiente. Es reichte dennoch nicht, um mehr als das tägliche Leben bezahlen zu können. Seit ich vierzehn war und alt genug, um neben der Schule Geld zu verdienen, bin ich arbeiten gegangen, Teller abwaschen in einer Gaststätte, Geschirr von den Tischen räumen in einer Eisdiele oder am Fließband in einer Fabrik immer denselben Handgriff ausübend, wie eine Maschine unter Maschinen. Das alles, um ein wenig Taschengeld zu besitzen und mir Sachen zu kaufen, die meine Eltern mir nicht kaufen konnten. Und jedes Mal, wenn ich in die Gaststätte oder in die Eisdiele oder in die Fabrik ging, wo ich immer die schmutzigsten und einfältigsten Dinge verrichten musste, die zu verrichten es gab, habe ich gedacht, wie furchtbar es wohl wäre, das immer tun zu müssen, jeden Tag, ein Leben, ein verpasstes, verdorbenes Leben hindurch. Die *Arbeiterklasse*, der angeblich die Macht gegeben war, sie war ohnmächtig und verbittert. Und sie war, wenn man ihr angehören musste, und erst recht in ihrem untersten Bezirk, ein Schicksal. Seit ich denken kann und erste soziale Erfahrungen außerhalb des Schulbetriebs machte, hatte ich Angst davor, *Arbeiter* zu werden, und das nicht, weil ich einen Status haben und privilegiert sein wollte oder weil ich, eine Karriere betreffend, besonders ehrgeizig gewesen wäre, sondern weil die Arbeiterschaft, wie ich sie dann doch erlebte, erleben musste, eine Kränkung war, eine Herabsetzung des eigenen Willens und im Grunde nichts als eine in viele produzierende Segmente zersplitterte Disziplinargesellschaft, geordnet in Hierarchien wie im Knast. Nicht umsonst gab es in der D.D.R. eine Strafmaßnahme für renitente Studenten, Künstler und Intellektuelle, die sich *Bewährung in der Produktion* nannte. Und diese Bewährung war natürlich eine Disziplinierung. Ändere dein Weltbild, wollte sie sagen, oder du wirst, was du bist, wenn du nichts mehr bist. Vielleicht also war es gut, dass ich mit vierzehn schon Kontakt mit dieser Wirklichkeit hatte, die wie ein schwarzes Tuch vor der Zukunft hing.

UTP, Unterricht in der Produktion, war immer ein schulfreier, fast geschenkter Tag. Wir fuhren in einen Betrieb, in dem man nicht so recht wusste, was man mit uns anstellen sollte. Man hatte keine Arbeit, man erfand sie. Ein Schalter für die Türen der Straßenbahn musste dringend auseinandergenommen, innen entstaubt und dann wieder zusammengeschraubt werden. Die innere Entstaubung – «… mit einem Haarpinsel zwischen dem Drahtgeflecht winzige Staubteilchen entfernen, die ihr mit bloßen Augen gar nicht mehr sehen könnt!» – war im Produktionsgeschehen von äußerster Wichtigkeit. Immerhin lagen die Schalter Monate ungebraucht herum und wurden … staubig. – «Aber innen?» – «Auch innen. Gerade dort, wo es auf absolute Sauberkeit ankommt, damit die Kontakte nicht blockieren und den Strom weiterleiten.» – «Aha.» So also schraubten wir die Schalter auseinander, bliesen zwei-, dreimal mit dem Mund ins innere Gehäuse und strichen mit dem Pinsel darüber, um sie dann, etwas mühseliger, weil die kleinen Schräubchen zurück in die Schrauböffnungen gesetzt werden mussten, was mit einem Handgriff in der Regel misslang, wieder zusammenzuschrauben. Dreißig Stück in der Stunde war die Norm für eine eins. Ich wollte wenigstens eine drei, und dafür brauchte ich zwanzig, schaffte aber kaum mehr als zehn. – «Du machst das viel zu gewissenhaft», sagte Norbert, «zu gründlich. Schau her», und dann sah ich zu, wie Norbert das Gehäuse nur kurz angeschraubt hatte, ohne die obere Kappe von der unteren abzulösen, um somit auch nicht die kleinen, zwischen Daumen und Zeigefinger immer wieder hindurchrutschenden Schräubchen kompliziert wieder einsetzen zu müssen und nur einmal kurz in den halb offenen Schlitz zu pusten, kräftig, wie an Ostern bei einem Ei, das ausgeblasen wird. – «Siehst du?» – «Und wenn dann die Kontakte blockieren?» – «Quatsch.» Ich folgte seiner Methode und schaffte doppelt so viel wie vorher. Nur auf die Blicke des UTP-Aufsehers – ich habe vergessen, wer sie waren, wie wir sie nannten, die *Arbeiter, die uns anleiten und beobachten sollten* – passten wir auf, diese kurzen, stechenden Blicke, in denen immer etwas Vorwurfsvolles lag, etwas Klagendes und Anklagendes gleichermaßen: *Ihr könnt wieder gehen, hier verschwinden, etwas werden, etwas sein.* Und dann geschah es: Ich vergaß, einen Schalter wenigstens anzuschrauben und einmal kräftig durchzupusten, glaubte, er sei schon fertig *entstaubt*, und legte ihn zu den anderen, die schon bearbeitet waren, in die Kiste dazu. Als mir das Versäumnis bewusst geworden war, konnte ich den Schalter, der nun möglicherweise nicht funktionierte, nicht mehr herausfinden; er lag *ununterscheidbar* zwischen den korrekt und dann nur noch halb und oberflächlich durch einen kleinen Spalt im Gehäuse entstaubten Schaltern herum, und diese *Ununterscheidbarkeit* war ein Zeichen des völligen Unsinns unserer Arbeit. Es gab also nur noch eines zu tun – achtzugeben, wann der *Arbeiter, der uns anleiten und beobachten sollte*, mir über die Schulter blickte auf die Bewegung der Hände über einer Werkbank aus Holz, und wann nicht, um dann, sobald er fern von mir war und mich nicht mehr sah, einen Schalter aus der Kiste mit den *schmutzigen Schaltern* heraus- und in die Kiste mit den *sauberen Schaltern* hineinzutun, kurz noch grob abgewischt mit einem ölgetränkten Tuch, sodass sie blitzblank aussahen, wie gerade produziert. – Einen Schalter *im Inneren seines Gehäuses entstauben*, wie konnten wir, mit zwölf, dreizehn Jahren, noch so dumm gewesen sein; aber vielleicht war es auch gar keine Dummheit, sondern soziale Domestikation, eine Art *abgewöhntes Denken*, so wie man auch als Erwachsener Funktionen des Wissens und des Bewusstseins *abstellt*, weil sie nicht beansprucht und benötigt werden oder gar hinderlich sind. Am Ende des Tages hatte ich dann mehr Teile gesäubert als jeder andere sonst; ich hatte den Plan *übererfüllt* und bekam eine eins; ich war ein guter, ein ausgezeichneter Schüler.

Nur Norbert grinste in sich hinein und sah mich an wie einen, der beim Stehlen nicht erwischt worden war. – Glück gehabt. Du hast einfach mal Glück gehabt. Und das Unglück wäre nun, so ein Tag müsste sich jeden Tag wiederholen, so ein unsinniger, leerer, bedeutungsloser Tag. Davor hatte ich andauernd Angst, eine Angst, die verständlich und berechtigt war.

Lesen. Existieren

Beim täglichen Joggen an der Elbe entlang komme ich an einem Obdachlosen vorbei, der, mit vielen Decken umhüllt und auf einer Matratze unter einer Brücke sitzend, den Rücken gegen die Mauer gelehnt und die Beine weit von sich gestreckt, *liest*. Mir fällt es auf, weil er nicht irgendetwas liest, um sich die Zeit totzuschlagen, sondern weil er, ich erkenne es aus der Ferne, Sartre liest. Eine Rowohlt Taschenbuchausgabe, die ich selber besitze und auch gelesen, nein, *studiert* habe wie ein Gläubiger die Bibel, in den Achtzigerjahren: *Das Sein und das Nichts*. Ich bleibe kurz stehen, überlege, ihn anzusprechen. Aber was soll ich sagen, fragen? Außerdem nimmt er keinerlei Notiz von mir und ist auch ganz offensichtlich an keinem Kontakt interessiert. Er trägt eine randlose Nickelbrille, sieht intelligent aus, belesen, und ist dennoch verwahrlost. Ein Spirituskocher, mit dem er sich Tee zubereitet, steht neben dem Matratzenlager, daneben ein paar leere Flaschen und zwei Büchsen Bier. Mit einem Bleistift unterstreicht er sich Sätze, Passagen, er ist, in diese Schrift hinein, versunken. Es ist eine so beneidenswert schöne Versunkenheit, die besser noch als mein Joggen aus dem Jetzt-Sein entführt und eine Freiheit bereithält, wie es sie wohl nur in Büchern gibt, dass ich für den Augenblick die Wahrheit seiner Lage verkenne und denke: Hier, in diesem letzten Loch unter der Brücke und im kalten November, ist die Freiheit erreicht, frei von Freiheit zu sein, am Nullpunkt der Existenz. Dieses Bild der Person inmitten des Nichts strahlt auf mich eine Gelassenheit und

Ruhe aus, die mir geradezu unheimlich, ja völlig unerklärlich wird. Und auch der Sinn der Bücher, über keinen anderen Sinn zu verfügen als über den, der in den Zeichen auf dem Papier angelegt ist und auch nur dort vollzogen und vollendet werden kann, holt mich in eine vergangene und fast schon vergessene Welt zurück: in die Welt des freien, absichtslosen Schreibens, in der nur jemand sein kann, der damit keinen Gewinn, keinen Erfolg, keinen Status verbindet, und das war mir *am Anfang des Schreibens* gegeben. An meinem *Anfang des Schreibens*, denke ich, unterdessen weitergelaufen, war nur und nichts als das Schreiben, und vielleicht war das die beste, schönste Zeit überhaupt, wenn alles noch vor dir liegt – der erste Leser, das erste Buch; und du sprichst, über den anderen, von dem alles abhängt, hinweg, *nur mit der Sprache, die mit dir spricht*. Das Lesen, dieses Lesen, wie es der Mann unter der Brücke praktiziert, ist gleichsam ein Schreiben, ein auf sich hin Übersetzen von Schrift, und ich überlege für den Moment, ob diese Freiheit des Lesens und die Freiheit, von Freiheit befreit zu sein und nichts mehr zu erwarten und nichts mehr zu sein als das, was man, ohne alles andere, ist, nicht einander bedingen; vielleicht, denke ich, habe ich mich genau in der Zeit verloren, in der ich Erfolg haben sollte, ein kleiner Erfolg, der groß zu sein vorgab und als groß wahrgenommen wird, wenn einer anfängt; und für mich war das Schreiben immer eine Rettung vor dem Untergang in einer Fabrik, unter Arbeitern, die zornig, verbittert und unversöhnt waren und zerstören wollten, was ihrer Welt nicht entsprach; doch diese Rettung, dachte ich weiter, dürfte keine Existenzrettung sein, keine Privilegiensicherung, wie sie sich kurzzeitig einstellt, überhaupt keine materielle Art und Weise der Anerkennung, sondern sie müsste eine *innere Rettung* sein, eine Rettung vor der Leere des Daseins. Ich bin so weit davon weggekommen, immer verstrickt in der Sorge um das benötigte Geld für alle Tage und einer Verantwortung als Vater zweier Söhne aus zwei Familien, aber auch, um mir Zeit zum Schreiben zu kaufen, dass ich naiv genug werde, mir diesen Zustand des Nichtsseins unter einer Brücke idealisch vorzustellen – es mir vorzustellen wie eine Rückkehr in den Zustand von Unschuld, den es nur ungeboren und noch im Mutterleib gibt. Ich empfinde mich selber als zynisch bei dem Gedanken, und wäre ich der Fremde, der auf der Erde liegt, ich würde ihn, der *ich* bin, verachten. Denn es gibt keine Würde *danach*, nach oder jenseits der Würde, die immer eine Sozialwürde ist – eine Würde, nicht betteln, bitten und nehmen zu müssen, ohne geben zu können; eine Würde, die nicht ständig darauf hinweisen muss, dass sie verletzt werden kann, weil einer einfach nichts (mehr) besitzt.

Das Bild zeigt einen Schriftsteller, einen Dichter, in seiner kleinen, brüchigen Kammer unter dem Dach. Ein tief ins Mauerwerk eingelassenes Fenster am Ende der rechten Wand spendet etwas Tageslicht, das sich in den Raum hinein verliert. Eine Leine ist vor das Fenster gespannt, auf der ein schmales Handtuch hängt. Davor, gegenüber der Tür, befindet sich ein Kachelofen, in dessen Öffnung anstelle von Holzscheiten, für die ihm offensichtlich das Geld fehlt, beschriebene Blätter eines Manuskriptes liegen. Der funktionslose Ofen ist so wenigstens noch für eine Ablage gut. Der *arme Poet*, der kein Bett, sondern nur eine Matratze besitzt, mit der er auf dem Boden liegt, hat einen Schlafrock an und eine Zipfelmütze auf, weil Tag und Nacht, Schlaf und Wachsein einander undramatisch wechseln und keine zweite Garderobe erfordern. Immerhin hängen noch ein Kleidungsstück und ein Spazierstock an der Wand gegenüber, die für den seltenen Ausgang bestimmt sind. Über ihm, an einem Holzbalken befestigt, schützt ein aufgespannter Regenschirm vor einer offenen Stelle im Dach, durch die es andernfalls hereinregnen würde. Und spätestens jetzt fällt mein Blick auf die zarte, feine rechte Hand, die zwischen Daumen und Mittelfinger etwas festzuhalten scheint, das der Poet durch seine Brille aufmerksam betrachtet und dem das Leben dieser Szene gilt. Uns ist es verborgen, das Ding, das hier so wesentlich wird – und ich nehme einmal an, es ist nur ein Wort, das seiner Dichtung dermaßen kostbar ist, dass er es wie Materie behandelt, wie ein Staubkorn aus Gold, das er halten und bewundern muss. Diese kleine, metaphysische Spur, gleichviel in welche Sphäre der Transzendenz sie ihn führt, ob in den Rhythmus des Hexameters oder den Ton eines Liedes, sie überblendet den sozialen Skandal, der dem Motiv unterlegt ist. Armut und Kunst werden zu einer Klammer des Schicksals, für die keiner zuständig ist, und das ist der Skandal am Skandal und seine Entschuldigung zugleich; sie ist wie eine Bestrafung dafür, (nichts als) Gedichte zu schreiben, und das zu erbringende Opfer; und so genießt es der bürgerliche Blick: *der große Künstler, die arme Sau.*

Warum nur dachte ich immer, dieses Bild hängt in Dresden?

– «Du musst härter mit dir selber werden», sagt meine Mutter, «und nicht so viel klagen.» – «Ach, ja? Ohne Rente? Ohne Eigentum? Ohne alles? Meine Sorge ist, dass ich alt werden muss, und jeder Tag kostet Geld. Das ist die Zukunft, keine Zukunft zu haben.» – «Aber du hast doch so viele Bücher geschrieben, Preise bekommen, das kann doch nicht alles nichts sein.» – «Doch. Kann.» – «Dann denke jetzt nicht daran. Nicht heute, nicht morgen. Wer weiß, was alles noch kommt.» Vor mir sitzt eine andere Mutter, die ich nicht kenne oder die ich nicht mehr kennen konnte, weil ich so wenig da gewesen bin. – «Du», sage ich, «du hast doch selbst immer nur geklagt, am Telefon, alle Schmerzen hoch und runter. Das ist ja auch in Ordnung, aber wirf es bitte nicht mir vor. Außerdem weiß ich selbst, dass mit Klagen allein nichts aus der Welt zu schaffen ist.» Sie spürt, dass ich verletzt bin, und setzt versöhnlich hinterher, dass sie natürlich verstehe, welche Sorgen mich quälen, was auf mich zukommt. – «Denk einfach nicht daran.» Aber das kann ich nicht. Ich bin Schriftsteller geworden, weil ich es nicht kann – *verdrängen*, was ist oder was werden wird. Ich nehme an, es ist ein Defekt, eine Unmöglichkeit, etwas *nicht* zu sehen und *nicht* zur Kenntnis zu nehmen; Schriftsteller zu sein ist kein Überschuss an etwas, an Sprache oder Fantasie, sondern ein Mangel, *aus dem ein Überschuss entsteht*. – «Und dann das Dilemma mit meinen Augen», sage ich noch, «ich weiß doch gar nicht, wie lange ich überhaupt noch etwas sehe.» – «Wenn es so weit ist, dann hast du alles gesehen.» Jetzt nichts mehr, kein Wort, nur das Ticken der Küchenuhr und die kurzen Geräusche der Hände, wenn sie nach etwas greifen, das auf dem Tisch steht. Es sind zwei Personen, die mir in Gestalt meiner Mutter gegenübersitzen. Die der Erinnerung und jene einer anderen, gegenwärtigen Welt. So ist auch die Wohnung, in der ich sie besuche, nicht mehr die Wohnung, deren Dinge mich noch berühren, mit Empfindungen begleiten können. Doch. Ein Bild an der Wand, über dem mit sorgsam gescheitelten Kissen und Puppen und Zierdeckchen vollgestellten Sofa, das zu benutzen immer auch das raffinierte Arrangement zerstört – eine Berglandschaft mit röhrendem Hirsch. Wie oft habe ich zu diesem Bild geblickt, weil es immer in Sichtweite zu meinen vor mir sitzenden Eltern hing, oder nur zu meiner Mutter oder nur zu meinem Vater oder zu André und Ludwig? Was geschieht mit einem Blick, der so durchkreuzt wird mit falscher Harmonie, wie sie das Bild zur allgemeinen Beruhigung seiner Betrachter veräußert, während die Begegnung selbst voller Spannung und Zerwürfnisse ist – zwischen Mutter und Vater, André, Ludwig und mir? Ich schaue jetzt lange auf dieses Bild, das mit Kunst nichts zu tun hat, aber einen Wirkungsraum öffnet, ein Feld der emotionalen Verknüpfungen und Assoziationen, dass der Begriff *Kunst* für den Moment außer Kraft gesetzt ist, in einer seltsamen Unbestimmtheit zu sich selbst steht. Mutter schaut auf die Uhr und sucht nach der Fernbedienung. – «Meine Serie», sagt sie, «meine Serie geht los.» – «Ja», sage ich, «deine Serie.» Es ist dunkel geworden. Die Stehlampe mit Energiesparbirne wirft ein mattes Licht in den Raum und gibt ihr einen Schatten. Den eigenen sehe ich nicht.

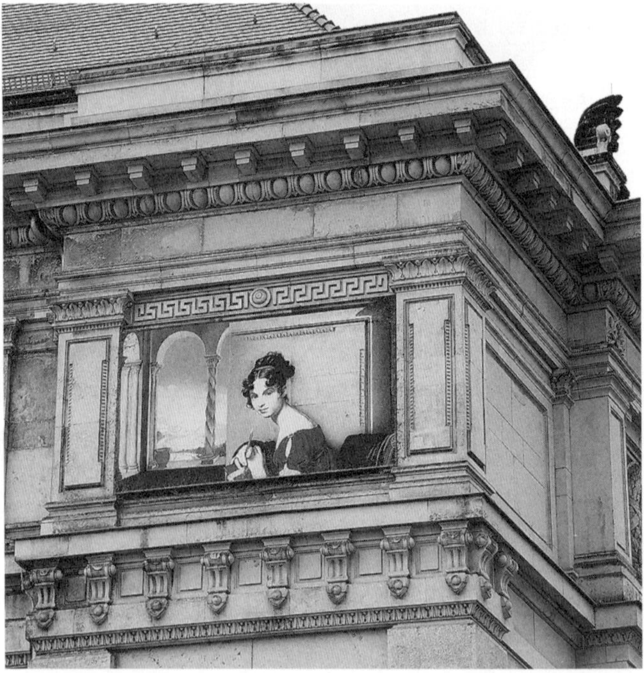

Spiegelland / Spaltungen. Zerwürfnisse

Wenn ich an meinen Vater denke, dann gibt es ihn zweimal; es gibt den Vorwende- und den Nachwendevater, den D.D.R.- und den Deutschland-einig-Vaterland-Vater; den autoritären und den dementen Vater, der so hilflos und weich war am Ende, dass ich fast glaubte, er wäre mein Sohn. Ich weiß nicht, welchen Kampf wir miteinander führten, aber es war kein nur privater, familiärer, ödipaler Konflikt – es war ein Zerwürfnis, das dem System innewohnte und unsere Körper zu Systemkörpern machte. Unsere ganze Familie war eine *Systemfamilie*, so habe ich es immer empfunden und empfinde es noch heute, und allein deshalb sehe ich einen Sinn, von ihr zu erzählen. Dieses Zerschneiden von Bindung und Zugehörigkeit in der Grammatik der Ideologie, seitens meines Vaters durch seinen Beruf, seitens meines Großvaters durch eine politische Unversöhnlichkeit, die fanatisch und andere ausgrenzend war. Mein Großvater, der angebliche *Antifaschist und Widerstandskämpfer* – jedenfalls hatte es sich mir so dargestellt –, der ein gewöhnlicher Mitläufer gewesen ist, ein Soldat unter Soldaten im Zweiten Weltkrieg und in den Fünfzigerjahren aus amerikanischer Kriegsgefangenschaft zurück nach Deutschland gekommen. *Für Führer, Volk und Vaterland*, so steht es auf der Rückseite einer Fotografie, die mir zufällig in die Hände fiel, als ich noch an Großvaters Heldenvita glaubte, und darunter: *Weihnachten 1941*.

Spiegelland. Ein deutscher Monolog – 18 ... aber ich sollte, bat Vater, nicht darüber reden oder gar schreiben, zumindest nicht, solange Großvater noch lebte, und ich schaute an die Decke, während er sprach, und zählte die Risse im Putz. Ich verstand die Geschichte nicht, die er erzählte, ihr Sinn war mir nur ein eingebildeter Sinn und keine Offenbarung, wie es Vater wohl glaubte und weswegen er ein Schweigen verabreden wollte, er, Vater, nahm doch tatsächlich an, ich würde noch immer Großvater für das halten, was dieser die Hälfte seines Lebens hindurch von sich behauptet hatte, wie lächerlich, dachte ich, wie ignorant. Allein diese Aufforderung, in gewisser Weise konspirativ, seine kalte, herzlich gemeinte Hand lag auf meiner von ihm abgewandten Schulter, im Hintergrund flimmerte das Bild des leise-, aber nicht ausgestellten Fernsehapparates, Mutter klapperte mit dem Geschirr, die Sonne schien matt durch das Fenster und kündigte die kältere Jahreszeit an, ein leichter Schatten zog sich von den Dingen ins Innere des Raumes, Vater, registrierte ich, war modisch gekleidet, ... allein diese Aufforderung zu schweigen, die ein Redebedürfnis erst richtig in Gang setzt und die, in diesem Fall, eine plötzlich erwartete Komplizenschaft voraussetzte, erschien mir wie eine Kränkung. Aber nicht deshalb wollte ich seiner Bitte nicht entsprechen, schließlich würde ich nie, nicht einmal von mir an mich selbst gerichtet, einer solchen Bitte entsprechen und die Narben verschweigen, die ich erhielt und die ich zugefügt habe, dieses Geben und Nehmen von Liebe, Verletzung und Tod, wie es mich als Thema begleitet und zum Sprechen zwingt, jenes zwanghafte Aussprechenmüssen, irgendwie obsessiv, ich erwähnte es an anderer Stelle schon oder werde es noch tun, später, vielleicht am Ende meiner Überlegungen, vielleicht in einem anderen Buch. Es war, dass die Episode, die Vater erzählte, durch die *doppelte Natur ihres Sinns*, denn es ging um die Auslöschung von Spuren einerseits und um das Sichtbarwerden gerade dadurch, dass man den Versuch der Auslöschung unternahm, gar nicht verschwiegen werden *konnte*, was meinem Vater nur wie eine kompliziert formulierte Ausrede klingen mag, denn er wird, wie gewöhnlich jeder, denken, dass man schließlich nur über das zu sprechen braucht, über das man sprechen *möchte*, und dass jene Realität, die nicht in die Rede gerät, quasi ungeschehen ist. Wie einfach, aber es zwingt sich eben gerade das zur Verlautbarung auf, was in die Welt des Schweigens herabsinken soll, und es sinkt in die Welt des Schweigens herab, was jeder mitteilen darf, weshalb es mit dem Schweigen in einer Zeit der nunmehr *erlaubten Rede*, wie die Journale und Vereine des Ostens siegreich vermelden (Zitat: «Nun, wo das Wort von der Diktatur *befreit* worden ist und es eine *freie* Literatur geben kann» [Hervorhebung von mir und Ende des Kommentars]), erst einmal beginnen wird, jenes lärmende Schweigen, wir kennen es, wir leiden darunter. Und schließlich sprechen die Dinge sich selbst aus, ob sie nun unsere Sprache bekommen oder nicht, armer, hilfloser Vater, dachte ich und konnte ihn sehen, wie er, es soll ein heißer Sommertag nach Kriegsende gewesen sein, mit einer Zaunlatte im Wasser herumfuchtelt und die Bücher, Belege und Dokumente wieder an Land bringen möchte, die er, ein frühzeitig erwachsen gewordenes Kind, auf Anweisung der Mutter zu vernichten gehabt hat. Das alles muss weg, soll seine Mutter gesagt haben, schnellstens und auf beste Weise, und dann haben sie alles, was an die Vergangenheit vor allem meines Großvaters erinnerte, von dessen Verbleib man zu der Zeit noch nichts wusste, in eine Kiste gepackt, und mit dieser Kiste im Arm ist mein Vater an den Fluss hinuntergelaufen und hat alles, Buch für Buch und Stück für Stück und Seite für Seite, ins Wasser geworfen. Die Bücher, die Nazibücher waren, und die Dokumente, die Mitgliedschaften bezeugten, und all die Briefe, Karten und Fotografien, die davon erzählten, dass man dazugehört hat usw., all das sollte vernichtet und alle Spuren sollten ausgelöscht werden, und Vater war von seiner verzweifelten und ängstlichen Mutter beauftragt worden, das und in aller Gewissenhaftigkeit für sie zu tun, alles vernichten und alles auslöschen, jetzt, in diesem Augenblick und für alle Zeiten, und er nahm die bis zum Rand angefüllte Kiste unter den Arm, lief hinunter zum Fluss und dachte sich, am besten alles zu versenken. Seine Bitte, nicht darüber zu reden oder gar zu schreiben, war sehr eindringlich, doch dann ist Folgendes geschehen: Vater warf zwar Buch für Buch und Dokument für Dokument und Beleg für Beleg usw. in den Fluss, doch das Papier versank nicht, es schwamm in die Mitte des Stromes, geriet in Wirbel und Schnellen, wurde wieder ans Ufer getrieben und vom Ufer in die Flussmitte zurückgezogen, wo es durch eine Wellenbewegung kurzzeitig verschwand, um an anderer, unvermuteter Stelle wieder aufzutauchen, Buch für Buch und Dokument für Dokument und Beleg für Beleg, und die Bücher waren aufgequollen vom Wasser und verloren ihren Einband und schlecht gebundene Seitenteile, und die Dokumente büßten ihre mit Tinte geschriebene Schrift ein, die teilweise oder ganz verwischte, die Belege waren beschädigt oder bis zur Unkenntlichkeit zerstört, aber nichts war verschwunden und ausgelöscht und für alle Zeit vergessen, und Vater lief dem auf der Oberfläche des Flusses dahintreibendem Papier, das lediglich in Unordnung und Auflösung geraten, aber nicht vernichtet war, weinend hinterher. Er hatte einen Auftrag, und dieser Auftrag hieß, alles zu vernichten und die Spuren der Vergangenheit auszulöschen, und er hatte geglaubt, es richtig zu tun, wenn er an den Fluss hinunterginge und alles hineinwürfe, und nun hantierte er verzweifelt mit einer Zaunlatte vom Ufer aus und versuchte, die Schriftstücke zurückzuholen, ehe sie, was nicht mehr zu verhindern gewesen war, Spaziergängern, die nun auch alle von anderer Gesinnung waren, auf der anderen Uferseite in die Hände fielen oder von einer nahenden Brücke aus, auf der Passanten standen und aufs Wasser herabblickten, zu sehen sein würden, die Zeichen, die zu sehen sein würden und die einmal eine Zugehörigkeit bedeutet haben und die jetzt ausgelöscht werden mussten. Und Vater hatte diese Zeichen nicht nur nicht ausgelöscht, er hatte sie auf diese Art des Versuches, sich ihrer zu entledigen, fast könnte man sagen: veröffentlicht, er hat öffentlich und für jeden, der in der Nähe war, den Vorgang des Vernichtens und Spurenauslöschens gezeigt, ganz so, wie er mit mir ein Schweigen darüber verabreden wollte, solange Großvater noch lebte, und er konnte gar nicht verstehen, dass er gerade dadurch unablässig von der Vergangenheit sprach. Jedenfalls sei seine Mutter, die von einem Nachbarn den vom Fahrrad heruntergerufenen Satz zu hören bekam: Was macht denn ihr Sohn dort unten am Fluss!, sofort zu meinem armen, hilflosen Vater gerannt und habe schon aus der Ferne voller ängstlicher Verzweiflung gerufen: Vernichten, habe ich dir gesagt, vernichten!, verbrennen oder vergraben!, aber doch nicht dies da …!, und sie zeigte auf all diese über die Oberfläche des Flusses verteilten Bücher, Seiten und Dokumente, ohne daran gedacht zu haben, dass verbrennendes Papier ebenso sichtbar gewesen wäre und Asche hinterlassen hätte und dass vielleicht dieses, vielleicht jenes Teil unter der Asche hätte erhalten geblieben sein können oder dass die vergrabene Kiste zum Beispiel von Kindern beim Spiel zu finden gewesen wäre usw., man kann keine Zeichen, die in der Welt sind, vernichten, dachte ich und sah an die Decke und zählte die Risse im Putz.

In dem Jahr, als ich *Spiegelland* schrieb, vom Sommer 1990 in Schleswig-Holstein bis zum Herbst 1991 am Starnberger See, war ich krank, krank am Stoff, den ich mir aufgeladen hatte, ohne zu wissen, zu ahnen, wie sehr er mich, nein, nicht nur beschäftigen, sondern quälen würde. Die ersten Sätze waren mit leichter Hand geschrieben, ich saß an einem See hoch im Norden des Westens, in einem Café mit Blick über Schleswig, froh, weg aus Leipzig zu sein, weg aus dem Osten, in dem ich, so fühlte, dachte ich es, nur noch Zeit verlieren würde, Zeit, die mir für die Gegenwart, die über uns kam wie ein Gewitter ohne Ankündigung, nun fehlte, Zeit, die umso kostbarer wurde, desto schneller sie in ihren Abläufen war, in ihren täglichen Verrichtungen, die bei uns eine andere Geschwindigkeit hatten, eine andere Gangart, bis hin zum Stillstand. Ich wollte *schon da sein*, wohin alles gehen würde und alle gehen müssten, von nun an. Es war mir eine unerträgliche Vorstellung, festzusitzen wie eine Assel unter dem Stein und *abzuwarten*, worauf und auf wen? Weg sein – um darüber schreiben zu können; doch desto tiefer ich der Stimme meines Zornes, meiner Verzweiflung und Enttäuschung folgte, die auch eine Enttäuschung darüber war, dass es keinen Weg gab, der am sich nun hemmungslos radikalisierenden Kapitalismus vorbeiführen würde, denn die Linke war grandios gescheitert, daran gescheitert, der Utopie eine Praxis zu geben, eine Form, ein Paradigma, desto größer wurde die Wut auf meinen Vater, die in Hass überging; ich sah auf alle Strafen und Disziplinierungen und Abrichtungen im Namen einer schäbigen Vorstellung vom *sozialistischen Menschenbild* und hasste meinen Vater stellvertretend für ein ganzes System. Das System war der Krebs in unserer Familie, es zerschnitt und trennte die Brüder und die Eltern und die Kinder, und manchmal denke ich, dass es diesen Krebs nach wie vor gibt, und er zerschneidet und trennt weiterhin – nur sind die Objekte heute andere und heißen AfD und Pegida anstatt SED oder Stasi. Es sind Abweisungen, Ausgrenzungen und Diffamierungen mit denselben Affekten; denn dreißig Jahre sind wenig Zeit, in der Geschichte, auch wenn sie, für ein einzelnes Leben, viel Zeit sind. So habe ich mir *Spiegelland* auch nicht vorgenommen, es brach aus mir heraus, es schrieb sich, Satz für Satz und Kapitel für Kapitel, *selbst*. Es war etwas in Bewegung geraten und zur Sprache gekommen, das ebenso unabweislich, unabänderlich, unhintergehbar war wie der Zusammenbruch des Landes und die Öffnung der Mauer mit ihren Folgen und gleichermaßen berauschenden wie verstörenden Undurchsichtigkeiten und Paradoxien. Glück im Dauerbetrieb ist etwas für Vollidioten, da war ich mir sicher, aber es ging (mir) nicht um Glück, sondern um eine Vorstellung von frei gewordenem *Sinn*, ohne dass ich jetzt und hier sagen könnte, was genau für einen *Sinn* ich gemeint haben kann, damals, vor dreißig Jahren. Es war auf jeden Fall das Gegenteil von hysterischem Konsum, von Bananen an jeder Ecke und flotten, tief gelegten

Autos. Es war etwas, das vielleicht nur vor dem Hintergrund eines solchen Vaters, wie ich einen hatte, der ein Polizeivater war, ein Staatsvater und Geschöpf der wechselnden Verhältnisse, ein Produktvater, sich selbst gegenüber immer ein Fremder mit panischer Angst vor Gefühlen und Kontrollverlust, möglich war; das sich wie eine Figur aus formloser Masse nur auf diesem Grund bilden, sich heraus-/bilden konnte; das, kurz gesagt, *eine Antwort war*. Auf einen anderen Vater hätte ich vielleicht nicht antworten können, weil er mich nicht gezwungen hätte, das Gegenteil zu sein, denn ich wollte, nach einer kurzen kindlichen Phase der Identifikation – mein Vater ist Polizist: *ich werde auch Polizist* –, ein anderer werden, als der, den ich für meinen Vater hielt, meinen introspektiven Vater, nicht meinen biologischen, das war klar und stand außer Frage. Und dieses: Ich werde ein Anderer, hatte noch kein System, keine Form, keinen Begriff von sich selbst, sondern war nur leere Negativität, oder, mit Hegel, Negation der Negation, denn ich negierte, was mein Vater war. Was aber war Vater anderes als eine Summe von Bedingungen, Befehlen, Gesetz und Gehorsam, einer Sprache ohne Sprache und einem Körper ohne Körper; mein Vater, bis er, irgendwann im mittleren Alter, einen Herzinfarkt bekam, war, soweit ich denken kann, nie krank geworden, das heißt, er verleugnete es, wenn er es war, und das meine ich mit *ein Körper ohne Körper sein*; was mein Vater war, möchte ich heute gern wissen, damals war er eine Leerstelle in meinem Leben, die ich selbst zu füllen begann mit etwas, das es wohl gab, in mir, in meiner inneren Welt, aber wohlweislich noch immer verborgen, als eine Chiffre, ein Satz, der noch ungeschrieben war. Vater und Vaterland waren für mich keine Metapher, sondern ein Fakt. Es gab einen

Schatten vom Vater weg auf das Vaterland hin, wie es einen Schatten vom Vaterland weg auf den Vater hin gab, der auch noch ein Schatten des Vaters des Vaters war und des Vaters des Vaters auf das Vaterland hin und wieder zurück, und in diesem Schattenreich stand *ich* – «ich» immer klein geschrieben. Nein, ich hätte, seit ich zu denken begann, die D.D.R. nicht gewollt haben können, dazu war sie mir zu abweisend geworden, zu feindlich, zu kalt, andererseits waren diese Feindlichkeit, diese Abweisung und Kälte auch Figuren in einem Spiegel, denn ich hatte ja jede Option, wie mein Vater zu werden, um in derselben Stummheit denselben stummen Dienst im Namen des Staates und seiner Macht zu verrichten. Aber diese Option stieß ich weg, und damit stieß ich gleich alles von mir weg, meine Zukunft eingeschlossen. Das werde ich später noch weiter erzählen, wenn die Zeit in der Erzählung heran ist. Hier möchte ich die Gründe finden, warum es diesen Hass gegeben hat und diesen Ekel vor einem Land, das sich am Ende selbst nicht mehr kannte, denn nicht der Hass, den ich fühlte, der Ekel, der Schmerz, ist von irgendeinem Interesse (und am wenigsten für mich selbst); allein der *Grund* für den Hass, den Ekel, den Schmerz, der tiefe und verzweigte Zusammenhang, der in die Strukturen der Gesellschaft vordringt und sich letztendlich als Dublette erweist, als Kopie der Ordnungsprinzipien, nur in umgekehrter Form, als privater oder pseudo-/privater Abdruck, als Familiendrama und subjektive Einschreibung, allein *dieser Grund* ist zugleich auch die Begründung, darüber zu sprechen, auf der Suche nach einer Wahrheit (hinter der Wahrheit). Denn es gibt *eine Wahrheit*, auch wenn ich es sehr schwierig finde, sie für etwas Festes zu halten, für etwas, das man besitzen und in einen Safe legen und sicher dort aufbewahren kann; und wo es um Subjektwahrheit geht, um Gefühls-, Erinnerungs- und Glaubenswahrheit, ist sie ein Effekt in der Sprache und abgegrenzt zur Wahrheit eines anderen Subjekts; sie ist fluide und konstitutiv und damit auch legitim; aber sie ist nicht legitimiert, außerhalb ihrer selbst einen Anspruch auf Geltung zu erheben, und innerhalb ihrer selbst nur in Korrespondenz mit der Person des Subjekts; sie ist reine *autopoiesis*. Das auch macht Subjektwahrheiten so anfällig für soziale Konflikte, weil sie sich selbst nicht von außen zu sehen bekommen und die Differenz nicht erfassen, die sie ganz natürlich von einem anderen trennt. Ich würde heute meinem Vater anders begegnen, ich würde keinen Wert darauf legen, dass er mich versteht, ich würde nur Wert darauf legen, dass er sich *bemüht*, mich zu verstehen, um in diesem Bemühen auch die Erfahrung zu machen, dass es ein Verstehen nur auf der Oberfläche der Ereignisse gibt, dort, wo das Begehren von sich selbst sprechen kann. Je differenzierter wir aber werden, desto weniger können wir uns verständlich sein, und das sage ich ohne jede Dramatik. Aber alles das ist von der Bildungsrealität meines Polizistenvaters in einem Polizistenstaat so weit entfernt, dass es lächerlich wird, es überhaupt auszusprechen; und dabei war mein Vater intelligent und begabt, wenn er zeichnete oder Klavier spielte. Aber seine Intelligenz war eine rein technische, devot und angepasst zu reagieren, und seine Begabung verlor sich im Kitsch. Es waren Gesten durch ein Gitter hindurch, Versuche der Freiheit ohne Freiheit, ein Gehen mit Ketten am Bein. Und ich sollte diese Ketten von ihm erben, ich sollte mich selber in Handschellen legen und dabei sagen, wie gut es mir geht. Da war ich dreizehn und fing an, mich abzuwenden ... von seiner Polizistenwelt.

Ein Buch, das einen nicht in Gefahr gebracht hat, ist unnütz und braucht nicht geschrieben zu werden. Ich las das irgendwo und zitiere es blind. Aber *Spiegelland* war so ein Buch, in das ich nun eingedrungen war wie der Bergmann in seinen Berg und nur noch vorwärts konnte, weiter und tiefer hinein. Die Schwermut wurde so heftig in diesem Jahr des Schreibens an diesem Buch, dass ich einen Therapeuten aufsuchte und zu analysieren begann, was ich gerade im Text vor mir hatte und analysierte. Es war, wenn man so will, eine doppelte Reflexion, eine Reflexion der Reflexion, und das ist eine Methode, die mir bis heute wichtig geblieben ist – nämlich zu sehen, *von wo aus man sieht*. Mag sein, dass sie mein Werk beschädigt, dass sie dem kohärenten Fluss des Erzählens entgegenläuft und damit unvertraut bleibt, zerrissen, wie das (wirkliche) Leben. Andererseits ist es mir immer um Erkenntnis gegangen, wenn ich irgendetwas schrieb, und letztendlich um poetische Erkenntnis, die auch das zur Sprache bringt, was im Dunkeln aller Wörter bleibt. So ist *Spiegelland* natürlich auch Essay geworden, Bild und Deutung zugleich, aber man hat auch da, wo die Form ihren Stoff und der Stoff seine Form sucht, im Grunde gar keine Wahl; es ist Einbildung, sich den Schriftsteller vorzustellen als einen, der eine *Wahl* hat. Vielleicht hat er noch die Wahl, etwas anzufangen oder nicht anzufangen (wenngleich ich auch das schon bezweifeln möchte), aber dann, wenn er *im Bergwerk ist*, herrscht der Berg mit allen Gesetzen seiner Natur. Alles andere wird Kunstgewerbe, ein falsches Produkt.

Ich weiß heute nicht, wer ich war, als ich *Spiegelland* schrieb. Ich weiß, wenn ich es genau bedenke, nie, *wer es war*, der etwas geschrieben hat, das natürlich und zweifellos *ich* geschrieben habe. Immer wieder bin ich erstaunt, wenn plötzlich ein Buch entstanden ist, wo vorher nichts gewesen war, nur weißes, leeres Papier. Ich schaue es an wie ein Wunder, wie eine Geburt, von deren Zeugungsakt ich nichts weiß, von deren Grund und Begründung ich keine Kenntnis mehr habe, und schon, während dieses *Wunder* allmählich zu einem mir fremden Ding wird, zu einem Buch unter Büchern, kalt und leblos und mir selbst furchtbar fern, verwischt sich die eigene Schrift im Blick auf die Seiten. Ich habe etwas geschrieben, aber es ist, als könnte ich es selbst nicht mehr lesen; allenfalls noch nachbuchstabieren und wortwörtlich zu einem Laut werden lassen; allenfalls noch mit einer dumpfen Ahnung belegen, dass da etwas Tiefes in der Textur liegt, allein – es ist mir entschwunden. Von diesem Augenblick einer inneren Ablösung, eines Selbstständigwerdens des Textes vor dem eigenen Verständnis und Verstand, das ein Produkt der zeitlichen Verschiebung – auch der Ichteile – ist, werde ich zum Leser meiner selbst. Stück für Stück und Satz für Satz und Szene für Szene komme ich mir nah oder bleibe auf Abstand, interpretiere, unterstelle, vermute, und nur das plötzliche Auftauchen eines Gefühls, einer Erregung oder Liebe oder Enttäuschung, eines Hasses, eines Ekels, einer Sekunde des Glücks, gibt mir ein Zeichen, auf dem Weg eines Verstehens zu sein, einer inneren Annäherung, einer Wiederholung von Sachen, die sich so und nicht anders zugetragen haben. Die Zeit bleibt stehen und dehnt sich, im Stillstand, unendlich aus, Erinnerung und Gegenwart fallen ineinander wie stürzende Bäche, wenn sie in einen Wasserfall münden, und dieser Punkt einer tiefsten Berührung von Wort und Gefühl ist gleichsam

ein Anruf, eine Bewegung, durch die ich versetzt bin in
einen anderen, vergangenen Zustand, und es kann auch
nur ein einziges Wort sein, das mich dermaßen mitreißt,
Vater zum Beispiel oder *Mutter,* und schon verschließt es
sich wieder in seiner lebendigen Natur und wird wie ein
Grab, in dem die Toten liegen, dann ist es wieder nichts
als die kalte Haut einer Sprache, die immer, was sie
sagen will, verfehlt, und diese notorische und durch
nichts zu verhindernde *Verfehlung* ist der treibende Stoff
in der Sprache, ihr fortgesetztes Gleiten der Sätze, immer
auf den einen, seltenen Punkt zu, dem einen, *einzigen
Wort.* Deshalb fallen mir Lesungen schwer, Vor-/lesun-
gen, die etwas Reproduzierendes haben, etwas Ab-/
lesendes, das sich selbst für etwas Geschlossenes, Unver-
rückbares, Fertiges hält, weil der Ort, von dem aus ich
lese, ab-/lese, reproduziere, ein völlig anderer ist als jener des Ursprungs der Schrift; diese Orte haben genau
genommen nichts miteinander zu tun; sie simulieren
eine Verbindung und Verbindlichkeit, für die auch noch
die Stimme, wo sie selbst zum Objekt wird, herhalten
und Identität bezeugen soll; die feste, klare, prosodisch
schwingende Stimme, die mir, in ebendiesen Momenten, nicht mehr zur Verfügung steht. Wie ein Sehender
einem Blinden erklärt, was er gesehen hat, so erklärt mir
mein Buch, was ich gewusst habe. Und so streife ich mit
dem Blick über die eigenen Seiten, blättere weiter oder
lese mich fest, in dieser kleinen blauen Edition-Suhr-
kamp-Ausgabe, die für so viel Aufregung, Zorn und
Zerwürfnis gesorgt hat und zugleich selbst ein Gefäß für
Verletzungen ist, für Trauer und Schmerz. Wie offene
Wunden stehen diese Sätze im Text, und nichts, kein
Wort hätte ich anders setzen, abschwächen oder gar zu-
rückhalten können, und das nicht, weil ich von deren

Richtigkeit im Sinne eines von Tatsachen belegten Geschehens überzeugt bin, das außerhalb meiner Empfindungen so und nicht anders stattgefunden hat, sondern von deren Richtigkeit in einer Spur des Erinnerns. Je wahrscheinlicher das Mögliche wird, desto näher trägt sich die Wahrheit an uns heran; und so lese ich mich erneut durch das Gelände und das Gestrüpp, durch Licht und Schatten, durch Rhetorik und Metaphorik von *Spiegelland* hindurch, bleibe stehen, finde mich selbst unerträglich, finde mich in meinen Ansprüchen maßlos und verletzend und mich selber verletzend und dann doch wieder *auf der einzigen Suche nach Wahrheit* unabänderlich in einen Widerspruch verstrickt: dieselbe Zerstörung nicht weiterzureichen, die in mir stattgefunden hat, aber es vielleicht, unwillkürlich, dennoch zu tun. Wo war der Schnitt zwischen Körper, Gesellschaft und Sprache gesetzt? Wer war, woran, *schuld*, und warum?

Nicht mehr: *Im Namen des Vaters*

– «Die Kinder gehören zu ihren Eltern», sagte Vater, als ich ihn bat, für ein paar Tage unseren Sohn zu betreuen, da wir beide, meine Frau und ich, zeitgleich ins Krankenhaus mussten. Und er hatte Urlaub und beschnitt die Blüte im Garten. – «Ach», sagte ich, «waren wir, Ludwig, André und ich, nicht andauernd bei unserer Oma? Oder ich bei den Großeltern am Wochenende?», ich kochte, tobte, hielt diese Abweisung nicht aus. – «Im Grunde müsste es dir ein Bedürfnis sein, einmal den Enkel zu haben, dir und Mutter!» – «Du siehst, was ich tue? Und Mutter geht es nicht gut.» – «Mutter geht es nie gut. Und wir müssen, beide, ins Krankenhaus. Leider, und leider akut. Das wünscht man sich ja nicht herbei.» Keine Reaktion. – «Dann müssen wir eben weiterschauen, eine Freundin fragen, vielleicht den Nachbarn im Haus!» Ich rannte davon und fluchte und heulte den ganzen Weg über, bis zu meiner Wohnung. Nicht zu fassen, sagte ich mir immer wieder innerlich vor, einfach nicht zu fassen … Drei, vier Tage … Im Garten, bei diesem wunderbaren Wetter … Und es war natürlich eine Abweisung *gegen mich*, auch wenn sie meinen Sohn traf; es war eine Ab-/trennung *von mir* – ich, der sich *abgetrennt hatte im Namen*. Ich konnte doch unmöglich heißen, wie mein Vater und Großvater und wiederum dessen Vater hieß, und so nutzte ich die frühe, die fatale und irrsinnig frühe Hochzeit mit meiner ersten Frau nicht nur, um der Familie zu entkommen, die für mich immer gleichbedeutend war mit: *diesem Staat zu entkommen*, der nun wieder gleichbedeutend mit meinem Vater war, sondern eben auch, um diesen Namen loszuwerden, *den Namen meines Vaters* und aller Väter dieses Geschlechts seit vielen Generationen. Ich selbst sollte ja, als unser Sohn geboren wurde, dieses Erbschaftsritual des gleichen Namens weiterführen, und alle waren beleidigt, als ich es nicht tat und sagte, nein, er heißt nicht Karl, sondern Leon. Das war die erste Form der Verweigerung, die mir indessen gar nicht bewusst war. Ebenso war mir nicht klar, als ich heiratete und sagte, ich würde von nun an nicht mehr heißen, wie ich heiße, was es angerichtet, ausgelöst, verworfen, eben ab-/getrennt hatte, dass es eine *Abtrennung vom Namen des Vaters* gewesen ist. Möglich, dass Vater, nachdem er verletzt und enttäuscht darüber war, dass ich seinen Namen verwarf, bald schon den Gedanken nicht nur versöhnlich, sondern auch vorteilhaft fand, dass ich anders hieß und nicht nur räumlich, sondern auch symbolisch *weg war*. Meine Anwesenheit, wie ich es später in meinen *Akten der Staatssicherheit* nachlesen konnte, hatte meinem Vater große Probleme bereitet und ihm immer wieder Beschwerden und Abmahnungen eingebracht, die seiner prominenten Stellung zunehmend gefährlich wurden. Man warf ihm schlechte Erziehung vor, politische Nachlässigkeit, mangelnde Kenntnis über die subversiven Aktionen und Aktivitäten seines immer tiefer abrutschenden, im Strudel klassenfeindlicher Lektüre verloren gehenden Sohnes. – «Du bist ein verkommenes Subjekt!», schrie er mich an und schlug mir ins Gesicht, links, rechts, links, und als ich zu Boden ging, trat er mit den Füßen noch hinterher. Er war außer sich, ohne jede Selbstkontrolle, und wahrscheinlich sah er gar nicht mehr mich, als er so auf mich einschlug, sondern einen Delinquenten im Kriminalhauptamt Dresden/

Mitte, der Hochverrat beging. – «So einen Dreck, Schund, elendes Westzeug hier anzubringen! Wo du das herhast! Wo du dich herumtreibst und mit wem!» Dann nahm er das T-Shirt mit einem Ostermarschzeichen vorn auf der Brust, das ich mir nur ausgeliehen hatte von einem Freund, der selbst so sehr stolz darauf war, es zu besitzen, und zerriss es mit einem einzigen Zug seiner Hände in zwei gleich große Teile, als wäre es nur aus Papier, so stark waren sein Griff und sein Zorn und die Angst, die über allem stand. Sein Gesicht glühte im Ansturm sich stauenden Blutes, bekam rote Flecken, die wie schwere, große Flechten seine Haut überspannten, und dick quollen die Adern am Hals und über den Schläfen hervor, dunkel und blau wie tote Fische. – «Du verkommenes … verkommenes …» – ich wich einem nächsten Schlag aus und wusste es wohl: *jetzt musst du gehen – und seinen Namen lässt du zurück.*

Es war Winter. Ich war eingesperrt in meinem Zimmer. Die Schläge schmerzten weniger als die Verletzung der Worte. Verkommenes Subjekt. Ich höre es heute noch, wenn ich fest daran denke, … höre den scharfen, kasernenharten Ton, in dem immer etwas anderes mitgeklungen hat, das nicht mehr mein Vater war, sondern das irgendwo über ihm stand und von außen zu ihm zurückkam, sich ins Innere fraß, wie ein Parasit, der besessen und wahnsinnig macht. Dann kam mir die Idee, an einem Blitzableiter vom Zimmer herab in den Hof zu steigen, zu einem Freund im Haus gegenüber zu laufen, der mir Kleidung und etwas Geld gab, um erst einmal abzuhauen, irgendwohin. – «Lass uns nach Pirna fahren», sagte Stefan, dessen Vater gleich meinem in hochgestellten Diensten stand, fast alle, die hier lebten, im

Dresdener Viertel um den Altmarkt herum, waren privilegierte Kader des Landes, und so musste es kommen, dass gerade hier, im Viertel um den Altmarkt herum, die *verkommenen Subjekte* aufwuchsen, die Ratten, die wilde, gefährliche Brut. Ich hatte eine gelbe, knallenge Hose an, die Stefan selbst genäht hatte und die am Bund dermaßen eng war, dass er mit jeder Bewegung zu reißen drohte, trug einen gefärbten Pullover, der mit Ringen verziert war, die dadurch entstanden, dass der Stoff bei der Färbung mit Schnüren abgebunden wurde, was den Farbton aussetzte und ein kreisrundes Muster ergab, dazu schwarze Lackschuhe, die mir noch vom Tanzkurs geblieben waren und mich eine Woche Arbeit in der Fabrik gekostet hatten, irgendwann in den Ferien davor, und dann weiße Socken, die einzigen, die ich besaß.

Magdalena, meine spätere Frau, war mir aufgefallen, weil sie meistens allein saß; sie war bildhübsch, aber so selbstversunken und abgewandt, dass ich kaum eine Gelegenheit fand, sie anzusprechen und kennenzulernen. Schließlich tanzten wir, schweigend. Ich spürte, wie sie mich spürte, wir küssten uns, erst scheu, dann in einer Selbstverständlichkeit, als wären wir seit Jahren ein Paar, so gingen wir schließlich zu ihr, in ein kleines Zimmer zur Untermiete in einem grauen, kalten Haus an den Gleisen des Bahnhofs, von dem her die kreischenden Signale des Zugverkehrs ins Innere des Zimmers drangen und die Stille zerschnitten, in die hinein wir Worte der Liebe legten wie ein Versprechen auf nichts. Sie fasste nach meinem Geschlecht, das kraft- und lustlos blieb, als wäre jetzt, in diesem Moment, nicht der Moment, um an Liebe zu denken, denn ich dachte tatsächlich nur eines: Wie komme ich jetzt wieder heim?

Gar nicht. Ich ging nicht wieder heim. Ich war verschollen, verschwunden, hatte mich aufgelöst, abgeschafft, war aus dem Kreis der Familie getreten, um eine eigene zu gründen. – «Weißt du, was wir machen?», sagte ich zu ihr, knapp drei Wochen, nachdem wir uns kennengelernt hatten und ohne uns lieben zu können: – «Wir heiraten.» – «Ja. Das ist gut. Das machen wir so. Wir heiraten.»

Der achtzehnte Geburtstag war gleichbedeutend mit: Wir heiraten und haben Anspruch auf eine Wohnung. Alles, was jetzt von Wichtigkeit ist, zeigt mir ein Foto. Ich die Haare kurz geschoren wie bei einem Affen im Zoo, weil ich für ein paar Tage bei der Armee war und von dort *wegen Untauglichkeit* wieder zurückgeschickt worden war, was eine andere Geschichte ergibt, ein anderes Buch, Nickelbrille mit Fensterglas, wie es Mode war, ernstes, eher trauriges Gesicht, skeptisch den Blick zu Boden gesenkt, daneben Magdalena, strahlend und schön, und dann die Familie mit Oma, Vater und Großvater, Großmutter und Schwiegermutter – und Schluss. Mutter fehlt, André und Ludwig fehlen. Es sind diese Lücken, diese Risse, immer wieder und von Anbeginn, deren Bedeutung sich mir nicht erschließt und deren Gründe mir nur mangelhaft klar sind. – «Mutter ist unpässlich.» – «Mutter war immer unpässlich, wenn sie in Gesellschaft sein sollte.» Wir gingen in ein Restaurant, um zu Mittag zu essen. Vater redete nichts. Niemand redete irgendetwas. Schließlich stand ich auf, um die Stille des Nichtssagens und Nichtstuns, die mir wehtat und mich verletzte, zu unterbrechen, und hielt, nein, keine Rede, sondern eine Art von Erklärung, warum es gut für mich war, Magdalena zu heiraten und zu ihr nach P. zu ziehen, in ein einziges kleines Zimmer. Aber es hörte, glaube ich, keiner zu. Großvater löffelte in einer Suppe herum, die viel zu früh aufgetischt wurde, Großmutter hatte sichtbare Sorge um ihren Pudel, der Dolly hieß und etwas abseits an einen Stuhl gebunden war, vor sich einen Fressnapf, in den er seine Zunge streckte, meine Schwiegermutter habe ich nur sprachlos und schweigend erlebt, nur Oma nickte mir anerkennend zu, bis Vater dann den einen, einzigen Satz sprach: – «Du bist erwachsen und wirst wissen, was du tust.» Punkt. Mit achtzehn. Erwachsen. Wieder eine Fotografie, ich mit meinem Sohn auf dem Schoß, vielleicht ein halbes, ein dreiviertel Jahr, ich demnach neunzehn. Es sind zwei Kindergesichter, nicht nur eines, nein, *zwei*. Vater machte keinerlei Anstalt, irgendetwas infrage zu stellen, es war, in seinem milde werdenden Blick, etwas von Genugtuung zu erkennen, von Dankbarkeit vielleicht oder Erleichterung, *dass ich weg war* – selbst um den Preis des verlorenen Namens.

Wir gehen über den Friedhof, Mutter, André und ich. Es ist ein mythischer Ort, der in seiner Stille nicht still und im Schweigen nicht stumm ist. Als Vater hier in die Erde gegeben wurde, hatte Mutter einen Schrei ausgestoßen, der so laut aus einer Tiefe des Schmerzes in den Tag hineinbrach, dass uns war, als hätte eine Säge sich durch die Luft geschnitten und ihn in zwei Teile getrennt: in einen Teil vor diesem Schrei und in einen danach. Im ersten Teil des Tages war Vater noch da, bei uns, die neben seinem Urnengrab standen, im zweiten gehörte er schon einer im Gedächtnis zu verblassen beginnenden Vergangenheit an, der mit jedem weiteren Tag, der vergeht, die Bilder fehlen und die Erinnerungen an Einzelheiten, an Ereignisse, Stimmen und Gerüche abhandenkommen

würden. Der Schrei selbst, der die Wahrnehmung von
Zeit so sehr zersprengte, dass mir der Ablauf der Beerdigungsszene, die kaum länger als eine halbe Stunde gedauert hat, wie eine Ewigkeit vorkam, war wie ein Abgrund, der sich neben dem Aufriss des Bodens mit den auf kleinen, moosigen Sandaufschüttungen abgelegten Kränzen und Blumengebinden aufgetan hatte, und in diesen Abgrund hinein dachte jeder für sich, was ihm Vater bedeutet hat oder wo er ihm fehlte. Mutters mit der ganzen Kraft des Körpers ausgestoßener Schrei hatte seine eigene Zeit und seinen eigenen Grund, er war von einer solchen inneren Bewegtheit und Resonanz, die bis in die äußersten Regionen des Körpers auszuschwingen und jede Faser, jeden Muskel in eine Anspannung zu bringen schien, wie es am fiebrig pulsierenden Stoff der dünnen Kleidung sichtbar wurde, dass in diesem einen Schrei weit mehr zum Ausdruck kam als ein verzweifelter Schmerz über den Verlust eines Menschen. Es war, so empfand ich, ein Menschheitsschrei, ein Daseinsschrei, etwas über das Leben eines Einzelnen weit Hinausreichendes, und vielleicht, so kam es mir in den Sinn, waren wir alle in einem solchen Schrei geboren und würden ebenso gehen, wie nun Vater gegangen ist.

Ich überlege, wie viele Jahre es her ist, dass Vater und kurz darauf Ludwig starben – drei, vier, oder fünf? Wir stehen nebeneinander und doch weit voneinander entfernt. Die Luft ist mild, fast warm, wenn die Sonne durch das morsche Geäst der Bäume auf die Grabstätte scheint, die so karg ist, so leer, dass nur der Stein mit seiner Gravur zu uns spricht und einen Weg zu dem Toten ebnet. Aus der Ferne ist das Kläffen eines Hundes zu hören, das sich in einem Echo hinter den Mauern des Friedhofs, auf dem auch Oma und Großmutter liegen, verliert. Eine alte, gekrümmte Frau fährt einen Schubkarren mit Abfällen vorbei, Plastikdosen, Scherben und Unkraut, so als wäre jeder Tag gleich und forderte zu den immergleichen Handgriffen auf. André steht links vor mir am Grab, Mutter steht hinter uns beiden, und dann folgen meine Blicke der Schrift seines Namens: *Karl*, wie ich, wie mein Großvater, wie dessen Vater und dessen Großvater, und nur ein paar Schritte weiter, in einer halb schrägen Linie zu Vaters Grab, so nah beieinander, dass jemand einmal den Witz gemacht hat, die beiden könnten ja da unten miteinander reden oder Skat spielen, wenn sich noch ein Mitspieler fände, erkenne ich das dem schmucklosen Äußeren nach zum Verwechseln ähnliche Grab meines Bruders und lese dessen Namen in dessen Stein: *Ludwig*. Ich trete zur Seite und näher an dieses zweite Grab heran, als könnte ich allein über den Namen, der auf mich ausstrahlt, der plötzlich zu leben beginnt und ein Gesicht nachzeichnet, eine Stimme, eine Figur, meinen Bruder berühren, ihn sehen und sprechen und zu ihm sagen: – «Es tut mir leid, Ludwig, ich habe so schlecht aufgepasst auf dich.» Und noch während mein Blick auf den Buchstaben liegt und in ihnen eine Geschichte findet, die die Geschichte meines Bruders ist, drängt sich wieder der andere Name vor, ich denke abwechselnd *Ludwig* und *Karl*, *Karl* und *Ludwig*, und in beider Namen finde ich deren Leben graviert. Der eine klingt hart, dann aber, in Verbindung mit dem Nachnamen, auch wieder weich, so als wollte er eine äußere und eine innere Schicht voneinander trennen, nach außen stark sein, um nach innen schwach sein zu können; der andere klingt, seinem fließenden Ton nach, nur weich, nicht weich im Sinne von weichlich, sondern von schutzlos, und vielleicht, denke ich, ist er deshalb so früh gebrochen, der Name des Bruders, der Körper des Bruders. – «Wir gehen gleich noch zu Oma», sagt Mutter, und während ich vorauseilen möchte, um allein zu bleiben, kommt André mir hinterher. Ich höre es an seinem schneller werdenden Gang und am hastigen Ton seiner Atmung, die ich schon zu spüren glaube wie einen kalten Hauch im Genick, gleich, denke ich, gleich wird er so nah herangekommen sein, dass er mich ansprechen kann, dass er etwas sagen und mich aus meinem Bedürfnis des Alleinseins und Schweigens herausreißen kann, und ich beschleunige meinerseits den Schritt. Aber was, denke ich, könnte er sagen, nach all diesen Jahren, in denen wir *nichts* gesprochen haben, kein einziges Wort? Welcher Satz wäre jetzt nicht dadurch unmöglich, dass er so unendlich viele Sätze verleugnet oder verhindert oder verdrängt hat?

André sprach nicht mehr mit mir, von dem einen auf den anderen Tag. – «Ich weiß auch nicht, warum», sagte Oma, die am ehesten hätte etwas wissen können, weil wir uns alle, außer Vater natürlich – was sich zum Ende, zu Omas Lebensende und zu Vaters beginnender Krankheit hin auch noch einmal ändern sollte –, ihr anvertraut hatten, sobald es einen Anlass gab, einen Grund, der ein besonderes Vertrauen verlangte, eine Verschwiegenheit, um erzählt, nein, *gebeichtet* zu werden. Oma saß in ihrem kleinen, immer etwas nach Essen riechenden Zimmer, da sie erst mich und später meine Brüder und noch später niemanden Bestimmtes mehr, aber dennoch, einer Angewohnheit folgend, irgendjemanden, der sicher noch Appetit haben könnte, bekochte, schaute zum Fenster hinaus oder las eine Zeitung, als wäre sie ein Buch von tausend Seiten, und dann kamen, je nach Bedürftigkeit und von Pflichten freigestellter Stunde, einer nach dem anderen zu ihr, um von seinem Kummer zu sprechen, am regelmäßigsten meine Mutter, fast könnte man sagen: an jedem Tag zur selben Zeit, zwischen vier und halb sechs. Bis dahin hatte sie im Haushalt zu tun, und dann kam Vater vom Dienst, und wir aßen zu Abend. Wenn also irgendwer in der Familie irgendetwas über den einen oder anderen wusste, was kein anderer sonst wissen konnte, dann war sie es, die Mutter meiner Mutter und in gewisser Weise unser aller Mutter. Auch darüber denke ich nach, wer eigentlich wessen Mutter war, wer wessen Kind, wessen Tochter und wessen Sohn. Aber auch sie, meine Oma, wusste es nicht, warum André nicht mehr mit mir sprach. Vielleicht, meinte sie einmal, hat sich André geärgert, dass du im Westen warst und ihm nichts mitgebracht hast, worauf ich sagte, ich hatte gar nicht das Geld, irgendjemandem irgendetwas mitzubringen, nicht einmal meiner Frau, sagte ich, brachte ich etwas mit, von Geschenken, die mir selbst geschenkt worden waren, einmal abgesehen, oder, sagte sie, er hat sich geärgert, weil du dich nicht für eine Gefälligkeit bedankt hast, die jedoch so nebensächlich war, dass ich beim besten Willen daraus keine auch nur annähernd verständliche Begründung hätte ableiten können, mich deswegen von dem einen auf den anderen Tag nicht mehr zu grüßen; und nicht nur nicht mehr zu grüßen, sondern mir überall aus dem Wege zu gehen; und auch nicht nur *mir* aus dem Wege zu gehen, sondern ebenso meiner Familie, als wäre sie gleichermaßen zu verachten und zu bestrafen wie ich. Ich komme kurz vor Weihnachten das erste Mal mit meiner zweiten Frau Mona und unserem gerade geborenen Sohn zu unseren Eltern, bei denen auch André noch lebte, und er, immerhin Onkel geworden, kommt nicht einmal aus seinem Zimmer, um von uns und seinem Neffen, der ja nun für gar nichts etwas konnte, auch nur im Entferntesten Notiz zu nehmen. Einmal habe er sogar gesagt, erzählte mir Ludwig, selbst gerade nicht gut auf André zu sprechen und nach dem dritten oder vierten gemeinsamen Bier, das er schon lange nicht mehr hätte trinken dürfen, ich sei, nachdem jemand ihn nach mir fragte und mir seine Grüße ausrichten wollte, *gar nicht sein Bruder*. Er habe, hätte André gesagt, nur *einen Bruder*, und das sei er, Ludwig, und daraufhin habe der ihm unbekannte Mann, der sich als alter Freund aus alten Zeiten vorstellte, verlegen mit dem Kopf geschüttelt und wäre grußlos gegangen. Ich war außer mir und habe mich an ebendiesem Abend mit Ludwig, der seinerseits und ihn selbst betreffend auf André schimpfte, betrunken, wobei mir hätte auffallen müssen, dass meine Art, betrunken zu werden und hinüberzugleiten in einen Zustand verminderter Selbstkontrolle, dem Alkohol entsprechend berechenbar blieb und dass Ludwig in einer Weise aggressiv reagierte, verbunden mit hektischen Flecken auf dem Gesicht und einem nervösen Flimmern der Augen, die alarmierend war und ernste Hinweise auf den Zustand seiner Gesundheit gab. Ich war viel zu sehr mit meiner Kränkung beschäftigt, als dass ich das hätte wahrnehmen können – «ich habe nur einen Bruder zu sagen, das wäre mir auch im Traum nicht eingefallen», sagte ich zu Ludwig, «egal wie sehr in Streit und Zerwürfnis ich mit einem von euch gerade bin. Abgrenzung, meinetwegen», sagte ich, «die brauche ich auch, aber das ist ganz klar eine Verstoßung, eine Verleugnung und Verstoßung und nichts als infam.» Ludwig legte seine Hände weit auf den Tisch und mit den Handrücken nach unten, sodass sie offen waren, die meinen zu empfangen, und sagte, «Bruder», nur das, und es hatte eine solche Wirkung für den Moment, dass ich gar nichts sagen oder tun konnte, auch nicht, meine Hände in die seinen zu legen, was seine Geste verlangte und was, dafür kannte ich ihn zu gut, um das nicht zu wissen, einen weiteren Gefühlsansturm ausgelöst hätte, der in einer mir unerträglichen Umarmung münden würde, einem mir endlos vorkommenden Festhalten und Festgehaltenwerden. Immer wieder hatte es diese Szenen gegeben – Ludwig trinkt, Ludwig weint, und Ludwig sucht Schutz, der für den Augenblick einer Umarmung gegeben zu sein schien, bis die Umarmung gelöst und Ludwig in seine Einsamkeit zurückgefallen wäre. Dem war ich niemals gewachsen gewesen, es schnürte mich zu, es erpresste mich, es forderte etwas, das ich nicht geben konnte, um dann, sobald Ludwig es spürte, sich ins Gegenteil zu verkehren, in eine augenblickliche Wut, in der er mich dann beschimpfte. Ludwig kannte nur Umarmung oder Beschimpfung, und oft wechselte beides einander übergangslos ab, wenn eine Erwartung enttäuscht worden war oder eine Enttäuschung ihn unerwartet traf; aber dennoch, trotz seines schwierigen Charakters, die jede Begegnung mit ihm unberechenbar machte, wäre ich nicht auf den Gedanken gekommen, ihn zu verleugnen, wie André mich verleugnet hat. Damit war eine Grenze überschritten, das war für mich, was auch immer der Grund dafür war, inakzeptabel und unkorrigierbar und ein für alle Male vorbei. Fortan habe ich mich nicht mehr darum gekümmert, was André macht und was er von mir denkt und warum er nicht mehr mit mir spricht, denn nun hatte ich guten Grund, nicht mehr mit ihm zu sprechen, *nie mehr*. Immer, wenn Mutter sagte, ich solle mich doch mit André *versöhnen*, vor allem jetzt, wo Vater krank sei und wir zusammenhalten müssten, war ich zutiefst verletzt, weil sie etwas von mir verlangte, was sie von André oder auch Ludwig nie verlangt hätte: dass ich gegen mein eigenes Recht, im Recht zu sein, agiere und mich gegen mich selber verhalte, mich verleugne, wie André mich verleugnet hat, und die Verleugnung, der weiß der Himmel wie viele weitere Verleugnungen noch folgen würden oder schon gefolgt waren, hinnehme und damit auch noch anerkenne; ich soll, sagte ich Mutter, zum Komplizen meiner eigenen Ausgrenzung und Aberkennung werden, noch immer ein Teil der Familie zu sein? Und als ich das in einem Streit zu ihr sagte, in ihrer Wohnung und, wenn ich es richtig erinnere, bereits ohne Vater, der da schon im Heim war, fiel mein Blick, als ich mich gerade anziehen wollte und den Mantel vom Garderobenständer nahm, auf das kleine Telefonschränkchen im Flur, und auf einem Blatt Papier, das in Klarsichtfolie griffbereit neben dem Telefon lag, standen, in der Schrift meiner Mutter, alle ihr wichtigen und schnell zur Verfügung zu stehenden Nummern notiert, zuerst ein paar Ärzte, dann André und Ludwig, dann Verwandtschaft fernerer Grades, und ganz unten, als Letzter, kaum mehr lesbarer Eintrag, *ich*, mit Vor- und Zuname, der ja ein anderer war.

Aber war ich es nicht gewesen, der die Familie *verstoßen hatte*, als ich einen anderen Namen annahm? Traf mich nicht etwas, das ich selbst mitverschuldet hatte (oder vielleicht sogar wollte): einen Kreis verlassen und eine Grenze überschreiten zu etwas anderem hin? Ich nehme nicht an, dass irgendwer ein Bewusstsein davon bekam, dass ich mich mit dem Verlassen des Namens von ihm und der Familie *abgewandt hatte*, um es mir gleichzutun. Schließlich war auch ich mir der Tragweite gar nicht bewusst, was es bedeutete, *den Namen des Vaters* abzulegen, aber dennoch gab es diese Ströme einer Empfindung, die Kränkungen waren, Abweisungen und *Verstoßungen*. Wir waren alle, in diesen Strömen, gefangen, und ich zitiere, was mir zur Erinnerung wird, aber es sind Zitate eines anderen Blicks.

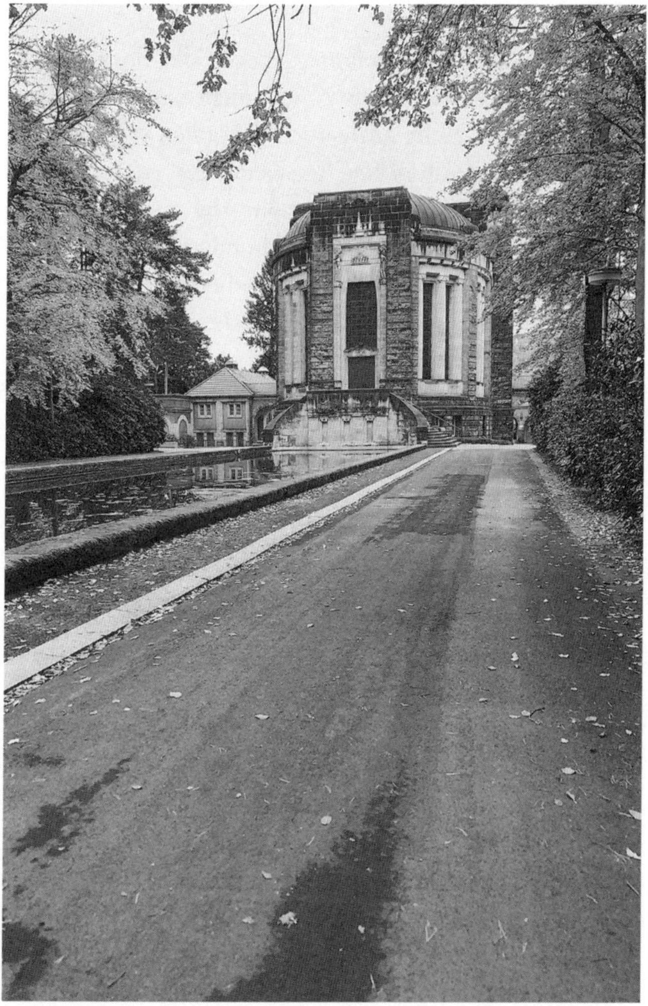

Die Schuld, es zu sagen / oder
es nicht zu sagen

Ich habe Angst zu schreiben. Größer aber noch als die Angst zu schreiben, ist die Angst, nicht mehr zu schreiben oder nicht mehr schreiben zu können oder keinen Sinn darin zu entdecken, es weiterhin zu tun. Also schreibe ich weiter und nehme die Angst vor dem Text mit in den Text. Die Angst vor den falschen Sätzen, den falschen Bildern, einer Erinnerung, die trügt. Die Angst, schuldig zu werden. Vielleicht ist es das, was ich in Dresden herausfinden wollte, ob ich noch so etwas wie ein *Schriftsteller* bin – denn an meinen Einkünften als *Schriftsteller* gemessen, bin ich eine Negativsumme, ein Schuldschein –, und die Stadt ist das Experiment, ihre Atmung, ihr Puls, ihre Erregung und ihre Müdigkeit, ihr Tag, ihre Nacht. Ich möchte wissen, was mein Schreiben bedeutet, was es erfüllt, wohin es, wenn es stattfindet, will. Was wollen die Worte sagen. Wem wollen sie etwas sagen. Ich bin mein Stoff, mein Gegenstand des Denkens, einerseits. Andererseits kenne ich mich nicht, vermute nur hin und wieder das ein oder andere, erfinde mich auf dem Wege des Sprechens selbst. – *Ich* ist eine Erfindung.

Mutter ruft an. Es wäre doch schön, ich käme mal wieder vorbei und brächte die Ordnung der Kissen auf ihrem Sofa durcheinander. Das fehle ihr, sagt sie. Ihre Ironie gefällt mir, ihre Distanz zu sich selbst, die neu ist, trotz ihres Alters (oder gerade deswegen). – «Ich muss zurück und operiert werden», sage ich. «Das MRT zeigt Risse der Rotatorenmanschette im Schultergelenk. Auf beiden Seiten. Das dauert ein Jahr. Erst rechts, dann links.» – «Alt werden ist ein Schlachtfeld.» – «Ich weiß.»

Ich ziehe mich zurück und lese Vaters Niederschriften, die er zu schreiben begann, nachdem ich *Spiegelland* herausgebracht hatte, es war – oder sollte es werden – seine *Antwort* auf mich. Er kam mit Mutter nach Worpswede, wo ich ein Stipendium hatte, um Urlaub zu machen, während ich mit Mona nach Israel flog. Als ich zurückkam, lag Post vom Verlag auf dem Tisch – das erste Belegexemplar meines Romans. Ich zuckte zusammen und öffnete nicht, obwohl ich natürlich gespannt war, wie es aussehen würde, das neue Buch, das so viel anrichten, verletzen, zerstören, aber auch klären und er-/klären sollte, wovon ich natürlich noch keine Vorstellung hatte. Ich rechnete mir kaum Erfolg damit aus – viel zu schwierig zu lesen, viel zu unpopulär. Dazu nicht einmal Hardcover. Nein, das würde keiner in der Familie *im Osten* mitbekommen, was ich hier, *im Westen*, so schreibe und publiziere. Nur wenige Wochen später, nach der ersten großen Besprechung in der FAZ, lasen es alle. Wie ein Lauffeuer hatte es sich herumgesprochen, in Dresden, in der Familie, unter den Onkeln, Tanten, Cousins und Cousinen, Eltern, Großeltern, Brüdern, alle lasen es und stritten darüber. Die einen verteidigten meinen Vater und meinen Großvater, die anderen mich, die einen die D.D.R., wie sie war, die anderen meine Ansicht darüber, dass sie abgeschafft gehörte, ausgelöscht, es war wie ein Schnitt mit der Rasierklinge durch das familiäre Gewebe, links die einen, rechts die anderen, und dazwischen ein Abgrund, der nicht zu überwinden war. Nie hätte ich mir eine solche Wirkung vorstellen können, wäre ich darauf eingerichtet gewesen, sie mit diesem kleinen Bändchen zu provozieren. Ich konnte mir überhaupt nicht vorstellen, dass Sätze wie meine etwas ausrichten könnten, es lag eine so merkwürdige Ambivalenz in meinem Selbstbild, das zwischen Verkleinerung und Vergrößerung der inneren Person hin- und hergerissen war, dass ich von einer stabilen Beziehung zu mir selbst überhaupt nicht reden kann. Vielmehr gab es mich zweimal – einmal klein und verlegen, verletzt und verletzbar, und dann, sobald ich allein war und zu schreiben begann, groß und selbstbewusst, klar in den gedanklichen Linien und kompromisslos auf dem politischen Feld, ich hörte mich geradezu selbst, wenn ich schrieb, diese innere, kräftige Stimme, wie sie nach außen auf das Papier drang, Sätze bildete, Texte. Diesem Strom des Schreibens konnte ich selbst nichts mehr hinzufügen oder ihn abschwächen oder verändern, er war wie ein inneres Gesetz, dem auch ich mich zu unterwerfen hatte und vor dem es kein Entkommen, fast wollte ich sagen, keine *Gnade* gab. – «Denn schreiben», sagte ich Mutter, «literarisch schreiben, heißt immer auch, die Grenzen des Wissens zu verschieben und sich den Dunkelheiten zuzuwenden, die das Leben umgibt.» – «Du weißt ja gar nicht, wie es Vater gekränkt hat, wie du ihn bloßgestellt hast. Onkel Hannes lästerte und machte Witze, wenn wir ihn trafen: «Ist das die Lampe, an der unser kleines Karlchen vorbei vom hellen in den dunklen Teil des Raumes gehen musste, um seinem Vater die Gutenachthand zu geben?»

Spiegelland. Ein deutscher Monolog – 12   ... aber prachtvoll blühte der Garten, in den ich hinaussah, als ich in der Tür zu meines Vaters Arbeitszimmer stand, um ihm

die Gutenachthand zu geben, und wie immer saß er an
seinem Schreibtisch mit einer Lupe in der Hand, mit der
er auch seine Briefmarken betrachtete, und las, studierte,
verglich, schrieb ab, unterstrich, kreuzte an, und es
herrschte ein Licht in diesem Raum, das ich als ein zweigeteiltes Licht empfand und durch das der Mann, der
mein Vater gewesen ist, erst recht, wenn er, mit beginnender Dunkelheit, die Schreibtischlampe anschalten
würde, einen Schatten warf auf die überall herum ausgebreiteten und aufgeschlagenen Bücher, die Bücher des
Todes gewesen sind, und der Mann, der mein Vater
gewesen ist, würde, dachte ich, sobald er die Schreibtischlampe angeschaltet hätte, weshalb die Winter, in
denen ich diesen Mann, der mein Vater gewesen ist,
immer im Licht der Schreibtischlampe sehen musste,
schlimmer als die Sommer für mich waren, eine blasse,
ins Grau gehende Hautfarbe bekommen, und das Haar
würde mir weiß vorkommen wie Schnee, dachte ich, als
ich, immer geradeaus auf den Sommerabend schauend
hinter dem Fenster, hinter dem der Garten begann und
die Weite der Heidelandschaft hinter dem Garten und
der Kiefernwald am Horizont, auf ihn zuging, die Gutenachthand schon von mir gestreckt und die Hand, die
zum Herzen führte, vor die Augen gehalten, aber auch
nicht richtig vor die Augen gehalten, nur so, dass ich
noch sehen konnte, wo ich hintrat, wobei ich, wollte ich
sehen, wo ich hintrat, immer auch die Bilder und Erklärungen des Todes sehen musste, sodass ich gelegentlich
blind lief oder den Blick fest auf einen Punkt hinter dem
Fenster gerichtet hielt, was ein sehendes Blindlaufen war
und mich ab und an stolpern ließ, umso erschrockener
noch mich auf den Raum und auf den Weg durch den
Raum konzentrieren zu müssen, und es war immer ein

Gehen von der dunklen in die helle Hälfte des Zimmers wie von der zweiten, zweifelhaften und gefährdeten Seite der Existenz in die geordnete, vernünftige und überschaubare Seite der Existenz, ich hatte immer vom Dunklen ins Helle zu gehen, wenn ich hereintrat, um beim Herausgehen ins Dunkle des Zimmers zurückzukehren wie in einen Abgrund, der mich hinabzog, ich ging immer ganz langsam herein und ganz schnell wieder heraus, das Hereintreten war immer das Schlimmere und das Herausgehen immer das Bessere der Situation, aber das Allerschlimmste der Situation und schlimmer als das Hereintreten und erst recht als das Heraustreten war, wenn ich spürte, sobald ich nah genug an den Mann, der mein Vater gewesen ist, herangetreten bin, wie meine Hand von der Hand des Mannes, der mein Vater gewesen ist, umschlossen war wie von einer Realität, vor der die Realität außerhalb dieser Situation und außerhalb dieses Zimmers nur noch eine Illusionsrealität sein konnte, und ich bekam, sobald meine Hand in des Mannes Hand lag, die ganze Hilflosigkeit zu spüren, mit der wir dieser Realität ausgeliefert sind, ich spürte die Verfügung über mich in der Art des Festgehaltenwerdens und die Macht, die diese Hand über meine Hand besaß, denn erst wenn diese Hand sich von meiner Hand gelöst hatte, konnte ich wieder hinausgehen, ich konnte erst gehen, wenn diese Hand wollte, dass ich gehe, und die Zeit, die verging, während ich dem Mann, der mein Vater gewesen ist, die Hand zum Gutenachtgruß gab und umschlossen spürte und wieder freigelassen an mich heranziehen konnte, war immer eine Ewigkeit für mich, so als wäre es die Erfahrung des Todes selbst gewesen, die ich machte, ehe ich mich abwenden konnte, ehe ich abgewandt das Licht verlassen konnte, um in ein anderes Licht zu gehen, durch die Endlosigkeit dieses Raumes, denn ich habe diesen Raum als endlos empfunden, und seine Begrenzung ist mir unverständlich geblieben, hindurch.

Diese Stimme, dieser *innere Ort*, er geht mir verloren. Ich suche ihn in mir auf, spüre ihm nach, warte auf Resonanz – nichts. Nur Leere, Ödnis, schwarzes Licht. Nichts fügt sich aneinander, jeder Zusammenhang bricht, an sich selber, entzwei. Es ist diese Gewissheit vom Ungewissen, von den Möglichkeiten der Täuschung, vom Selbst- und Fremdbetrug. Man muss es nicht Lüge nennen, sondern nur einen Blick in den falschen Spiegel, der, ein wenig zur Seite gedreht, etwas anderes zeigt als das eigene Gesicht. Wie geradlinig, kompromisslos und sich seiner Sache bewusst habe ich *Spiegelland* verfasst, gelitten, geheult, aber immer auf der Suche nach Sprache und Wissen, nach Erkenntnis und Einsicht in die dunklen Rätsel des Lebens. Nichts davon ist geblieben. Ich misstraue jedem Satz, der einen Punkt hat (wie dieser). Ich glaube den Zeichen ihre Bedeutungen nicht und gehe davon aus, dass, was ich sage, nichts hinterlässt, keine Spuren. In *Spiegelland* hatte ich noch die Verhältnisse der D.D.R. im Gefühl; die Strahlkraft der Worte; die Subversion des anderen Blicks und der negativen Texte. *Ich war mir so sicher*. Jetzt liegt ein Nebel über meinen Versuchen zu schreiben, ein bleiernes Tuch, das die Sätze verhindert, ihnen Leichtigkeit nimmt und Transzendenz. Ich sehe mir beim Schreiben zu, ich höre mich sprechen, ich bin Zeuge meiner eigenen Anwesenheit, die einer Abwesenheit gleichkommt. – «Ich warte auf mich selbst.» – «Das klingt nicht uninteressant. Vielleicht kannst du dich ja einmal selbst überraschen?» Über das Warten schreibt Blanchot: «Warten schenkt Zeit und nimmt Zeit, doch die es schenkt und die es nimmt, ist nicht dieselbe. Als fehlte ihm, wenn er wartet, gerade die Zeit zum Warten. Dieser Überfluss an fehlender Zeit, dieser Zeitmangel im Überfluss.»

Ich bekomme, wenn ich nicht schreibe, Schmerzen. Jetzt habe ich Schmerzen, wenn ich schreibe, *weil ich schreibe*. – «Es ist die Schuld, *es zu sagen*. Oder *es nicht zu sagen*.»

Aber was, wenn es nur noch Schmerz gibt, körperlichen, seelischen, hielte mich davon ab, an eine Abschaffung der eigenen Person zu denken? Ist es nicht ein Trost, eine gewaltige Hoffnung innerhalb des elenden Zustands, dass dieses selbstbewusste Verschwinden eine Möglichkeit der Veränderung bietet, der großen, letzten Antwort, auf die kein Leiden mehr Zugriff, keine Form der Erniedrigung mehr einen Gewaltanspruch hat? Dieses Möglichkeitswissen hat mich immer beruhigt, seit ich denken kann, denn seit ich denken kann, gibt es auch diesen Schmerz. Etwas, tief in mir, ist immer in Kontakt damit, dass es diesen Schmerz gibt, und solange ich diesen Kontakt zur Sprache bringen kann, ihn zu meinen Gunsten wenden und zu einem Grund werden lassen kann, nicht zu verschwinden, weil es Wörter, Sätze und Texte der Zeugenschaft gibt, dass im letzten Winkel der Ereignisse ein Schmerz auf uns wartet, so lange wäre es immer noch gut. Aber keinen Tag länger.

Vielleicht ist das meine Suche, den Grund für den Schmerz zu erfahren, den Schnittpunkt, der Körper und Geschichte miteinander verbindet und der auch der Ort der Verwerfungen ist, der Verstoßungen, der tiefen Verletzung? – Für jeden gibt es diese Stunde der großen Zurückweisung. Sie beginnt mit der Geburt und endet im Tod.

Ich leide am Altern, am schleichenden Verlust aller Dinge, die man um sich aufgebaut hat. Erst geht die Kurve der Erfolge, die sich mit allerhand Anschaffung kreuzt, nach oben, dann gibt es die Phase der Bewahrung von Rolle und Besitz, das zähe und immer mühevoller werdende Verteidigen der eigenen Bedeutungshaftigkeit, und dann fällt die Kurve jäh ab. Fast täglich wohnt man dem bei, wie etwas sich auflöst und verschwindet, als wäre es nie Bestandteil der Existenz gewesen und hätte einem niemals gehört. Man bekommt eine Vorstellung davon, dass alles nur Fragment ist, eine Leihgabe. Oder richtiger wohl: Diese Vorstellung wird zur Gewissheit, dass nichts dir gehört (auch wenn es dein Eigentum ist).

Die Verletzung meiner Schultern, der Schmerz, der Riss im Gewebe der Sehnen, ist er schon eine Allegorie ... für die Last ... die du *auf deinen Schultern trägst*? Ist so auch der Körper gar nicht der Körper, sondern eine Verlängerung des Geistes und ein Topos der Existenz, den der Geist uns eingerichtet hat? *Weltschmerz*, es sagt sich so pathetisch dahin, so beiläufig leicht, wie nicht ganz von dieser Welt, aus ihrer Ordnung gefallen, aus ihrem System. Es klingt despektierlich, altmodisch, *uncool*. Aber ich berühre ihn, mit jeder Zeile, mit jedem scheinbar noch so subjektiven, enigmatischen Satz. *Weltschmerz* ist keine private Angelegenheit, er ist *das gerissene Geflecht in der Schulter*.

– «Du hättest dich, anstatt so viel Lacan zu lesen, vielleicht etwas mehr für deine Supraspinatussehne interessieren sollen! Schon das Wort ist ja die reine Poesie.»

Der Sturz. Schultermetapher [1]

Mutter hat sich so sehr auf diesen Sonntagnachmittag gefreut, und ich habe den Kuchen vergessen. Wie immer war alles vorbereitet, eingedeckt, der Kaffee in der Maschine, bereit, sofort durchzulaufen, wenn einer sie anstellt mit einem einzigen Druck auf den Schalter. Schon längst hatte ich mich an diese Rituale gewöhnt, die mir am Anfang noch unvertraut waren und dem Anschein nach zwanghaft, wie ich Mutter ja von früher her kannte, so zwanghaft genau, dass das Leben darüber erstarrte und zu einer lästigen Aufgabe wurde, zu einer bösen, frustrierenden Pflicht. Etwas zutiefst Protestantisches, auf Verzicht, Schuld und Entbehrung Begründetes lag in diesem psychischen Wesen der Selbstopferung, wie ich es erst heute sehen und verstehen kann und worunter wir alle, jeder auf seine Art, litten, weil es uns alle, in seiner dauernden Anrufung und Klage, betraf. Vielleicht war diese familiär gegebene Überschneidung von Vaters materialistischer Kriminalistenperspektive, in der alles Erhabene und Transzendente ausgeschlossen war, um die Dinge stets in ihrer Nichtigkeit zu sehen, ihrer Lüge und notorischen Pathologie, für die er dann berufsbedingt zuständig wurde, und Mutters psychosomatisch gewordener Protestantismus, der die absurden Formen des Rituals und der leeren Wiederholungen mitproduzierte, in mir oder uns allen, zur Neurose geworden. Und zu dieser inneren, familiären Neurose, kam die systemische der D.D.R. noch hinzu, mit Allmachtsfantasien gegen die Freiheit des Körpers zu sein und gegen den Einzelnen und alles Singuläre, zu keiner Gruppe oder Masse Verformbare. Die D.D.R. war erstarrt in einem vormodernen Konflikt, auf den die drei Säulenheiligen Marx, Engels und Lenin (und vorher kam noch Stalin dazu) keine Antworten hatten und für den es, in der Grammatik der Macht, auch keine Sprache mehr gab.

Ich hatte also den Kuchen vergessen, und das war der Stunde völlig unangemessen und machte sie kaputt. Irgendetwas hatte Mutter zwar immer noch da, ein paar Waffeln oder Kuchen im Tiefkühlfach, den man ja herausholen und auftauen könnte, und Mutter machte auch gleich eine Andeutung, dass wir das heute so machen würden, zumal ein plötzlicher Kälteeinbruch für Blitzeis sorgte und die Straße eine einzige Rutschbahn war, aber mir war unwohl bei dem Gedanken. Nicht, weil ich frischen Kuchen essen wollte – im Grunde aß ich überhaupt keinen Kuchen und fing erst hier, bei Mutter am Sonntagnachmittag, damit an –, sondern weil eine Zeremonie gestört wurde, für die ich mich zuständig fühlte. Ich bringe von meinem Bäcker an der Ecke Kuchen mit, habe ich am Telefon noch gesagt und es dann urplötzlich vergessen, als wäre ich schon alt und senil. Vielleicht auch wollte etwas in mir *nicht*, was ich glaubte zu wollen, ... vielleicht wollte ich *eigentlich nicht* – nicht nur keinen Kuchen besorgen, sondern gar nicht am Sonntagnachmittag zu Mutter fahren, um dann abends auch André zu treffen, der diese Beständigkeit liebte und diese Akte der Zeremonie, ... weil ich lieber noch arbeiten oder allein sein und lesen wollte. Es ist erstaunlich, wie an einem Ort, den ich als zutiefst atheistisch und materialistisch und religionslos bis zum völligen Ausfall des Imaginären erlebte, plötzlich *das Ritual* so bedeutungsvoll wird, und, was André betraf, sogar eine Vorform von Gläubigkeit und Andacht ausfüllte, für die es nie eine Orientierung, eine spirituelle Zuwendung oder Erziehung gab, so als könnten sich dadurch die Narben verschließen, verschließen lassen, die das Land uns hinterlassen hat. Das Land hat uns vernarbt, im Grunde der Seele zerschnitten, und es genügen schon kleinste Signale des Erinnerns, um den Frieden des Augenblicks zu zerstören. Dresden ist mir eine Metapher dafür, dass es keine Gegenwart gibt, die nicht von den Insignien der Erbschaft durchdrungen wäre. Und jede Erbschaft ist zugleich ein Rätsel, das seine Spuren in die Zukunft legt. Mutter kramte in einer Kiste herum, ich sah, wie sie nach Plastiktüten griff, und ein heller, knisternder Ton war zu hören, wie er entsteht, wenn jemand nach Plastiktüten in einer Kiste voller Plastiktüten greift. Es klang scheußlich, und Mutter fand auch nichts Brauchbares, hielt nur hier und da inne und sagte, das oder das könnte ja noch essbar sein und irgendwie gehen. – «Na ja, oder Tiefkühltruhe. Aber das dauert.» – «Ich gehe jetzt mal los», sagte ich, «und hole uns etwas Anständiges», und dann zog ich mir Mantel und Schuhe an und stand schon auf der eisglatten Straße, auf der es kein Vorankommen gab und wo die Leute um mich her überall stehen geblieben waren und sich festhielten, wo und an was auch immer sie gerade konnten. In diesem Moment, in dem mir klar geworden war, jetzt unmöglich über das eisglatte Pflaster gehen und heil wieder zurückkommen zu können, zumal noch mit Torte oder Kuchen in der Hand, verwandelte ich mich, nein, nicht in einen Käfer, das wäre literarisch zu fantasielos, sondern in meinen eigenen Körper vor einem halben Jahrhundert. Mutter wollte den Fußboden bohnern, zum zweiten Mal am gleichen Tag, einmal früh gegen neun, dann musste er zwei Stunden trocknen, und einmal nachmittags zwischen zwei und halb drei, und dann musste er noch einmal zwei Stunden trocknen, bis Vater von der Arbeit kam und wir schweigend beieinander zum Abendbrot saßen, still und in sich gekehrt, bis es, wie ein Blitz aus heiterem Himmel, zu einer Ohrfeige kam, weil André oder Ludwig, meistens Ludwig, entweder schmutzige Hände hatte oder kleckerte oder sich irgendwie danebenbenahm, ohne dass ich jetzt sagen könnte, wodurch, der eine links neben Vater sitzend, der andere rechts, fast so, wie sie an meinen Händen gingen, wenn wir zu dritt gegangen sind, der eine links von mir, Ludwig, der andere rechts von mir, André, ich sehe es immer wieder auf einem Bild und denke, ich habe dich nicht beschützen können, Ludwig, ich war selber zu schwach. Für die optimale Pflege des Fußbodens hatte Mutter ein Putzmittel gefunden, nachdem sie alle anderen Putzmittel durchprobiert hatte und mit keinem ganz zufrieden war, das FEMAX hieß und in den Farbtönen schwarz, braun und farblos angeboten wurde. Der Steinholzfußboden in unserer Wohnung war anfänglich olivgrün und hatte sich über die Jahre der chemischen Behandlung mit Bohnerwachs recht übel verfärbt. Ich musste immer an die belegte Zunge eines Kranken denken, wenn das Tageslicht darauf fiel und etwas hässlich Gelbes, wie Eiter, zum Vorschein brachte. Irgendwann einmal, es ist ein herrlich sonniger Sonntag, werden wir alle, Vater, Mutter, Ludwig, André und ich, auf allen vieren am Fußboden hocken, um die vielen Schichten Bohnerwachs, die sich über die Jahre hin gebildet hatten wie die Kreise in den Stämmen der Bäume, mit dem Spachtel abzustoßen, bis die Ursubstanz wieder zu sehen sein würde – jenes schöne Olivgrün, das so hinlänglich verdorben war. FEMAX farblos war selten zu bekommen, es war das beste der drei FEMAX-Sorten, Mutter liebte es geradezu, weil es in der Nachpflege des Bodens leichter blank zu reiben war und schneller trocken wurde, aber man musste länger danach suchen und oft durch mehrere Läden laufen, wenn man es denn überhaupt bekam. Ich war in unserer Gegend um den Altmarkt herum, in der es drei Drogeriegeschäfte gab, die das Putzmittel führten – und wenn ich einen Kilometer weiter bis zur Webergasse ging, waren es fünf –, schon bekannt dafür, es zu begehren wie nichts anderes sonst, sodass sich bald erste zarte Geheimbeziehungen zwischen mir und dem Verkaufspersonal aufgebaut hatten, die darin bestanden, mir ein oder zwei Flaschen zur Seite zu legen und mit einem Augenzwinkern zuzustecken, sobald ich den Laden betrat, wortlos und unter ein paar Bögen Zeitungspapier vor den Augen der anderen, die ebenso lieber FEMAX farblos als FEMAX braun oder schwarz haben wollten, versteckt. Aber dennoch, obgleich ich durch höchsten Ehrgeiz und Beharrlichkeit und vielleicht auch einen eindrucksvollen Auftritt im Geschäft, bei dem man mir meine verzweifelte Suche nach FEMAX farblos schon ansah, ehe ich überhaupt danach fragte, weil FEMAX farblos nie in den oberen Reihen der Regale zu finden war und mit möglichst freundlicher Stimme *erfragt* werden musste, die denkbar besten Chancen hatte, war es immer aufs Neue ein Kampf, es zu bekommen, und nicht immer habe ich diesen Kampf auch gewonnen. Die meisten Kämpfe habe ich gewonnen, aber nicht alle, und nichts war schlimmer für mich, als ohne FEMAX farblos vor meine Mutter zu treten und ihr sagen zu müssen, dass es diesmal nur braun oder schwarz gab, wobei schwarz unmöglich zu verwenden war und zu kaufen gar nicht erst infrage kam, braun aber, so man es vorsichtig auftrug und nachhaltig blank rieb, immerhin. Mutters Blick wurde dann finster und sie griff mit leichter Abschätzigkeit nach der Flasche wie ein Angler, der den Karpfen erwartet und eine Sprotte bekommt. – «Na ja», sagte sie dann, nur dieses eine, fast leere Wort, mehr eine Klage, ein Stöhnen, ein Schrei, um sich gleich blicklos von mir abzuwenden und neu ins dunkle Reich des Putzens, das sich in viele Funktionen gleichzeitig teilte, von denen Sauberkeit und das *immerwährende Bedürfnis nach Sauberkeit* die vielleicht nicht einmal wichtigsten waren, zu versenken. In diesen Momenten der Abwendung ihrerseits, so schroff, als gäbe es mich gar nicht und als wäre ich nur ein Medium, das FEMAX farblos heranschafft, wünschte ich mir, ich könnte mich in Dreck verwandeln und auf dem Fußboden liegen und ebenso beachtet werden, wie Mutter Dreck nun einmal beachtet hat und ernst und wichtig nahm, als wäre er das Wichtigste an und für sich, um ihm dann nicht ohne Leidenschaft und Liebe den Kampf anzusagen. Mutters Kampf mit dem Staub, der sich in hellen, flirrenden Flusen auf dem Steinholzfußboden erneut zu bilden begann, gerade dass sie ihn gewischt und blank gebohnert hatte, war mit meinem Kampf, im Mangelsystem der D.D.R. die beste aller Putzsubstanzen allein für meine Mutter und ihren Kampf gegen den Dreck (den ich später einmal *Substanzdreck*, das Wort kam mir wie von selbst in den Sinn, *Substanzdreck* und *Substanzdreckraum* und *Substanzdrecksystem* nenne) zu beschaffen, durchaus zu vergleichen. Wir kämpften beide, nur an verschiedenen Fronten und ohne uns nahe zu kommen, sie gegen das Wesen des Schmutzes und ich gegen die Leere in ihrem Blick. Ganz furchtbar wurde es, wenn ich gar nichts bekam, nicht nur kein FEMAX farblos, sondern auch FEMAX braun nicht, oder, als letzte, dürftige Alternative, LEUNA BLANK, das immer etwas wie Schmierseife war und milchweiße Schlieren und hässlich klebende Flecken zurückließ. Dann traute ich mich gar nicht nach Hause und wollte mich in Luft auflösen, in ein Säurebad steigen, tot und weg von dieser Erde sein.

Jetzt war es kalt und dunkel und ein Wintereinbruch war über die Stadt gekommen in einer solchen Plötzlichkeit, dass man es gar nicht verstand. Eben noch der schöne, späte Herbst mit seinen sonnigen Stunden, ich bei Mutter auf dem Balkon im zehnten Stock mit einem Ausblick bis zum Erzgebirge, hinter mir ihre hantierenden Geräusche, mit denen sie die Kaffeetafel deckt, und dann vergesse ich, den Kuchen von meinem Bäcker an der Ecke in Pieschen mitzubringen. Und während ich, langsam, mehr rutschend als gehend, zudem mit den völlig falschen Schuhen und zu leicht gekleidet, schon unterwegs bin, denke ich daran, stehen zu bleiben und umzukehren und wieder ins Haus und zum Fahrstuhl zu gehen *mit leeren Händen*. Ich taumele die kleine Böschung vom Hauseingang zur Straße herab, stürze und zerschlage mir die Schulter, reiße mir die Sehnen ab, alles das, was ich für den Moment noch nicht weiß. Dann stehe ich, den verletzten Arm provisorisch mit dem Ärmel des Mantels fixiert, *mit leeren Händen da* und sage, es gab keinen Kuchen, es gab gar nichts mehr, um vor Schmerzen auf die Knie zu gehen und zu weinen wie vor einem halben Jahrhundert, wenn ich kein FEMAX farblos heimbrachte.

Vaters Buch [2]

Vater besuchte uns in Rom. Es war fünf Jahre nach unserem Zerwürfnis, dessen Anlass *Spiegelland* gewesen war. Er kam mit dem Zug und fuhr fast zwei Tage. Als ich ihn am Termini abholte, in Erwartung, wie wir uns gleich begegnen würden, nervös, kommt er mir erschöpft und müde entgegen. Wir stehen voreinander wie zwei Soldaten, die gerade eine Schlacht verloren haben. Ich versuche, ihn zu umarmen, aber es gelingt nicht. Auch er neigt sich mir leicht entgegen, so als wollte er dasselbe versuchen, um mir dann doch nur die Hand zu reichen und zu sagen, dass er jetzt großen Durst und Appetit auf eine Bockwurst habe, zuvor aber noch Geld wechseln müsse. – «Bockwurst», sage ich, «gibt es hier keine, aber eine Geldwechselstube ist gleich gegenüber dem Bahnhof.» – «Es wird doch wohl eine Bockwurst geben, in dieser großen Stadt! Das gibt es doch gar nicht. Keine Bockwurst.» – «Doch, das gibt es. Keine Bockwurst. Dafür bist du in Italien und kannst sehr gern Pasta oder Pizza bekommen.» Abends erzählt er, dass es Ludwig wieder schlecht gehen würde, er verschwunden sei, unauffindbar, seit gut einer Woche. Als wir, Mona und ich, nachfragen, um mehr zu erfahren, meint er nur, das ginge uns jetzt nichts mehr an und wäre eine *Familienangelegenheit*. Mona, die immer schon das Gefühl haben musste, in meiner Familie nicht willkommen zu sein, vom ersten Tag an, an dem ich sie mit zu meinen Eltern nahm und vorgestellt habe, ohne dass irgendwer sie etwas gefragt oder freundlicher beachtet hätte – einem meiner Brüder rutschte sogar so etwas wie «Tussi» heraus, das Gott sei Dank niemand hörte, nur eben ich, der dicht neben ihm stand und ihm am liebsten eine verpasst hätte –, Mona steht weinend vom Tisch auf und verlässt den Raum, tief getroffen von Vaters Bemerkung. – «Familienangelegenheit», wiederhole ich empört, «wer oder was, bitte, sind wir denn?» Aber natürlich kenne ich diese Art der Gesprächsverweigerung, die einer familiären Ausschließung gleichkommt, einem: *Du bist ja nicht bei uns*. Und dann, wie immer, wenn Vater nichts zu antworten weiß und sich Zeit verschaffen will, um ein paar Worte zu finden, die er dann schuldig bleiben wird, schiebt er einen Imperativsatz vor, der dem anderen klarmachen soll, dass er gleich mit seinem ganzen göttergleichen Zorn zu rechnen hat: – «Also, nun pass aber auf!» Manchmal sagte er es zwei- oder drei- oder mehrmals vor sich hin, erregt, aggressiv, einem Wutausbruch nahe, ohne dass diesem Ausruf eine Mitteilung, eine Erklärung oder Weiterführung der Schilderung folgte. Im Grunde hatte er nichts zu sagen, und dieses: «Nun pass aber auf!» war das Schutzschild, die einzige rhetorische Formel, die er besaß. So war mir vollkommen klar, dass ich auch diesmal mit keiner weiteren Information über Ludwigs Befinden rechnen konnte, und je länger Mona, die sich mehr anstandshalber als Anteil nehmend wieder mit an den Tisch gesetzt hatte, insistierte, desto lauter schlug er uns seinen hilflosen Satz um die Ohren, bis er schließlich von seinem Stuhl aufsprang, mit der rechten Hand, die wie ein Faustschlag durch die Luft wirbelte, ein Weinglas umstieß und schrie: – «Abfahren, ich werde gleich wieder abfahren! Was für ein Fehler, hierherzukommen, was für ein großer, ein unendlich großer Fehler!»

Heute weiß ich, dass es die Scham war, mit mir über Ludwig zu sprechen. Für ihn war ich *der erfolgreiche Sohn*, der mit Frau und Kind und einem Stipendium in Rom lebt, der abtrünnig war, ganz und gar nicht mehr zugehörig – wie es ja auch der andere Name schon zu einem Ausdruck brachte –, und er, Ludwig, das kranke, traurige Kind, der Sorgenfall, die Inkarnation einer Störung in der Familie, *das Zeichen*. Die Erzählung über Ludwigs neuestes Unglück wäre ihm, Vater, wie eine Offenbarung der Wunde erschienen, die vor mir und aller Welt verborgen bleiben musste und über der eine Scham lag – die Scham, verletzlich zu sein, hilflos und hinfällig. Du, wollte er mit seinem störrischen: «Nun pass aber auf!» sagen, bist nicht der, den ich zum Zeugen meiner Ratlosigkeit über Ludwigs Existenzmisere anerkenne; denn du *bist nicht von meinem Fleisch*. So ging es in diesem Streit, kaum, dass Vater nach Rom gekommen war und wir uns das erste Mal seit über fünf Jahren wiedersahen, gar nicht so sehr um Ludwig, um die Tatsache also, dass Ludwig offensichtlich wieder getrunken hatte und im ganzen Unglück seines Lebens irgendwohin verschwunden war, so als gäbe es einen Ort, an dem man sich selber nicht mehr erleben und aushalten muss, sondern um *familiäre Aberkennung*. Und es war dieselbe *Aberkennung*, mit der André mich strafte, ohne mir auch nur im Mindesten einen Grund mitzugeben, eine Ahnung von deren Sinn. Immer wieder kamen wir auf diesen Punkt: Im Namen war ich ein anderer geworden, als *anderer* wurde ich behandelt.

Die Mappe mit Vaters autobiografischen Schriften als Reaktion auf *Spiegelland*, die jetzt wieder vor mir liegt und die ich, wenn es mir möglich sein wird, noch einmal lese, hatte mich schon mit nach Rom begleitet, noch ehe wir uns wiedersahen und er mich dann fragen konnte, ob ich sie gelesen habe *(seine seltsame Antwort)*. Er schickte sie mir, zusammen mit seinem mich verstoßenden Brief, nach W., kurz vor der Abreise nach Rom. Und dann las ich darin, immer mal wieder, in kleinen Passagen, soviel ich gerade ertragen konnte und Zeit dafür hatte. Anderntags, nach unserem Streit in der Pizzeria, ging ich früh zum Apartment meines Vaters, um ihn zum Frühstück zu holen. Er war nicht da, das Zimmer verschlossen. Ich rief nach ihm, suchte ihn im Garten der Villa, und für den Augenblick glaubte ich fest, er sei tatsächlich abgereist, gleich mit dem ersten Zug, und ein Mitleid kam in mir auf, wie ich es vorher noch niemals verspürt habe; da kommt dieser alte Mann den weiten Weg mit dem Zug, um gleich darauf wieder nach Hause zu fahren – zwei Tage hin, zwei Tage zurück, im Zug zweiter Klasse, Sechserabteil und Platz in der Mitte. Es war diese Leidensbegabtheit, die mir daran auffiel, denn hätte er nicht fliegen können? Oder wenigstens den Nachtzug mit Schlafabteil nehmen? Vater war ein Held im Verzicht, in der Absage sich selbst gegenüber, im Belegen der letzten Plätze. Und es war nicht Bescheidenheit allein, es war auch die Angst, er könnte sich vordrängen, etwas beanspruchen, das ihm nicht mehr zusteht, es war vielleicht sogar Selbsthass. *Ich darf nicht sein*, so hatte ich es ja bei meiner Großmutter ebenso erfahren, deren Sohn er war. Möglich ist auch, denke ich jetzt, dass er seine Scham auf mich übertrug, ich, der *ich sagen wollte*, von einer bestimmten Zeit meiner Selbstwerdung, oder besser, meiner Versuche zur Selbstwerdung, an. Er schämte sich meiner, und der Ort seiner Scham war der meiner Entfaltung, meiner Versuche *zu werden*. Ich war ein

Baum, der wachsen wollte, und er der Mann mit der Heckenschere, die ihm nicht einmal selber gehörte. Im Grunde führte er einen Auftrag aus, den der Beschneidung, im wörtlichen Sinn, wenn er mir die Haare auf die Länge eines Streichholzes schnitt, im symbolischen, wenn er mir die Gesetze der Gesellschaft zur Pflicht erklärte und mich zwang, sie anzuerkennen (*und der Kastration zuzustimmen*, wenn ich es mit Lacan sagen soll). Im Grunde gab er nur weiter, was er selber erfuhr, und nahm, was ihm genommen wurde. Ludwig hatte sich dem Ritual der Selbstenteignung nie widersetzt, deshalb gab es eine tiefe Verbindung von ihm zu Vater und von Vater zu ihm, es war etwas Gleiches in ihnen, sie waren sich ähnlich. Deshalb auch sprach Vater nicht über Ludwig in Rom, außer eben in diesen kryptischen und uns demütigenden Andeutungen, denn er wollte ihn *schützen*. – «Schützen, vor was?» – «Vor meinem Urteil. Denn immer wieder sagte ich: Ludwig muss etwas lernen, er muss eine Ausbildung machen, er muss *sich selbst an die Hand nehmen*, weil kein anderer das für ihn kann.» Dieser Anspruch meinerseits kollidierte mit einem Mangel seinerseits, *eben* das *nicht zu können*. Und dieses *Es-nicht-Können* war zugleich Vaters Scham.

Plötzlich stand er vor mir, als hätte ihn der Himmel erst genommen und nun wiedergegeben, er sei, sagte Vater, noch ein wenig ums Eck gelaufen, um uns so früh nicht zu stören. – «Gut, wir machen heute etwas, das uns versöhnt», sagte ich, froh darüber, dass der Streit vom Abend nicht in einem völligen Desaster und seiner überstürzten Abreise geendet war. – «Wir fahren nach Neapel. Gehen hinauf zum Vesuv. Und abends zurück.» Still saßen wir nebeneinander, erschöpft vom Streit, vom

Hass, vom Zorn. Uns beiden war klar, dass es nach den Jahren des Schweigens und der Verstoßungen und seinerseits auch der Verleugnung – denn er erkannte nichts, aber auch gar nichts in *Spiegelland* an, was ihn und seine Familie betraf; er erkannte lediglich an, was meine Kritik am System war, mit der er sich plötzlich auf eine mich zutiefst irritierende Weise identifizierte –, keinen Versuch der Annäherung mehr geben würde, wenigstens so weit, dass ein Gespräch möglich bliebe. Oder auch nicht einmal ein Gespräch, wenn ich darunter einen Dialog verstehe, der den anderen gelten lässt und ihn zu verstehen bemüht ist, sondern eine Art Konsens des Stillhaltens, Mutter zuliebe, uns allen zuliebe. Rom war eine Chance für uns beide, und sie gab es nur deshalb, weil Rom ein Argument für eine Reise war und seine Lust auf Italien größer als sein Hass auf mich. So saßen wir still im Auto nebeneinander, wie eingeschnürt und abgeschnitten von einer Sprache, die nur noch falsche Sätze hervorbringt, jedes Wort, dachte ich, kann zu einem Sprengsatz werden, und dann gehen wir beide in die Luft. Es war ein angenehmes, ein schönes, ein ruhiges Schweigen. Ich musste fahren, hatte mich auf den Verkehr zu konzentrieren, der in seinem wilden Verlauf jenseits der Regeln so wunderbar gut funktionierte, dass ich ihn bald schon zu lieben begann, und konnte damit besser verbergen, dass uns jetzt nichts als dieses Schweigen verband, das keine Bedeutung mehr haben musste, das leer bleiben und einfach nur *nichts sein* konnte. Ich hörte seine schwere, rasselnde Atmung, die immer dann einsetzte, wenn er tief in sich versunken war, sah, wie er wegsah, wenn ich mich ihm zuwenden wollte, nur flüchtig, mit einem Blick, in dem noch keine Aufforderung lag, ein Wort zu gebrauchen, bis ich plötzlich nach links ausweichen musste, weil etwas auf der Fahrbahn lag, und dabei den Lenker aus der Hand verlor. Blitzschnell griff Vater ins Lenkrad und verhinderte einen Aufprall gegen die Leitplanke, während ich bremste und das Auto um sich selber kreiste, in zwei, drei Schleifen, ehe es stand. – «Jetzt hast du uns gerettet», sagte ich schließlich. – «Ach, na ja», sagte er, «was war das schon.» Hinter uns hatte sich ein Stau gebildet, ich stieg aus, entschuldigte mich, dankbar, dass niemand zu Schaden gekommen war, und fuhr langsam weiter. – «Ich habe ihn als Letzter gesehen. Es war so furchtbar.» – «Wen? Was meinst du?» – «Meinen Bruder. Hannes. Kurz vor seinem Tod. Er lag so da, in sich selbst eingeschlossen und zum Sterben bereit, und ich nahm seine Hand und redete ihm zu. Dann spürte ich einen kleinen, zaghaften Druck in meiner Hand und wusste, dass er mich hören und verstehen kann. Nichts mehr sagen konnte er, auch seine Augen waren wie tot, die Blicke erloschen, aber die Hand in meiner Hand, sie konnte sprechen.» Vater weinte, wie ich es noch nie gesehen hatte, und in dieser Sekunde war er auch bei sich selbst und kam mir nah.

Nur eines hatte ich befürchtet, als wir auf dem Weg hinauf zum Vesuv gewesen sind, er vor mir her laufend, weit nach vorn gebeugt, als suchte er einen Gegenstand, den er eben verloren hatte, den langen schwarzbraunen Schotterweg entlang, der zunehmend enger und verschlungener wurde und mit erreichter Höhe einen Blick in den Abgrund des Kraters freigab, der links neben uns in tiefste Tiefen führte und aus dem fein sich kräuselnder Dampf wie aus einem Höllenfeuer heraufgestiegen kam, schwefelgelb, dunkelgrau, weiß, und über uns ein heller, offener Himmel, und vor uns der Golf von Neapel mit seinem silbernen Meer, auf dem die Schiffe so unscheinbar klein wie Stecknadelköpfe hinüber zu den Inseln fuhren und auf das die Sonne sich legte, als wollte sie schlafen, ... nur eines hatte ich befürchtet: dass er abermals fragen würde, ob ich seine *Schriften* gelesen hätte, die er nur wenige Monate nach Erscheinen von *Spiegelland* niederzuschreiben begonnen hatte und die mit einem *Vorwort* eingeleitet waren, das mich dermaßen abschreckte, dass ich die Lektüre gleich wieder aufgab und das in einer weißen Mappe mit der irritierenden Aufschrift «Nähen. Kompaktkurs und Modelle» abgeheftete Manuskript erst einmal nicht mehr in die Hände nahm. In einem langen, verschachtelten Satz macht Vater die Bemerkung, dass die Niederschriften *rein privater Natur* seien und deshalb *in keine Öffentlichkeit gehören* (obgleich er mich später mehrmals fragen wird, ob ich nicht einen Verlag dafür wüsste – am liebsten noch der, in dem ich selbst publizierte und wo ich auch *Spiegelland* herausgebracht hatte). Aber ich halte mich an seinen Einwand und werde nicht wörtlich zitieren, sondern nur seinem Sinn nach: dass alles, was er auf gut zweihundert eng beschriebenen Seiten aufgeschrieben habe, *die Wahrheit sei* und verfasst wurde in ebendiesem Anspruch *auf nichts als die Wahrheit*. Gründlicher kann man nicht scheitern, dachte ich sofort, und die Lügen oder Verdrängungen oder Einbildungen, wo sie sich einstellen werden, sind erst dadurch skandalös, dass sie sich diesem Anspruch aussetzen, dachte ich, der auch einen Hochmut verrät, eine Gottesgleichheit, in der die Funktionärselite sich einmal wähnte. Im Grunde war es ein Wiederholungsmotiv, ein Déjà-vu mit der Szene, in der er als Kind die Briefe und Fotografien, die von Großvaters *wirklicher Geschichte* in der Geschichte des Dritten Reichs

Zeugnis ablegten, vernichten sollte und sie in den Fluss hineinwarf, wo sie an der Oberfläche dahingetrieben sind, ohne unterzugehen, lesbar für jeden, der sie herausgefischt hätte.

Und als wir oben waren, am Ziel, nur noch wenige Schritte bis zum Plateau, er immer noch vor mir, wir weit und breit allein, links und rechts nichts als die Tiefe, in die jemanden zu stoßen so leicht gewesen wäre, wie etwas aus dem Fenster zu werfen, für das man keine Verwendung mehr hat, fragte er nun also doch, ohne sich umzudrehen und die letzten zwei Stufen auf einmal nehmend, so als wäre für einen weiteren Schritt keine Zeit mehr: – «Hast du mein Buch gelesen?», nicht laut, nicht fordernd, eher so, dass ich die Frage auch hätte überhören können, weil sich der Wind darauf legte, und dann sah ich mir tagträumend zu, wie meine rechte Hand ihm von hinten einen kurzen, kräftigen Stoß gab, einen einzigen – mehr wäre nicht nötig gewesen. – «Ja», sagte ich, um den wirren Gedanken einer furchtbaren Tat wieder loszuwerden, «ich habe gelesen, etwas jedenfalls, und das hat mir nun wirklich schon gereicht. Ich weiß ja nicht Bescheid über deine Kindheit und Jugend und alles das, was vor meiner Bewusstwerdung lag. Und ja, ich fand es aufschlussreich, ein paar Beschreibungen gut, aber alles, was dann kommt, ab, sagen wir mal, meiner und meiner Brüder Geburt», ich kämpfte mit meiner Stimme, die mir immer dann versagt, wenn sie etwas aussprechen muss gegen den Willen, es tatsächlich zu tun, denn ich wollte es niemals nicht nur ihm, sondern irgendjemandem sagen, … dass ich es wusste, … dass ich es wusste, all die Jahre hindurch. – «Du weißt genau, was ich meine und was du uns allen verschwiegen hast und bis heute verschweigst!» – «Woher hast du das?!», fragte er scharf und ohne ein noch so kurzes Erstauntsein zurück, so als habe er genau das schon erwartet. – «Ist das wichtig? Ist nicht viel wichtiger, dass du so feige bist, dich dazu zu bekennen und uns das ... irgendwann einmal ... zu sagen? Das große Getöse *von Wahrheit und nichts als die Wahrheit*, und dann wird einfach weggelassen und übersprungen, was uns alle etwas angeht, vor allem auch Ludwig, André und mich!» Dann war es still, totenstill, wie nach einem Knall, der noch etwas nachklingt und sich in der Ferne verliert. Die Sonne war gesunken, wir mussten an den Abstieg denken, denn die Dunkelheit kommt schnell, dachte ich, und schnell kann es zu spät sein und man findet die Rückwege nicht.

Auf der Heimfahrt ging es dann nur noch um eines: Woher ich das wüsste, *das* war Vaters Problem, nicht die Sache an und für sich, nein, *wer ist der Verräter*, immer wieder: – «Wer hat das gesagt?», um sich die Antwort dann selber zu geben: – «Natürlich, ich kann es mir ja denken, ganz sicher denken.» Ich fühlte mich elend und leer, weil ich es versprochen hatte, hoch und heilig, es niemals ... irgendwem ... zu erzählen, und nun war es geschehen und nicht mehr aus der Welt zu bringen. Ich hätte seine Schrift verleugnen können, ich hätte sagen können, nein, ich habe noch nicht darin gelesen, aber dann wäre ich zum Komplizen jener Lüge geworden, die ich zu kritisieren und zu beklagen und anzuklagen hatte.

Wer aber war ich, dass ich ihn dafür so sehr verurteilt habe? War in mir nicht derselbe *Anspruch auf Wahrheit*, den ich an ihm so lächerlich gemacht sah? Eine Art von moralischer Diktatur? – «Aber so ist es dir eingeschrieben, so hast du es gelernt.» – «Die Grenzen verwischen, die Übergänge sind fließend, Täter oder Opfer, Richter oder Gerichteter, Objekt oder Subjekt, die Standorte wechseln einander ab, die Perspektive verschiebt sich, die Wahrheit hält immer auch ihr Gegenteil umschlossen.»

Es gibt Augenblicke im Blickfeld des Spiegels, wenn ich den Kopf zur linken Seite drehe und das Licht des Tages in einer bestimmten Helligkeit durchs Fenster scheint, dass ich mich in einer Ähnlichkeit mit meinem Vater sehe. Immer hieß es, wenn es darum ging, wem ich ähnlich sei: – «Niemandem, er ist niemandem ähnlich», so als wäre ich ein Jenseitskind gewesen, irgendwoher und irgendwohin, was mich stolz und gleichzeitig einsam machte. Dann hieß es, wenn überhaupt jemand für eine gewisse Ähnlichkeit infrage kommt, dann sei es Großvater, aber auch nur in besonderen Augenblicken des Lichts. Jetzt, fast selbst in dem Alter meines Vaters, in dem er anfing, krank und verwirrt zu werden, entdecke ich sein Gesicht in meinem, die Augen, den Blick, und nichts, rein gar nichts kann ich dagegen tun. Die Herkunft ist uns *ins Gesicht geschrieben*.

Es ist ja nicht so, dass wir allein dadurch schon andere werden, indem wir *andere sind*. Äußere und innere Substanz müssen nicht notwendig gleich sein. Ja, ich habe mich abgewandt, frühzeitig, ich wollte, dass ich das Gegenteil werde von dem, was mein Vater geworden ist, und sicher bin ich das auch. Nur ist das Gegenteil mitunter dasselbe. Wir erben zu viel, um sagen zu können, nichts verbindet uns mit etwas.

Und das sind die Dispositive der Revolution: Sie behalten von dem, das sie abschaffen wollten, immer auch etwas bei und führen es, unbewusst, mit; denn es hat sich verkleidet und lebt fort in anderen Formen; und so bleibt in allem Neuen die Sache des Alten codiert, wenngleich als Erscheinung verborgen und unseren Augen nicht sichtbar.

Es ist das Reale.

Ich fuhr, von Worpswede aus, nach Bremen, im Auto neben mir Leon, auf Besuch, in den Ferien. Wir hatten nur die Ferien, um gemeinsam Zeit zu verbringen, die dann doch nicht uns allein gehörte, sondern mit Tim und Mona geteilt werden musste. Wie sehr er darunter litt, das werde ich später erfahren, so spät, dass ich daran nichts mehr werde ändern können, dass er immer der war, *der wieder gehen, fahren, abreisen musste,* nachdem er mir *hinterhergekommen war,* wo immer ich gerade lebte, von dem einen zum anderen Stipendienort wie jetzt im schönen Worpswede. Den Verstoßungsbrief meines Vaters hatte ich eben bekommen und eilig überflogen, um ihn vor lauter Zorn, Traurigkeit und Schuldgefühlen, *das angerichtet zu haben,* gleich wieder wegzulegen, als wäre er mit giftiger Tinte geschrieben, die mich auf der Stelle töten sollte. Wie konnte Vater, wenn er nun schon gelesen hat, was ich ihm selber niemals zu lesen gegeben hätte und von dem ich annahm, dass er es auch niemals zu lesen bekäme, den Schrei des Kindes nicht hören, die Verzweiflung des jungen Mannes nicht spüren, die jedem Satz unterlegt war und der Empörung ihren Grund gab? Was ich nicht sah, nicht sehen konnte, war, dass ich selbst *Kind bleiben wollte,* als verletztes Kind schrieb ich das Buch, und als verletztes Kind wollte ich, dass Vater die Wunden, die er mir zugefügt hatte, ohne es selber zu wissen (oder auch nur zu erahnen), wieder verschloss, heilte, wo nun schon geschehen war, was nicht geschehen sollte: dass er *Spiegelland* kannte. Den Ruf des Kindes nach seinem Vater wollte ich ihm vorenthalten, ich wollte ihn zur Schrift bringen und damit erledigt wissen, ja, aber ich wollte es ohne ihn tun. Und dass ich es überhaupt nötig hatte, dass es aus mir *herausbrach*, wie auch ein Wasserlauf aus einem Felsspalt springt, war gebunden an den Untergang des Landes, des Systems, in das alle Konflikte und Verdrängungen und Verwerfungen eingeschweißt waren wie in Folie verpackt, die nun gerissen war und eben auch das familiäre Beziehungsgewebe, das bis dahin noch hatte Halt geben können – gehalten von der *Lüge der Gesellschaft* –, zerstörte. Der Ruf des Kindes nach seinem Vater war fest verbunden mit der *Lüge der Gesellschaft*, die Vater von Amts wegen vertrat, die er war und die er, in einem eingeschlossenen, abgespaltenen Teil seiner selbst, nicht war. So war mein Entsetzen über seinen Brief, der eine einzige Suada der Verwünschung gewesen ist, die Wiederholung einer Abweisung von Anbeginn und das Entsetzen des Kindes über den Vater – und damit hielt es am Vater noch fest und absurderweise auch an der überlebten D.D.R. (nicht als Gebilde und Form, sondern als ein Ort der inneren Zerstörung).

Was aber wird mit der Klage, wenn der Ort, an dem sie ihren Platz hat, nicht mehr existiert? Und was, wenn der Adressat dieser Klage verschwunden ist? Wenn keine Sendung mehr ihren Empfänger erreicht und ohne Antwort zurückkommt? Ich habe nichts darüber je gelesen oder gehört, es ist durch die Maschen der Diskurse gefallen – dass die Diskurse einfach stehengeblieben sind, … weil der Vater nicht mehr geantwortet hat.

Das auch war der Irrtum der «Opfer», von den «Tätern» zu erwarten, sie könnten sich selber anzeigen und um Vergebung bitten für etwas, das getan zu haben ein Wesen voraussetzt, in dem diese Einsichten ja gerade ausgeschlossen und unmöglich sind.

Dieses Verhaftetsein an ein altes System, an dessen Subtexte und kulturellen Einschreibungen, ist auch die politische Reaktionsmaschine im Osten, die in einer anderen Richtung und Geschwindigkeit läuft als im Westen. Die Wörter sind in ihren Bedeutungen andere, in ihren Anschlüssen an andere Wörter, in ihrer Strahlung. Die Bilder sind andere, die in unsere Körper abgelegt wurden. Es sind *andere Körper*, und andere Körper werden es bleiben.

– «Ich weiß schon, Pegida ist *out*, unchic, darüber noch länger zu sprechen, *durch!*, und wenn ein Schriftsteller wie ich es eben doch tut, dann steigt er hinab und macht sich schmutzig. Aber ich finde es nicht, ich finde nicht, dass es nichts mehr zu sagen hat, nichts mehr zum Ausdruck bringt, nichts mehr ist, was über sich selber hinausweist. *Es ist ja ein Phänomen.* Das Phänomen der Traumatisierung, der Kränkung und Angst. Aber wovor?» – «Alles erneut zu verlieren.» – «War es nicht auch beschämend, kurz nach der Wende, wenn sie mit ihren gerade frisch erworbenen Westautos von Sachsen nach Tschechien gefahren sind und dort den Chef gespielt haben, der billig einkauft, billig essen geht und billig fickt?, und am Montag erzählten sie sich Witze darüber.

Ja, endlich war sie da, die *Westmark*, und hat so viele in Hochmut erstarren lassen, in Siegerpose und Überlegenheitsgefühl. Warum hat niemand, vor allem auch von denen, die heute den symbolischen Montag plündern und für ihre Zwecke missbrauchen, auch nur einmal daran gedacht, dass sie eine Verantwortung über das Ende der D.D.R. hätten mittragen müssen? Ist das die große Identitätslosigkeit des Ostens, dass er nicht selber erwirtschaftet hat, was er besitzt? Anders als die Polen, Ungarn, Tschechen, die keinen großen Bruder im Westen hatten, der die Pakete schickte, und aus ihren Nachteilen einen Vorteil machten: den der *Identität*. Ich bleibe bei meiner Vermutung, dass die politische Energie des Neinsagens, der Negationen, wie sie der Osten jetzt produziert, und vor allem in Sachsen, auch eine Wiedergutmachung ist, früher *geschwiegen zu haben*, ein sicher unbewusstes Nachholen der verpassten Courage.» – «Das lenkt mir zu sehr von der Gegenwart ab, von der Zukunfts- und Existenzangst, die so viele verspüren.» – «Sie wollen den Kapitalismus, aber mit den Privilegien des Versorgungssystems, dessen Sklaven sie waren? Wer hat denn so laut nach der *Westmark* gerufen und den Westen damit erpresst: Wenn sie nicht zu uns kommt, gehen wir zu ihr? Gab es da irgendwo die Chance auf eine Alternative zum Kapitalismus, den plötzlich keiner mehr will, weil er ein Tier ist? Wir, ein paar Intellektuelle, die kurze Zeit dachten, dass es ein drittes System geben könnte und dass wir es dann in die Hände bekommen und gestalten, waren düpiert, als die ersten freien Wahlen im März 1990 haushoch die CDU gewonnen hatte, mit über vierzig Prozent, für uns ein Desaster. Bündnis 90, deren Anteil am Sturz der alten Verhältnisse am größten war, lag bei knapp 3 Prozent. Ein verirrter

Haufen. Ich ahnte es schon, als ich ein paar Tage vorher bei unserem Autoklempner war, weil unser zwanzig Jahre alte LADA, den ich gerade von meinem Vater erworben hatte, den Geist, das heißt seinen Motor aufgab, weil ich zu blöd war, Öl nachzugießen. Woher aber sollte ich das denn nun wieder wissen, dass ein Motor Öl braucht? Der Trabi, den wir vorher hatten, brauchte ja auch keines. Jedenfalls sagte er mir, dass sie alle, hier, in seiner Werkstatt, und woanders sehe es genauso aus, CDU wählen würden, wegen der *blühenden Landschaften*, die Kohl ihnen versprach, nehme ich an, und wenn ich anderer Meinung sei, sollte ich besser den Mund halten oder sofort verschwinden. Das *Phänomen*, von dem wir hier reden und wofür Pegida metaphorisch herhalten muss, weil es das Reale verkörpert, das, was außerhalb der Sprache geschieht und nicht mehr verstanden werden kann, ist eine Vermischung disparater Gesellschaftserfahrung, es legt die verschiedenen Muster aufeinander, und es entsteht eine andere, dritte Form, die nicht mehr rückübersetzbar ist in die bekannten Formen des *Ostens und Westens*. Der Osten hat es mit zwei Paradigmenwechseln gleichermaßen zu tun – mit dem politischen nach neunundachtzig, der noch immer nicht abgeschlossen ist, und dem der Digitalgesellschaft, in der sich buchstäblich alles neu ordnet, ändert und verschiebt. Das führt zu Konfliktüberschneidungen, legt zwei Systeme von Zeit aufeinander, die nicht den gleichen Rhythmus haben und von verschiedener Geschwindigkeit und Dichte sind. Das ist die Aktualität der Moderne. So wird es in der Zukunft sein. Eine fließende Bewegung der verschiedenen Formen von Zeit, ein Paradigma der Gleichzeitigkeit, in der unsere diachrone Ordnung des Handelns außer Kraft gesetzt wird. Diese enorme Entgrenzung der Systeme ist der Generator einer Sorge um *sich selbst*, der auch das Wort *Heimat* neu aufbaut. Es ist ja, dem Wesen nach, absurd, eine entgrenzte, offene Welt im Wirtschafts- und Finanzbereich lange schon installiert zu haben, die natürlich im Effekt einer Rückkoppelung auch ihre Gesetze diktiert, also *ihren Preis* hat, dann aber die Erwartung entsteht, …» – «Ich höre jetzt nicht mehr zu», sagte Heidrun und ging ins Bett und ließ mich so sitzen, mit einer immerhin noch halb vollen Flasche Raki, die ich aus meinen Istanbuler Restbeständen mitgebracht hatte und die nun mein letzter Gesprächspartner war, der gottlob auch nicht mehr widersprach.

Ich war in der D.D.R., als ich im niedersächsischen W. Vaters Brief las, und Vater schrieb ihn, als er ihn in Dresden verfasste, nicht in der Jetztzeit, sondern im Dresden der D.D.R.; der Brief, der eine Reaktion auf *Spiegelland* war, und nun meine Reaktion auf diesen Brief, sie gehörten der Vergangenheit an und spielten sich doch in der Gegenwart ab. So wechselten wir ständig das Spielfeld und verwarfen die Regeln, die wir eben noch verabredet hatten. Es war ein unlösbarer Knoten des Missverstehens und der verschiedenen Zeiten entstanden. Ich hätte ja auch Vaters Brief als *Erwachsener* lesen können, mit größerer Distanz zum eigenen Schmerz, und dann hätte ich erkannt, dass nicht nur ich so sehr verletzt worden bin durch seinen Brief, sondern ebenso er durch meinen Roman. – Roman, ich sagte immer wieder: *das ist ein Roman!* Aber das wollte niemand verstehen, und es ist ja auch nicht sofort einzusehen, warum einer *ich* sagt und zugleich nicht er selbst ist, sondern eine Figur. So hatte ich es schon zu Leon gesprochen, der neben mir im Auto saß und gelangweilt aus dem Fenster sah. Er war in den

Ferien zu mir gekommen, damit wir uns sehen und Zeit miteinander verbringen konnten, und ich mutete ihm meinen Wutausbruch zu und überforderte ihn damit erheblich. Aber er war, in diesem Moment, auf dieser Fahrt durch Bremen, gar nicht mein Sohn, weil nämlich ich der Sohn meines Vaters war und selbst nicht auch noch Vater sein konnte in dieser Situation. In allen anderen Situationen wollte ich ihm *ein anderer Vater sein,* als ich einen gehabt hatte, ich wollte ihm *der Vater sein,* ich wollte, mit und durch ihn, mir selber ersetzen, was mein Mangel und meine Sehnsucht zugleich war. Jetzt aber ging das nicht, ich hatte die Kontrolle verloren, über meine Rolle und dann auch über das Fahrzeug. Ich sah plötzlich nichts mehr, es war eine schockartige Blindheit über mich gekommen, weil ich immer wieder dachte und darüber fast ohnmächtig wurde: *warum hört der Vater das Kind nicht!,* bis ich ein Kreischen vernahm, ein Schreien und Stürzen direkt vor mein Fahrzeug, das ich hart bremste und augenblicklich auch zum Stehen brachte. Ich war zurück in den Sitz geschleudert, hatte mir den Hals verrenkt und Schmerzen im Nacken. Sofort sah ich nach Leon, der erschrocken, aber unverletzt neben mir saß und weiß wie eine Wand war, hörte die laut diskutierenden Stimmen vor meinem Auto, ich sei ganz sicher schon bei Rot über die Ampel und habe das Kind, das noch über die Straße wollte, glatt übersehen. Gottlob sei nichts passiert, da habe einer mehr Schwein als Verstand. Wie betäubt und unter Schock stieg ich aus, nahm das Kind in die Arme, als wäre es mein eigenes gewesen, unendlich froh, dass es gesund war, und dachte nur eines: – Nein, Vater, das geht entschieden zu weit, ... das darf nie mehr passieren, ... dass ich wegen dir die Wirklichkeit unter meinen Füßen verliere.

Der Ort. Schultermetapher [2]

Was ich beim besten Willen nicht verstehe, dass nicht klar genug gesagt werden kann, ob die Sehne gerissen oder nicht gerissen ist, wovon nun wiederum abhängt, sie operieren zu müssen oder nicht. Das sei, sagte der Arzt, *interpretationsabhängig*. Aber wieso das denn? Ein Gedicht kann, nein, muss interpretiert werden, aber doch kein MRT! Da erwartet man doch eine klare Aussage: gerissen ja oder nein. – «Das ist die Logik des Operateurs, der eine Auslastung seiner Bettenkapazität vor Augen hat. Und dann entscheidet er im Zweifelsfall eher für als gegen eine OP.» – «Die Schmerzen, vor allem nachts, sind unerträglich. Ein stechender, ziehender, reißender Schmerz, der von den Schultern bis in die Hände und auf den Rücken ausstrahlt. Ich weiß gar nicht, wie ich liegen soll. Die linke Seite schmerzt, die rechte Seite schmerzt. Unablässig. Mir ist schon ganz übel von den vielen Medikamenten, die nur zeitweise eine Wirkung haben.» – «Das muss aber nicht von der Sehne her kommen. Eher von der Entzündung im Knochengelenk.» – «Seit einem halben Jahr, und keine Besserung weit und breit. Das muss eine Art von Bestrafung sein, eine gut ausgedachte Qual für weiß der Himmel welche Sünden. So beginnt der Verfall. Dann meine Augen, die Degeneration der Makula. Dann der Tinnitus. Dann Depressionen, der Mangel an Zuversicht, die Welt im Allgemeinen betreffend. Dann der Bluthochdruck. Dann die Magenbeschwerden, die Übelkeit. Habe ich etwas vergessen?»

Geträumt, der Körper ist voller Maden und Würmer, die sich mit ihren Köpfen aus dem Inneren des Fleisches durch die Haut nach außen bohren. Wenn sie weit genug herausgekommen sind, kann ich sie mit Daumen und Zeigefinger greifen und ziehe sie heraus. Sie sind unerwartet lang, wie Bandwürmer, die irgendwann reißen. Ich ziehe und ziehe, aber es kommt noch immer ein Stück hinterher, weiß und eitrig. Eine Frau kommt hinzu. Es ist Mona, dann eine Fremde, und dann, bis zum Ende hin, meine Mutter. Ich bitte sie, die Stellen, die ich selbst nicht mehr im Blick haben kann, zu bearbeiten und auch dort die Maden und Würmer herauszuziehen. Nun sind wir beide mit derselben Arbeit beschäftigt, meine Mutter am Rücken und ich an der Brust. Immer aber, sobald ich denke, jetzt müssten wir alles gefunden und gereinigt haben, stößt ein neuer Wurm aus einer neuen Wunde hervor. – «Angst hatte ich keine. Es war nur mühsam und der Tätigkeit nach so unendlich öde.»

– «Ist das *das* Leben? Ein sich wiederholender Vollzug der immergleichen sinnlosen Sache? Etwas verlangt, beseitigt zu werden, und als Beseitigtes kehrt es zurück.» – «Immerhin kommt das Ungeziefer von *innen*, das heißt, es *dringt nicht ein*, sondern verlässt deinen Körper.»

– «Ich habe ja nichts gegen Ausländer, aber sie benehmen sich einfach nicht. Gehe mal abends so ab neun, halb zehn vom Hauptbahnhof zur Prager Straße, was du da für Abfall siehst. Meistens Araber, die das ganze Areal unsicher machen und dealen und Schlägereien vom Zaune brechen. Also, ich gehe da nicht mehr lang. Oder gerade, in der Neustadt, da wurde ein junger Mann niedergestochen, und ein Afghane, heißt es, soll der Täter sein. Ein Asylant, und was für einer! Ich meine, wir haben uns das hier alles aufgebaut, schön gemacht, unser Dresden. Das soll doch nun bitte auch einmal so bleiben. Nach den Nazis, den Russen, den Kommunisten. Und jetzt schon wieder Fremdelemente. Wohin soll das führen? Zur Volksauflösung durch Überfremdung? Zur Auslöschung der eigenen Art? Haben wir denn überhaupt noch so etwas wie deutsche Identität? Wenn die Merkel alle Türen und Tore öffnet und jeden Neger hereinlässt, dann soll sie doch bitte schön ihren Garten dafür opfern, aber uns hier in Ruhe lassen. Wir wollen das nicht. Wir brauchen und wir wollen das nicht. Und wir werden so lange auf die Straße gehen und protestieren, bis sie das kapiert hat, diese mecklenburgische Raute. Das wäre nicht das erste Mal in den letzten dreißig Jahren, dass wir eine Staatsmacht weggefegt haben, in den Orkus der Geschichte geschickt, zum Abfall geworfen.» – «Ja, ich weiß schon, *ihr seid das Volk!*»

– «Dieses Zitat ist denunziatorisch. Es löst etwas heraus aus einer Textur, die im Ganzen andere Inhalte hat, eine andere Konsistenz von Wirklichkeit und Wahrheit, und das nun dadurch, dass es herausgelöst wurde, zur Verallgemeinerung drängt: *So sind die Dresdener.*» – «Nein. Es ist ein Aspekt, eine Position und ein Blick, der sie einfängt. Die Textur ist zu groß und zu differenziert, als dass sie durch die Abbildung einer Meinung verfälscht werden würde. Gerade diese Abbildung gibt ihr die Glaubwürdigkeit eines Ganzen, das anders ist und auch die Stimmen der anderen spiegelt.» – «Sophismus.» – «Nein, dialektisches Denken.» – «Ja, daran ist ein System schon einmal gescheitert.» – «Es gab kein dialektisches Denken in diesem System. Deshalb ist es gescheitert.»

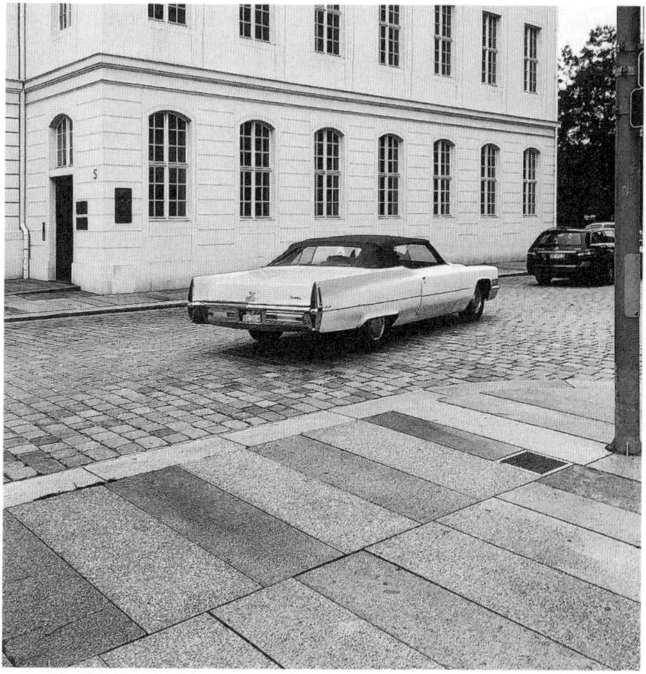
5

– «Dresden ist sich manchmal selber dermaßen herrlich, dass man es in einem seltsamen Umkehrschluss abweisen will. Vielleicht aber verbirgt sich hinter dieser Selbstbedeutung eine tief verdrängte Befürchtung, eben *nicht* bedeutend zu sein – oder nicht bedeutend genug, um den Anspruch auf Einmaligkeit auszufüllen. *Einmaligkeit* – warum und für wen? Reicht es noch nicht, einfach nur *schön* zu sein?» – «Dresden verlässt man nicht. Das habe ich so von Dresdenern immer wieder gehört. Meine Eltern haben mit mir jahrelang nicht mehr geredet, weil wir Dresden verlassen und im Westen neu angefangen haben.» – «Ja, das kenne ich auch, das wirft man mir ebenso vor. Nicht explizit, aber mit Blicken und Gesten, die sagen wollen, dass man ein Deserteur ist, ein Abtrünniger, einer, der nicht weiß, dass Dresden *die schönste Stadt der Welt ist*.» – «Ach ja, ich vergaß.»

Ich treffe Ulrich wieder. Nach dreißig Jahren, die wir uns nicht gesehen oder gehört haben. Er ist immer noch so schlank, geradezu dünn, wie ich ihn in Erinnerung habe, nur eben älter, weißhaarig, mit tief ins Gesicht geschnittenen Falten, die eine Geschichte erzählen. Ebenso, denke ich, wie ich sein Alter registriere, registriert er das meine, wir sind uns beide ein Spiegel und erkennen im anderen den eigenen Verlust. Das ist das Unheimliche an Begegnungen nach langer Zeit – dass sie einem die Illusion nehmen, nichts hätte sich verändert, weil die Kontinuität des Sich-selbst-Sehens oder Gesehenwerdens von jemandem, mit dem man täglich zusammen ist, diese Veränderung verbirgt. Als wir uns dann aber in den Biergarten setzen und zu erzählen beginnen, ist alle Zwischenzeit wie ausgelöscht, als hätte es sie gar nicht gegeben; dieselbe Tonlage in der Stimme, dieselbe Gestik, dieselbe Art, die Sätze zu bilden und im Dialekt ausschwingen zu lassen, der unverkennbar hierher gehört; und dann seine auffallende Selbstzurücknahme, die ich mag und die ihn sympathisch macht. Ja, was ist passiert, in all den Jahren, die nun plötzlich vorbei und vorüber sind? Im Grunde gar nichts, denn wir sind beide dieselben, auch wenn wir andere sind. Im Grunde alles, denn wir sind beide andere, auch wenn wir dieselben sind. Ich schaue in die untergehende Sonne, wie sie hinter dem Blauen Wunder im Wasser der Elbe sich spiegelt, auf der ein paar Faltboote flussabwärts treiben, gesäumt von Wiesen und den Hängen der Loschwitzer Höhe. Diesen Weg, vom Weißen Hirsch herunter und über den Körnerplatz, kam ich bis in die Altstadt gelaufen, wenn ich meinen *Discodienst* als Mitarbeiter in einem Kulturhaus, zuständig für Nähen, Kochen und Basteln, wovon ich absolut gar nichts verstand – aber wenigstens keine *Fabrik* –, absolvierte, jeden zweiten Sonntag im Monat, im Tanzlokal *Parkhaus*, neben dem legendären Roten Kakadu. – «Ja, daran denke ich gerade. Wie ich hier mit einem Mädchen aus der Disco spaziert bin, spät in der Nacht oder bereits schon am Morgen, und wie wir in den Wiesen lagen und es taten, bis ein Gewitter über uns kam und der Blitz einschlug gerade neben uns, so als wollte der Herr uns bestrafen. Ich glaube, ich habe meine Hose gar nicht mehr angezogen und lief wie besinnungslos geradeaus und das Mädchen mir hinterher, halb nackt wie ich. Das sind die schönen Bilder ... dieser Zeit.»

Es spielt keine Rolle, was man erzählt, wenn man sowieso nicht auf den Grund der Erzählungen kommt, nach so vielen Jahren. Der ist das und jener dieses geworden, alle irgendwie etwas, ein Millionär ist auch dabei, hat große Geschäfte mit Antiquitäten im Westen gemacht, und war noch Parteisekretär bis zur Wende. – «Schulze, das Schlitzohr, du kennst ihn doch noch? Der war immer schlau, nicht klug, nicht begabt, aber schlau. Die Schlauen haben das Rennen gemacht. Die Klugen nicht. Die Begabten nicht. Das ist so.» Und Ulrich? Was ist er? Schlau, klug, begabt? Ich sehe ihn vor mir in seiner Bruchbude in der Kamenzer 42, in der ich später Heidrun kennenlernen sollte, die dann meine Liebe der Jugendzeit wurde und für die ich alles stehen- und liegengelassen hätte, wären wir nur zusammengekommen. Er schrieb an seinem *Faust*. Unter dem machten wir es alle nicht. Er rauchte Pfeife, die nach Vanille roch, saß in einem aus dem Sperrmüll gezogenen Sessel, in dem die Polsterung schon aufgerissen war und die Strohfüllung zeigte, schaute in eine neben sich gestellte Stehlampe im Stil der Fünfzigerjahre, die so alt auch tatsächlich war, blinzelte etwas in das matte, durch einen rosa Lampenschirm scheinende Licht und sagte leise, mehr zu sich selbst: – «Ich schreibe den Faust *neu*.» Ein gewaltiges Projekt, dermaßen kühn in seinem Anspruch, dass es nie zu einem Ende kam. Jedes Mal, wenn wir uns trafen und ich mich nach seiner Arbeit erkundigte, erzählte er von seinem *Faust*, wo er ihn gerade auftreten lässt, mit wem er spricht und worüber. Aber mehr als ein paar vorab gedruckte Passagen in Zeitschriften – immerhin im Westen, was damals ohne Kontakte nicht möglich war – sind es wohl nie geworden, oder ich habe es nicht mitbekommen. Ich war weg und eingetaucht in eine andere, weitere, schnellere Welt, in der es keine Zeit mehr gab, zurückzublicken und Rückschau zu halten, ich musste reagieren, Geld verdienen, durchkommen, mit Familie;

es war eine einzige Auflösung von Langsamkeit, wie ich sie mitgebracht und mir zu eigen gemacht hatte, wie ich sie liebte und brauchte, um leben und schreiben zu können, eine Langsamkeit, *die zum Osten gehörte* und im Westen nicht mehr zu gebrauchen war; es gab so vieles, das einmal gültig war und wertlos wurde, es war eine solche fundamentale Enteignung an Erfahrung und Wissen, dass ich mich an einem Nullpunkt sah – ein Kaspar Hauser der D.D.R.

Ulrich war Fabrikarbeiter, wie ich viele Jahre auch, nur kam er aus der Fabrik nicht mehr heraus. Sie war zu seinem Schicksal geworden, das an einem bestimmten Punkt unabänderlich wurde. Dieser Punkt war blind, er gab sich nicht zu erkennen und verschob sich, sobald man glaubte, ihn erfasst zu haben. Immer wieder gab man sich den Täuschungen hin, dass es diesen Punkt, da er sich nicht feststellen ließ, gar nicht gibt und dass man ein Leben lang Zeit hat, auf das Leben zu warten, auf die Dinge, die man sich vorgenommen hat. In meiner Fabrikzeit habe ich es beobachten können, wie sich die Hoffnung erhält, irgendwann geht das Tor auf und man wird entlassen. Aber das Tor geht nicht auf – und es gibt keine Entlassung. Das war der Punkt, wo er unverrückbar geworden war und evident wie die Einsicht: zu spät. Jetzt ist das Schicksal bei sich selbst angekommen und lässt keine Korrekturen mehr zu. Dann fand man sich ab, soff vielleicht oder brachte sich um, wenn gar nichts mehr half. Ulrich aber hat geschrieben, wie auch ich geschrieben habe, um nur einfach am Leben zu bleiben und zu überleben, was einen vernichten will. Schreiben und Überlebenkönnen waren ein und dasselbe, ein Begriffspaar so symbiotisch verbunden wie für die Atmung die

Luft, und ich kann mir gar nicht sicher sein, ob ich unter anderen Verhältnissen *auch geschrieben hätte*. Die D.D.R., denke ich, hat mich zum Schriftsteller gemacht, und vielleicht sollte ich Danke sagen, dass mir alles andere verbaut gewesen ist.

Es ist, was sich an Dramatik um meine defekten Schultergelenke aufs Schmerzlichste (physisch und psychisch) ereignet, eine generelle Selbstüberprüfung. Wie alt bin ich (wirklich)? Was lohnt sich mit welchem Aufwand (noch) zu reparieren? – «Das hängt natürlich auch davon ab, wozu Sie Ihre Schulter und Armkraft (noch) gebrauchen und was entfallen kann. Ich meine, Sie sind *Schriftsteller*, nicht mehr eben ganz jung, da müssen Sie ja, im wörtlichen wie im übertragenen Sinn, *keine Bäume (mehr) ausreißen*. Nehmen Sie es doch einfach als *normalen Verschleiß*. Uns wird allen, im Alter, *genommen*. Dem einen alles auf einmal, was sehr grausam ist, dem anderen langsam und jeden Tag etwas, bis auch er, am Ende, nackt vor dem letzten Gericht steht. Da haben wir keinen Einfluss, keinen Kredit. Das Alter ist Entbehrung und Verzicht. Es lehrt uns, nichts zu besitzen.» Vielleicht ist es das, mich aus der Perspektive des Altgewordenseins und seiner Unabänderlichkeiten zu betrachten, betrachten zu müssen. Eben ging ich noch geradeaus, dann drehe ich mich um, und schon bin ich alt. Wo ist die Zeit, die vergangen ist, *hin*? Wieso bemerken wir es nicht, das und was nicht wiederkehrt, im selben Moment des Verschwindens? Die Verluste der Zeit sind unendlich und eben dadurch der singuläre, persönliche Tod. Jetzt zu sagen, gut, ich lasse das nicht mehr in Ordnung bringen, zumal es höchst unsicher ist, ob eine Operation auch Erfolg haben würde, ist ein Einverständnis mit dem Ereignis des Nichts. Es ist vielleicht die bessere Entscheidung, aber auch eine Anerkennung der letzten zukunftslosen Stunde. Solange wir den Tod verdrängen und immer nur sehen, wenn ein anderer stirbt, der *nicht ich ist*, so lange kann diese Anerkennung nicht ausgesprochen werden. Drängt sich dann die Evidenz der Sterblichkeit vor, bleibt die nüchterne Einsicht, *dass es vielleicht doch nicht mehr lohnt*.

In dieser Ambiguität, selbst nicht zu wissen, wofür ich mich halte – zumal die Antwort darauf fast stündlich wechselt –, mache ich die Ärzte, zu deren hartem Los es zählt, mich als Patienten zu haben, nach und nach mürbe. Den einen eher, den anderen später, je nach Frustrationstoleranz und Sympathie für den fein gewebten Dichter. – «Aber es gibt auch diese zutiefst irritierende *Unklarheit der Ärzteschaft*», sagte ich Mutter, «die oftmals nicht weiß, was zu wissen sie vorgibt. Im Krankenhaus gestern, wo ich der Schmerzen wegen am Tropf lag, kam eine junge Arztassistentin und sagte: ‹Ach, wissen Sie, der Mensch, er ist doch ein Rätsel.› Genau das, sagte ich, tut mir jetzt gut, von Ihnen zu hören, und hilft mir enorm.»

Was muss eine Schulter nicht alles (er-)tragen. Bei den meisten ist es das Leben, und bei einigen ist es die Welt. (Da reißt am Ende jede Sehne.)

– «Da brauche ich Sie gar nicht weiter zu untersuchen», sagt der Arzt, «das Bild ist eindeutig. Wir müssen operieren, besser noch gestern als heute.» Und dann drückt er mir eine Menge Papiere in die Hand, die meine Einweisung in die Klinik schon beschlossen haben, mir immer wieder versichernd, dass das natürlich meine *freie Ent-*

scheidung sei, zumal ja kaum wirklich klar ist, ob eine Operation tatsächlich zum Erfolg führen würde. – «Sehen Sie, hier, das, diese milchige Suppe auf dem Bild?», und dabei zeigt er mit einer Bleistiftspitze auf den Sehnenverlauf, der für mich aussieht wie eine Urinspur im Schnee. – «Das ist, nein, *war* Ihre Sehne, um deren Einrissstelle sich Flüssigkeit gesammelt hat und aus dem Muskel ... hören Sie mir zu? ... schon Fett geworden ist. Da gibt es kein großes Zeitfenster mehr, wenn wir das noch hinbekommen wollen.» – «Und was, wenn nicht?» – «Das ist jetzt keine gute Frage», und damit wendet er sich von mir ab und seiner Schreibarbeit zu, den Papieren und Überweisungsformalitäten. Jetzt kommt eine Maschine der medizinischen Versorgung in Gang, deren Effizienz und Geschwindigkeit mir das Bewusstsein raubt und mich zu einem Ding meiner selbst werden lässt, zu einem Patientenobjekt, das kühl verwaltet und in die Abläufe des Krankenhauslebens eingespeist wird. Patientenmanagement, Anästhesiegespräch, OP-Termin und Bettenbelegung; ich kann nur noch *Ja* sagen, ob ich will oder nicht, theoretisch *frei, auch Nein sagen zu können*. Für den Bruchteil einer Sekunde, der mich nachdenken und die Szene reflektieren lässt, ist mir nicht klar, wer für wen etwas tut. Sie für mich oder ich für sie, damit der Laden so läuft, wie er läuft, ohne innezuhalten, ohne *zeitliche Verluste*, ohne Ausfall und Abrechnungslücken. – «Das Krankenhaus als Wirtschaftsfaktor, als *Betrieb*, ist mir unheimlich und lässt mich zweifeln», sage ich Mutter, «ob alles, was jetzt geschieht, noch gut für mich und in meinem Sinne ist. Ich weiß, ich bin schwierig», sage ich, «das habe ich ja nun mal von dir», worauf sie missmutig schaut und fragend mich ansieht: – «Von mir? Wieso von mir?» – «Ja, wieso nicht von dir?»

Wenn ich mich erinnere an die Zeit meiner Kindheit im brandenburgischen Hohen Neuendorf oder später in Dresden, dann sehe ich meine Mutter immerwährend an etwas leiden, das sie selbst *vegetative Störungen* nannte – ein Begriff, den der Arzt ihr mit auf den Weg gegeben hat, damit sie etwas sagen kann, wenn man sie fragt, weil ihre Beschwerden dermaßen wechselhaft und diffus gewesen sind, dass sie sich kaum auf eine klare Beschreibung und Diagnose eingrenzen ließen, die einem anderen auch verständlich geworden wäre. *Es sind vegetative Störungen*, sagte sie nur, wer immer etwas ihren Gesundheitszustand betreffend wissen wollte, und sie sagte es so, dass mit diesem selbst diffusen Begriff alles gesagt und aufgeklärt zu sein schien, was mit ihr war und weshalb sie hier oder dort nicht hinkommen konnte und eine Zusage wieder zurücknehmen musste. Es war wie ein Zauberwort für sie, eine Erklärung des Unerklärlichen, eine Chiffre, die mit ihr und ihrem leidvollen Leben fast nichts mehr zu tun zu haben schien. Sie verrichtete bis weit in den Abend hinein Hausarbeit, ob es nötig war oder auch nicht, bohnerte, bügelte, wischte oder putzte, was immer ihr unter die Hände kam, um spät am Abend erschöpft ins Bett zu sinken und dann, sobald einmal *nichts* zu tun gewesen ist, an einer *vegetativen Störung* zu leiden, gleichviel, was es gerade war. Ich sehe mich an einem sonnigen Frühlingstag mit meinem Fahrrad über die Feldwege hin zu Mutter ins Krankenhaus fahren. Ich habe Apfelmus gekauft, das ich ihr auf das Nachtschränkchen stelle, und Blumen von der Heide gepflückt. Ich liebe meine Mutter und möchte, dass sie mich ebenso liebt. Aber sie ist krank und nun schon lange Zeit weg, ohne dass ich tatsächlich wüsste, warum, was ihr fehlt, woran sie erkrankt ist. Ich sehe nur die vielen Tabletten in einem Dosierungskästchen, auf dem MORGEN, MITTAG, ABEND und NACHT steht, und jedes Kästchen ist voll. – «Sie vergiften mich noch», sagt Mutter, «mir ist ganz elend von all diesem Zeug.» Ich sehe in ihr blasses, fast weißes Gesicht, das abgemagert ist, und um ihre großen blauen Augen haben sich dunkle Schatten gelegt, in denen die Krankheit und die Traurigkeit wohnen. Ich kann nichts tun, ich kann ihr nicht helfen, sie nicht aus diesem Krankenhaus *befreien*; ich fühle mich schuldig, wie später, als Ludwig stirbt, weil ich nicht gut genug auf ihn aufgepasst habe, und der immer, sobald wir unterwegs gewesen sind, an meiner Hand gehen wollte, links, und rechts André. Niemals anders herum, niemals links André und rechts Ludwig, und später nur noch Ludwig, im Grunde schon zu alt, um noch an die Hand genommen zu werden oder werden zu wollen. Man muss Worte haben, denke ich, damit das Unheimliche aufhört, damit die Nacht nicht nur dunkel und abweisend ist, damit wir *irgendetwas sehen*. Für Mutter war es die *vegetative Störung*, die alles erklärte und zur Erklärung für andere brachte, die zur festen Redewendung, zur Formel für das Leben wurde, wo es unerträglich war.

Vielleicht sind ja die Risse im Sehnengeflecht meiner Schultern eine Imitation meiner Mutter, wo sie hilflos war? – «Der Dichter, der sich die ganze Welt auf seine Schultern lädt, und dann noch die Mutter?»

Ein Freund, Chirurg, rät ab, mich operieren zu lassen. Wir sehen uns gemeinsam das MRT an, und er zeigt mir die Verbindungslinie der Sehne, die nirgends einen Durchriss hat. Außerdem wäre der Arm von einer Funktionalität, die ebenfalls dagegen spricht. Tags darauf fahre ich zu einem Spezialisten nach F., pensioniert und der Freund eines Freundes, der ebenfalls abrät und bestätigt, was mein Chirurgenfreund sagte. Gut. Ich gehe in die Klinik zurück, die mir die Diagnose gestellt hat, und sage den OP-Termin ab. – «Haben Sie sich das gut überlegt?», fragt der behandelnde Arzt, der auch die Operation durchführen wollte. Ich konfrontiere ihn mit der Meinung der zwei anderen Ärzte, beide fachkundig, und denke, damit ist es erledigt und ausgestanden. Aber jetzt kommt das Meinungskarussell erst richtig in Schwung. – «Das kann man so nicht behaupten. Ich sehe es anders und rate dringend zur Operation. Zumal uns die Zeit wegläuft, da sich die Sehne schon zurückgezogen hat und bald nicht mehr am Knochen vernäht werden kann.» – «Wenn ein Chirurg anfängt zu drängen, wäre ich doppelt vorsichtig!» – «Was soll ich denn tun?» – «Also, an meine Schulter, mit dem Befund, würde ich niemanden lassen.» Die Schmerzen auf beiden Seiten der Schulter werden unerträglich. Ich schlafe kaum noch und weiß nicht, wie ich liegen soll. Ein reißender, stechender, brennender Schmerz, unablässig. Sieht so das Altwerden aus? Der Ausfall an Sinn und Substanz mit jeder weiteren Stunde, dem Unvermeidlichen entgegen, dem Tod?

Die berühmte Klumpfußoperation am Stallknecht Hippolyte in Flauberts *Madame Bovary* fällt mir ein, die anfangs zu gelingen scheint, um dann in einem Desaster zu enden: Das Bein muss, von einem Wundbrand infiziert, amputiert werden. Nun kommt eine Prothese zum Einsatz, die seinerzeit die modernste ihrer Art ist und vom Apotheker Homais als Protagonisten einer blinden Wissenschaftsgläubigkeit euphorisch begrüßt wird. Diese

Prothese wird zur Metapher der Absurdität: «Klumpfüße richten! Kann man denn Klumpfüße richten? Das ist so, als wollte man einen Buckligen gerade machen!», sagt Dr. Canivet im Roman, zumal der Proband gar keinen Leidensdruck mit seinem Klumpfuß verspürte und in die Operation nur eingewilligt hat, weil sie ihm als harmlos und im Ergebnis sicher angepriesen wurde.

In Deutschland wird viel zu oft und zu schnell operiert, und ich bin skeptisch genug, mir eine Operation an der Schulter als überversorgt vorzustellen, als eine Variante der Behandlung, die nicht falsch, aber auch nicht zwingend notwendig ist, nur eben besser verrechnet werden kann als eine konservative Therapie. Dass ich das ins Kalkül ziehe, entsetzt mich und sabotiert den Eid des Hippokrates, den jeder Arzt schwört. Bin ich nun entsetzt über mich, weil ich das denke, oder über die Tatsache, dass kommerzielle Interessen über ethische gestellt werden könnten? Wie weiß der ahnungslose Patient, *ich*, woran er wann und wo ist?

Die Falle der Ambivalenz wird mit jedem Tag, der in Schmerzen vergeht, größer. Ich suche einen vierten Arzt auf, der mir unabhängig von den drei anderen seine Meinung sagen soll. Wie immer sitze ich zwei, drei Stunden herum, ehe ich aufgerufen werde, um in einem Vorzimmer dann noch einmal eine Stunde zu warten. Ich versuche zu lesen, aber die Gedanken kreisen nur um meinen Befund und den Schmerz in der Schulter. Schließlich kommt er, sieht sich die MRT-Bilder an, liest den Bericht des Radiologen und sagt: – «Ein guter Mann. Ein Kollege. Dem können Sie ganz und gar vertrauen», und damit ist er auch schon wieder weg. Nun bin ich noch einmal dümmer als vorher nicht klug. Ich spüre, wie eine tiefe Verwirrung sich in mir breitmacht, die kaum noch aufzulösen ist und alle Kraft dieser Tage verbraucht. Ich träume von verpatzten Operationen, sehe mich mit steifem Arm und verkrüppelter Hand, die nicht mehr *zu gebrauchen ist*. Das heißt, ich kann nicht mehr schreiben, das heißt, *ich gehe unter*. – Meine Existenzangst, die gekoppelt ist an eine Schreibfähigkeit, von der mein soziales Überleben maßgeblich abhängt, zumal im Alter, in dem mich und meine Frau aber auch gar nichts erwartet, spannt jetzt den Rahmen für jede Befürchtung. Ich muss meine Gesundheit behalten, meine *Leistungsfähigkeit*, sonst ist es vorbei. Diese Stimme in mir tötet alles, löscht aus, zieht mich nieder, diese Gewissheit, sich eine Krankheit *nicht leisten zu können*.

Noch eine Beratung suche ich auf, eine letzte, von der ich meine Entscheidung dann abhängig mache. – «Nein. Du wirst immer irrer im Kopf! Ein Bäcker will Brot verkaufen und ein Chirurg operieren, das hast du doch verstanden, oder?» Natürlich höre ich nicht zu und mache den Termin bei einem Schulterchirurgen, der wie ein Bodybuilder aussieht, sonnengebräunt, gegeltes schwarzes Haar, das straff nach hinten gekämmt ist. – «Also», sagt er, auf meine ausgebreiteten Unterlagen und die MRT-Bilder blickend, «wenn ich das mache, liegt das Risiko für Sie fast bei null. Ich habe die beste Ausbildung auf dem Gebiet der Schulterchirurgie und mache das fast jeden Tag. Überlegen Sie sich das und machen doch gleich bei meiner Sekretärin einen Termin, ... soweit ich sehe, ... gleich nächsten Montag», und schon ist er weg.

– «I would prefer not to.»

Vielleicht aber ist alles, wie bei Calderón, nur Traum.

Glück ist die Abwesenheit von Schmerz. (Früher war es die Anwesenheit von Ekstase und Euphorie.)

Ich kann nicht über Ludwig schreiben. Etwas hält mich davon ab, vielleicht eine (unbewusste) Schuld, vielleicht Mitleid, vielleicht das dunkle Gefühl, sein Leben zum frühen Tod würde sich leibhaftig noch einmal wiederholen, wenn ich es erzählen würde.

Es kann aber auch Mutter sein, die ich schützen möchte, den Schmerz noch einmal im Text zu erleben. Ihr Schrei am Grab meines Vaters hat einen Ort in meiner Seele, von dem aus er wieder und wieder gehört werden kann, wenn ich nur daran denke. Von Ludwig zu erzählen hieße, diesen Schrei wieder hören und ertragen zu müssen.

Aber ist das Erzählen nicht immer eine Verlängerung dessen, das man durch das Erzählen bewältigen wollte – eine Form der Aufbewahrung und nicht des Vergessens?

André ruft an und gratuliert zum Geburtstag. Es rührt mich, dass er daran denkt. Wir kommen auf Mutter zu sprechen, auf die Möglichkeiten des Todes. Aber der Tod ist keine Möglichkeit, sondern Realität. Er stellt sich nur als Möglichkeit dar, weil er seine Stunde nicht nennt. Die Angst vor der Operation wird unerträglich, die Vorstellung der Behinderung danach und langen Nachbehandlung. Was ist Angst? Was richtet sie an? Sie ist ein Riss im Gewebe der Kontinuität, Kontakt mit dem Nichts, das durch die Dinge hindurchscheint. Ich denke an Mutter, die so gelassen über den Tod spricht. – «Er kommt, und schon bin ich weg», sagt sie, als hätte sie sich gerade mit den alten Griechen beschäftigt. – «Weißt du eigentlich Bescheid?», frage ich André, «über die Sache mit Vater?» – «Welche Sache?», fragt er zurück. – «Nein, du weißt es nicht.» – «Was weiß ich nicht?» – «Es ist schon gut», sage ich. Nichts, was heute mehr wichtig sein könnte.

Nun also noch eine Visite, geschworenermaßen die letzte, bei einem Dr. Freudental, den man auch den *Schulterpapst* nennt, weil er auf diesem Gebiet einer der besten sein soll, Präsident vieler Fachgremien ist und auch schon viel publiziert hat. Ich kann mich seiner Autorität, mit der er, immer im Wechsel zu mir und auf den Monitor blickend, die Bilder meiner Schulter kommentiert, nicht erwehren, ahne, dass er jetzt die Macht haben wird, aus meinem Zögern eine Entscheidung werden zu lassen, selbst dessen unsäglich müde, mich noch länger damit beschäftigen zu sollen, ob ich mich oder ob ich mich nicht operieren lasse. Zwei OP-Termine habe ich schon platzen lassen, weil es mir kurz zuvor einfach zu unheimlich wurde – was erstaunlich leicht, mit einem einzigen Anruf in einer Vermittlungszentrale, zu regeln war; die Krankenhausmaschine läuft in einer Weise diszipliniert, dass kurze Ab- oder Zusagen sofort kompensiert werden können und keine Lücke im System hinterlassen, keinen Ausfall an Zeit und Profit. Dr. F. nun spricht von einer Massenruptur, an der drei Sehnen beteiligt sein sollen, und einem «sehr großen Loch» in der Rotatorenmanschette, die komplett zu rekonstruieren sicher nicht mehr gelingt. Aber Schadensbegrenzung, die rät er dringend, und auch dafür bliebe nicht mehr viel Zeit. Die einzige Alternative wäre dann nur noch

185

eine Prothese, – aber in Ihrem Alter?, und mit Ihren Ansprüchen an Ihren Körper? So dramatisch hat es kein anderer vorher gesehen, und warum sogar zwei Ärzte – und beide pensioniert (also frei von Wirtschaftsinteressen) –, nicht einmal bestätigen konnten, dass überhaupt ein Riss vorliegt, bleibt mir ein Rätsel. Jetzt tritt Dr. F. auf mich zu und beginnt, meinen Arm in Regionen zu bewegen, die schmerzhaft sind, um mir praktisch zu demonstrieren, dass er genau das operieren möchte und dass es ohne Operation nichts mehr wird. Dabei streichelt er mir fast zärtlich über die Schulter, als wäre sie schon sein Eigentum, in das er sich augenblicklich verliebt hat, und in seinem Blick auf die glatte Haut und die gut trainierten Muskeln (die dennoch gerissen sein sollen?, ... was kein Verstand mehr versteht) spiegelt sich seine ganze große Lust auf einen Eingriff. Blitzartig verstehe ich, dass es eine Obsession für ihn ist, wenn er etwas öffnen und schneiden und wieder verschließen kann, und dass er ein starkes, libidinöses Verhältnis zu seinem Objekt unterhält, am Körper, *als Fleisch* betrachtet, etwas verrichten zu können. Und das war bei allen andern vor ihm sicher so ähnlich. – «Gut», sage ich, als würde ich ihm jetzt einen Gefallen damit tun und etwas schenken, was der Jungfräulichkeit eines Mädchens entspricht, «dann, bitte, operieren Sie, und so bald wie irgendwie möglich.»

Jede Operation ist eine Leugnung des Todes.

Angst ist Leiden an Freiheit.

Die Liebe meines Vaters zu seinem Hund

Gleich nach der Wende kaufte sich Vater einen Hund, den er meiner Mutter zu Weihnachten schenkte, um ihn dann selbst zu besitzen. Es war ein junger, kleiner, höchst nervöser (ich würde sagen: *neurotischer*) Pekinese, der aus einem Tierheim kam und von dessen Vorleben nichts bekannt geworden war. Ich fand, dass er einen dummen Blick und eine zu platte Schnauze hatte, als wäre er schon hundert Mal aus dem Fenster im zehnten Stock auf die Straße gefallen, und dann ließ er andauernd Hinterluft ab, die einen Gestank nach sich zog, dass man nur noch weglaufen konnte. Wie Vater diesen Hund liebt, dachte ich einmal, als ich ihm dabei zusah, wie er ihm sanft übers Fell strich und dabei von seinem nun schon fünf Tage anhaltenden Durchfall erzählte, der ihm die allergrößten Sorgen bereitete, so, dachte ich, wäre ich auch gern geliebt worden. Nichts ging über das Wohlbefinden des Hundes, mit dem er mehrmals am Tag auf die Straße ging und später zur selben Zeit ins Bett. Es gab eine so innige Verbindung zwischen Vater und diesem in Anfällen von Erregung dauerkläffenden Pekinesen, der, so Vater, eine schwere Kindheit gehabt hatte und nun gute Pflege und Verständnis brauchte, dass sich alle anderen Verbindungen dem unterzuordnen begannen. Das Tier war viel zu schlau, um das nicht zu spüren und sein Verhalten daraufhin auszurichten – immer wieder bellend und jaulend, weil er noch gestreichelt und beachtet sein oder etwas zu fressen haben wollte. Vater sagte Verabredungen ab, weil der Hund *nicht allein bleiben konnte*, und einmal war es sogar eine Busreise nach Prag, die er nicht antrat, weil der Hund *das Tierheim verweigerte*. Es war eine Abhängigkeit entstanden, in der sich die Positionen von Hündchen und Herr permanent verschoben und Vater zum Sklaven seiner Tierliebe machten. Wenn ich kam, ließ der Hund eine Pfütze unter sich ab, die Vater seiner hohen Sensibilität zuerkannte, weil er sich an mich *erst noch gewöhnen müsse*. – «Du bist zu selten da», sagte Vater, «er hat sich deinen Geruch noch nicht gemerkt.» Das tat mir dann leid, und ich sagte im Ton der Ironie, den Vater nicht mehr herausgehört hat, vielleicht könne ich ja auch etwas von mir hinterlassen, damit der Hund sich besser gewöhnen kann. Dem folgte ein Vortrag über die Hochbegabung der Hunde im Allgemeinen, vor allem aber seines Hundes, was Geruchssinn und Gedächtnis betrifft. Als der Hund schließlich starb, hatte Vater einen ersten Anfall von Verwirrung und Desorientierung, der auch der Beginn seiner Demenz war. *Vater war krank.*

Der Prozess des Erinnerns lässt eine lineare Erzählung nicht zu. Allein so, Wiederholungen eingeschlossen, können sich Spuren bilden, die auf eine Bedeutung verweisen. Ich treibe meine Sprache bis dorthin voran, wo sie sich vollkommen freigibt.

Das Erzählen findet auf einer zweiten Ebene von Wirklichkeit statt; es *verwirklicht sie*.

Im Zimmer meiner Oma roch es immer nach Essen. Vor allem in der kälteren Jahreszeit, in der sie das Fenster nicht öffnen und den Raum lüften konnte. Ihr Zimmer war niedrig und klein, es standen zwei über Eck gestellte

Liegen darin, auf deren einer, mit Blick zur Eingangstür, sie schlief, davor ein ovaler Tisch aus den Fünfzigerjahren, ein Kleiderschrank, den ich ihr irgendwann einmal gestrichen habe, weil er so geschunden aussah, worauf mein Vater nur sagte: «Dann mach doch gleich noch einen Henkel daran, damit du ihn besser wegwerfen kannst!», eine Vitrine mit Gläsern aus ihrem ersten Hausstand in N. und zwei Stühle, die zu hoch für den Tisch gewesen sind, sodass wir uns immer die Bäuche einquetschten, wenn wir bei ihr waren und aßen – am liebsten Eier in Senfsoße mit Kartoffelmus. Das konnte niemand besser als sie, und wenn es ein guter Tag für mich war, gab es nach der Schule mein Lieblingsessen. Oder sie fragte, was ich heute gern möge, und sagte dann mehr zu sich selbst: «Mostricheier, ich weiß schon Bescheid.» Angrenzend an dieses kleine Zimmer, in dem sich alles abgespielt hat, was den Alltag betraf, waren eine winzige Diele, in der man sich kaum umdrehen konnte, eine Küchenzeile mit Kühlschrank und einem elektrischen Zweiplattenherd, auf dem sie alles gleichzeitig kochte, und das Bad, das aus einer Nasszelle und dem Toilettenbecken bestand. Die Architekten, die sich solche Wohnungen ausgedacht haben (oder ausdenken mussten), hätten hier selbst einmal einsitzen sollen, die, als Einzimmerapartment vermietet, kaum größer als 25 m^2 gewesen sein dürften (und die zu bekommen in einem der gerade fertiggestellten Neubaublocks am Ende der Siebzigerjahre noch so etwas wie *Glück gehabt* hieß). Meine Eltern lebten, noch lange mit meinen Geschwistern und später allein, auf demselben Stock gegenüber, drei oder vier Zimmer, ich weiß es nicht mehr, und dass es zu dieser komfortablen Nähe zwischen ihnen und Oma kam, die nun allein leben sollte, war sicher der beruflichen Stellung meines Vaters zu danken (der wegen Omas Verwandtschaft im Westen immer mehr Ärger bekam). Oma als erste Anlaufstelle aller privaten Kümmernisse eines jeden in der Familie blieb also erhalten, nur trennte sie von uns, mich bereits ausgenommen, nicht mehr nur eine Tür zu ihrem Zimmer innerhalb der gemeinsamen Wohnung wie vorher am Altmarkt, sondern ein Hausflur und zwei zu diesem Hausflur führende Türen. Das war weniger physikalisch als vielmehr symbolisch ein gewaltiger Unterschied, eine Art Grenze und neutrale Zone, die nun zwischen unserer Familie und ihr lag; für meinen Vater, der diese Distanz haben wollte, eine Verbesserung; für meine Mutter, die, sobald sie nichts mehr im Haushalt zu tun hatte oder um sich kurz auszuruhen und einen Kaffee zu trinken, um dann weiter zu putzen und zu fegen und zu bohnern, immer bei Oma verbrachte, ihr gegenüber auf dem Sofa sitzend, eine Verschlechterung; Oma selbst, nehme ich an, empfand es wie eine Abschiebung ... vonseiten meines Vaters, und wie eine Trennung ... von meiner Mutter. Von den beiden Bildern an der Wand – ein Comicposter der ungarischen Kultserie *Arthur hilf!* im Fernsehen der D.D.R. und *Abendlandschaft am Meer* – habe ich schon erzählt. Nicht erwähnt habe ich die Gipsplatte neben der Eingangstür, wie sie Vater, wann immer er Zeit dafür fand, in seinem Hobbykeller ausgegossen und dann kunstvoll bemalt hat; hier war es ein Flamingo im Teich, das eine Bein angewinkelt und mit Blick auf einen sich im Wasser spiegelnden Mond. Warum es mir jetzt einfällt, weiß ich nicht; es ist ein so unvorhersehbares Auftauchen und wieder Verschwinden von Bildern und Wörtern im Fluss des Erinnerns, wie ein Strom, der so viele Dinge mit sich reißt, von denen man die meisten nicht sieht, dass ich immer wieder überrascht bin, was sich plötzlich in einem inneren Kosmos des Sehens alles ereignet, was Wichtigkeit erlangt, obgleich es einem vorher so nebensächlich, so unwichtig und banal erschienen war. Vaters Gipsplatten, die ihn als einen *Künstler* zeigten, oder wenn nicht gleich das, so doch als einen musisch begabten und den bildnerischen Künsten zugewandten Mann (von dem meine Großmutter gesagt hätte, sie habe ihn *ästhetisch erzogen*), ... Vaters Gipsplatten waren legendär in der ganzen und vor allem seinerseits großen Familie. Irgendwann hatte jeder mindestens eine in seinem Besitz, die Großeltern, die Onkel und Tanten, wir sowieso, und eben Oma, die keinen anderen Platz dafür fand als diesen einen neben der Eingangstür. Sie hatte einen Riss, der quer über das Bildmotiv lief, weil sie ihr einmal aus den Händen und heruntergefallen war – aber sie war nicht gebrochen und hing noch immer fest an der Wand. Der Riss, der durch die Gipsplatte ging, so fein wie eine Linie, die nicht mehr zum Bild passt, war vielleicht, im Leben meines Vaters, meines Vaters Tragödie: gespalten zu sein zwischen dem, was er wurde, und dem, was er war. Aber zurück zu dem Satz: *Im Zimmer meiner Oma roch es immer nach Essen.* Obwohl so wohnlich beengt und mit dieser winzigen Küche, kochte Oma im Grunde für die ganze Familie, für uns Kinder, wenn wir aus der Schule kamen, für Mutter, die abends keine Lust mehr hatte, warmes Essen zuzubereiten – Vater hatte ja seine Kantine im Kriminalamt –, und für sich selbst (und das waren dann meistens die Reste). Ihre hauptsächliche Arbeit war *kochen*, oder, dem Kochen verwandt, sich um *die Ernährung* zu kümmern. Immer war etwas da, wenn man zu ihr kam, immer stand etwas bereit, und diese Verfügbarkeit *von Nahrung* war ihre Art, Liebe zu zeigen und uns in dieser *Ernährungsliebe* anzusprechen, aufzunehmen, und vielleicht sogar, wenn man es abstrakter betrachtet, *einzuverleiben*. Jeder konnte essen, was und so viel er wollte, und am Ende, nachdem man schon ein- oder zweimal Nachschlag genommen hatte, sagte sie immer noch: «Iss doch noch etwas! Du hast doch gar nichts gegessen!»

Etwas in mir ist wie meine Mutter geworden.

Überall Schmerzen, deren Hintergrund die Angst ist, an den Schmerzen meiner Mutter zu leiden. Aber es sind auch die Schmerzen meines Vaters, durch den das Land zu mir sprach.

Die fließenden Übergänge von Sprache, Wissen und Körper, über die ich schon so viel nachgedacht und geschrieben habe, sie sind für mich selbst nicht zu erkennen. Ich verstehe es nicht, was mir mein Körper erzählt, ich ahne es, habe Vermutungen, interpretiere, aber letztendlich weiß ich es nicht. So laufe ich von Arzt zu Arzt, weil es die Schmerzen ja gibt, die zerstörte Schulter, das Unwohlsein, die Müdigkeit, und dann erwarte ich eine Antwort und weiß doch sehr wohl, dass ich selbst die Antwort bin, dass ein Rätsel die Antwort ist.

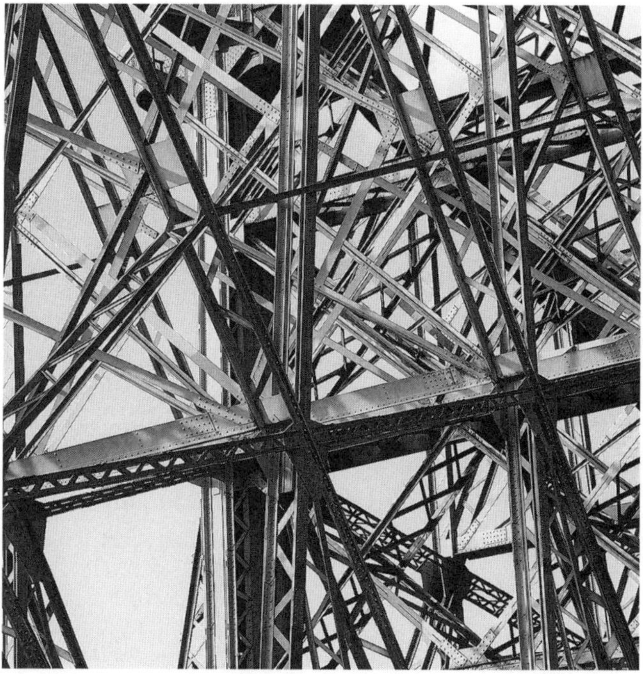

Der Schnitt in den Körper

So bin ich auch bis zum heutigen Tag unentschlossen, ob ich mich operieren lassen soll. Wäre ich Arzt, ich würde mich selber nicht gern zum Patienten bekommen. Ich empfinde mich, in meiner subalternen Wehleidigkeit, meiner Ängstlichkeit und Begabung zur apokalyptischen Fantasie bisweilen selbst als unerträglich; ich möchte mich so nicht; ich liebe mich so nicht; ich nehme mich so auch nicht an. Es ist dies die andere Seite eines Vermögens zur Reflexion, zur Analyse, zur produktiven Empfindsamkeit, es ist *die andere Seite meiner Texte*, es ist, nehme ich an, meine innere Mutter.

– «Der Doktor Freudental muss warten! Ja, ich habe ihm meine Schulter versprochen, stimmt. Aber nicht gesagt, wann. Vielleicht doch besser erst nach meinem Tod?»

Ich sehe einen Zusammenhang zwischen den Ereignissen der verletzten Schulter, meiner familiären Recherche in Dresden, einer mich immer wieder zurückwerfenden Schreibblockade, die daran arbeitet, einen Text *nicht zustande zu bringen*, und der mir selbst unerträglichen Entscheidungsunfähigkeit und Ambivalenz.

Das Für und Wider, Ja oder Nein zur Frage einer anstehenden Operation, das hysterische Draußenherumlaufen, das nur eine fortwährende Flucht vor mir selbst ist, dieses ganze System einer Verschiebung vom psychogenen in einen somatogenen Bereich kommt mir jetzt vor wie eine nachgeholte Identifizierung mit dem Leiden der Mutter, eine unbewusste Übereinkunft und Verschmelzungsfantasie, wo es den Vater nicht mehr gibt, der das bis zu seinem Tod vor vier Jahren unmöglich machte (denn er war da, wo ich sein wollte, er behielt und besetzte *den Platz*).

Spiegelland war, wenn ich es aus dieser Position noch einmal lese, der Versuch, ihn in der Schrift von diesem Platz zu vertreiben und mich an seine Stelle zu setzen; ein ganz und gar unbewusster Strom, der hier den Bewegungen des Textes unterlaufen sein könnte – eine vage Vermutung, gewiss. Aber immer war es Vater, auf den sich mein kritischer Blick gerichtet hat, mein Zorn und meine Verzweiflung übertragen; aber er war, wenn ich die Fotos meiner viel zu frühen (ersten) Hochzeit oder anderer familiärer Anlässe betrachte, *da*, und meine Mutter *war nicht da*. Irgendein Ort in mir *ist leer* und muss wie in einem Zwangsritual immer wieder neu aufgefüllt werden.

Dresden kann für mich keine Stadt sein, sie ist ein familiärer Topos, ein Kraftfeld der Zeiten und Ereignisse, ein System der Kränkung und der Enttäuschung, wie es mich in jungen Jahren bis zu meinem Weggang nach Leipzig und von dort in den Westen begleitet hat; und diese Maschine arbeitet, sobald ich die Fabrik betrete, in der sie immer noch steht. *Ich bin es*, der Dresden nicht zulässt, die Bilder sind es, die sich hinter den Bildern der Gegenwart öffnen und durch die hindurch sich jedes Erlebnis verfärbt.

Dann geht alles dermaßen schnell, dass ich gar keine Zeit mehr habe, meine Angst noch länger zu kultivieren.

Mona fährt mich früh um halb sieben in die Klinik, in der Doktor Freudental gleich seinen Dienst beginnen wird. Ich habe nicht geschlafen und freue mich auf nichts anderes, als bald schlafen zu können. – «Ja, Sie sind gleich der Erste, der Doktor ist auch schon da. Er ist der Beste auf seinem Gebiet, glauben Sie mir.» Ich bin zu schwach, um irgendetwas zu sagen, und denke nur, *auf seinem Gebiet*, das ist ja wohl *meine Schulter*. Zwei Spritzen, und schon bin ich schmerzfrei und sediert, liege nackt, fast nackt, vor Gott, zu dem ich jetzt bete, aber ohne zu glauben.

Ich träume, dass ich träume, dass ich träume. Wir sind in einer Art Sporthotel, massiver Zweckbau der Dreißigerjahre, vielleicht das KDF-Bad Prora auf Rügen, mit Mona, die es fotografiert. Was nun lange schon angekündigt war, trifft in dieser Nacht ein – die Welt geht unter. Dennoch herrscht eine kaum zu verstehende Gelassenheit zwischen uns, Mona und mir, den etwas gelangweilt herumschlurfenden Hotelgästen mit ihren locker über den Schultern hängenden Badetüchern, die als Eigentum der NVA gekennzeichnet sind und mich an frisch geschossene Hasen erinnern, wenn sie, an den Füßen zusammengebunden, den Rücken des Jägers bedecken, und einigen prominenten Fußballspielern der deutschen Nationalmannschaft, die sich warmlaufen, weil sie gleich im Finalspiel um die Fußballweltmeisterschaft ihren Auftritt haben werden, die Stufen und Gänge der Hotelanlage im Hampelmannschritt herauf und herunter, herunter und herauf, «ein bißchen wie Idioten», sagt Mona. Dann beginnt das Haus zu erzittern, der Boden schwankt, das Licht flackert und geht zeitweise aus. An der Fensterfront ziehen schwarze Wolken entlang wie tief heran-

fliegende Bombergeschwader, die Blitze häufen sich, der
Donner wird lauter, der Untergang kündigt sich an. Ich
nehme Mona in den Arm und sage, dass wir uns einen
Raum suchen sollten, in dem wir zusammen allein sein
können und so von dieser Erde gehn. Mona ist erschöpft
und stolpert zu Boden. Ich trage sie, trotz meiner furchtbaren Schmerzen im Arm, wie ein Kind, das die Dunkelheit fürchtet. Mona ist jetzt so jung, wie sie war, als wir
uns vor dreißig Jahren kennenlernten, so jung und so
schön. Ich bin so alt, wie ich bin und niemals werden
wollte. Wir finden einen alten, stillgelegten Tanzsaal mit
verschmutzten Barockspiegeln voller blinder Flecken
und einem Kronleuchter aus Kristall, der immer noch
ein mattes, schwaches Licht abwirft, das durch Effekte
der Spiegelung von Blitzen entsteht. Ein Perserteppich in
der Mitte, wie ich ihn von meinen Dresdener Großeltern
kenne, in der Anton-Graff-Straße, die nur zur Hälfte
noch steht und dann in die Trümmer des Krieges übergeht, Schutt, so weit das Auge reicht. Großmutters Hund
streunt bellend zwischen den Steinen und aufgetürmten
Abfällen aus Holz und Metall herum. – «Deshalb», sagt
Großmutter, «ist dein Vater Polizist, damit sich das nie
wiederholt, so ein Krieg.» Dann ruft sie ihren Hund zurück, damit er sich keine Zecken einfängt, die sie dann
mühsam zu entfernen hat. Ich möchte Lena küssen, die
neben uns geht. Sie ist dreizehn, ich bin fünf oder sechs,
sie hat Brüste, ich keinen Schwanz, jedenfalls keinen,
außer zum Pinkeln. Lena wohnt im selben Haus meiner
Großeltern, wir spielen im Hof, wann immer Zeit dafür
ist. Ich weiß, dass ich verliebt in sie bin, weil ich immer,
wenn wir uns sehen, diesen Wunsch, sie zu küssen, verspüre. Großmutter fragt mich, ob ich, wenn ich an Lena
denke, mich selber berühre. Sollte ich es tun, sagt sie

weiter, würde mir die Hand abfaulen. Nicht gleich, nicht im selben Moment, aber später, langsam und unaufhaltsam, eine Fäule, die dann nicht mehr rückgängig gemacht oder in irgendeiner Art und Weise medizinisch versorgt werden kann. – «Gott», sagt sie, «hat alle Zeit dieser Welt, seine Strafe einzufordern, er kann warten, er kann dich das machen lassen, zweimal, dreimal, diese stinkende Schweinerei, während du an Lena denkst, aber dann, eines Tages, holt er dich zu sich und hält Gericht.» Ich erzähle es Mona, dass ich gerade an Lena denke, an Großmutter und an Dresden der Sechzigerjahre, «aber das macht nichts», sagt sie, jetzt geht sowieso alles unter und wird belanglos. Wir nehmen uns in die Arme, legen uns auf den Perserteppich und denken daran, so umschlungen zu bleiben, bis zur letzten Sekunde. Plötzlich geht ein Licht an, eine Taschenlampe, die uns die Augen blendet, und ich sehe sie nicht, aber erkenne ihre Stimme – es ist meine Steuerberaterin Frau Braun. – «Lieber Herr D.», sagt sie, «ich weiß, die Stunde ist schwer, aber Sie müssen dringend, dringend, eben, weil kaum noch Zeit dafür ist und alles noch durch die Finanzbücher muss, ehe alles in die letzte große Vernichtung treibt, Ihre Steuererklärung für das laufende Betriebsjahr einreichen. Ich habe schon vorgearbeitet», und mit diesen Worten breitet sie eine Reihe von Papieren vor uns am Fußboden aus, die ich jetzt nur noch unterschreiben möchte, blanko und im Vertrauen, dass das alles seine Richtigkeit hat. – «Sie kennen mich ja, Sie wissen ja, wie gründlich ich bin.» Nun beginnt auch das Fußballspiel um den Titel dieser Weltmeisterschaften, Deutschland im Finale gegen Vietnam. Der Torwart sucht noch die Mannschaft und fragt uns, wo und wann genau das Spiel stattfindet. – «Es hat eben begonnen», sagt Mona, «unten, am Platz vor den Tonnen.» Frau Braun sagt, er möge sich beeilen, bei dieser Katastrophenlage, und wie es schon donnert und blitzt, da sei kaum zu erwarten, dass die ganze Spiellänge noch durchgehalten wird. Ich krame ein kleines Heft aus meiner Tasche, auf dem in Kinderschrift *Freundschaft mit Vietnam* steht. Dann sage ich zu Frau Braun, dass ich immer und regelmäßig die Marken geklebt habe, wobei ich das Heft aufschlage und wie zum Beweis die vollgeklebten Seiten zeige, die immer auch pünktlich abgestempelt sind. – «Aber lieber Herr D.», sagt Frau Braun, «das können wir nun wirklich nicht mehr anerkennen nach so vielen Jahren. Sie müssen uns schon die richtigen Rechnungen bringen, Einnahmen, Ausgaben, Gewinn.» – «Ich gewinne nichts», erkläre ich ihr, «meine Arbeit des Denkens bleibt unbezahlt.» – «Und genau das müssen wir belegen», sagt sie. Vom Platz vor den Tonnen dringt lautes Geschrei herauf, einmal jubelnd, dann entsetzt, Vietnam führt sieben zu eins, zugleich sind Sirenen zu hören, weil der Sturm, der nun immer heftiger wird, erste Opfer fordert, erschlagen von Gegenständen, die durch die Lüfte peitschen. – «Die Apokalypse», sagt Mona, «das letzte Wort.» Jetzt sind wir tatsächlich allein, halten uns, küssen uns. Es ist Nacht. Gleich muss es einen Riss geben, und die Welt wird zerfallen. Nun träume ich auch wieder, dass ich träume zu träumen, und eine Hoffnung scheint auf, der Untergang sei abzuwenden, wenn ich nur aufwachen würde. – «Nein», sagt Mona, «das kannst du aber nicht.» Und dann fallen wir, in die Unendlichkeit der Galaxie, die auch die Unendlichkeit meiner Erinnerung ist, fallen und treiben dem Unendlichen entgegen, ins All.

Meine kranke Schulter ist eine Metapher: *Ich kann es nicht mehr (er-)tragen.* Der Schmerz setzt sich fest, bohrt sich ins Gehirn, wird zu einem chronischen Bericht. Die Opiate, die ich zur Nacht nehmen muss, um ein paar Stunden schlafen zu können, verlieren ihre Wirkung – und Dosissteigerung heißt sukzessive Abhängigkeit, größere Nebenwirkungen, Organschädigung. Die Kausalität von Ursache und Wirkung ist gebrochen, der gesamte Rücken ein Schmerzgegenstand, ein Feld der Verwundung, brennend, stechend, reißend, an einem festen Punkt konzentriert oder diffus, dumpf im Fleisch verborgen, wie ein nagendes Tier, das sich langsam durch den Körper frisst. Die Ratte der Geschichte – in meinem Leib. Ich habe vergessen, welcher Art der Schmerz noch vor ein paar Wochen war, vor einem Monat, einem halben Jahr. Erinnerung ist immer an Täuschung gebunden, an spontane Selektion abgelegter Erfahrungsbilder, Verkleinerungen hier, Übertreibungen dort, Erfindung, wo es um kohärente Ordnungen geht, um eine Logik in der Folge von Paradoxien. So auch weiß ich nicht, wie sehr der Schmerz sich verändert hat, ob er stärker oder schwächer geworden ist, ob er mit der Operation überhaupt noch in Verbindung steht oder nicht schon zu einem Phänomen *an und für sich* geworden ist, zu einer eigenen Form der Erzählung. Es kann auch meine Mutter sein, die jetzt zu sprechen begonnen hat, aus meinem Körper heraus. Meine Sätze bewegen sich um sie, auch wenn sie von etwas anderem sprechen, die Sequenzen der Vergangenheit, die ich aufrufen kann, geben mein Begehren frei, *mein Körper ist mit dem meiner Mutter verwandt.* Dann wieder ist es der Blick des Vaters, des gepeinigten D.D.R.-Vaters, der selbst nur war, was er (durch andere) wurde. Nicht das Rückgrat, aber die Schulter brach mir in Dresden.

Schmerz ist eine Demütigung, die größte neben der, in einer modernen (reichen) Gesellschaft über kein Geld zu verfügen und abgehängt, ein sozialer Niemand zu sein. Im Schmerz zieht sich der Körper zusammen, er wird ein einziger innerer Punkt, ein Schrei, der nicht hervorgebracht und sich selbst wieder verlassen kann – eine stete Wiederholung des erstarrten Augenblicks. Der Schmerz zeigt auf etwas, das man ist, ohne es zu sein – Materie, die sich selber auslöscht, so oder so, ob mit oder ohne Metaphysik und Emanationen des Geistes. Und das ist die Kränkung: Du bist immer auch das Gehäuse, die Apparatur deines Körpers, Mechanik. Im Schmerz wird alles das evident, du fällst, auf diesen Punkt, nach innen, siehst zu, wie du dein Umfeld verlierst, weil kein Gedanke, kein Wort, kein Ereignis stark genug ist, dich von diesem Ort des Schmerzes loszureißen. Ich bin in Gesellschaft und doch nur an diesem einen, inneren Punkt. Wie aus einer Ferne dringen die Reden der anderen an mein Ohr, unwirklich und unvereinbar *mit diesem Schmerz*. Ich übersetze, was gesagt worden ist, bringe es auf die Ebene meiner Verfassung, übersetze zurück und sage etwas in die Gesellschaft hinein, das gerade ein anderer gesprochen haben muss, jemand, an den ich mich erinnere und der jetzt nicht hier, sondern irgendwo in einer Landschaft ohne Schmerzen ist.

Nur nicht gefragt werden, wie es mir geht. Keine Auskünfte geben müssen über den Körperzustand, als wäre ich das, was meine Knochen sind. Nicht gefragt werden im Ton eines Mitleids und der süßen Selbstvergewisserung, nicht auch in diesem Schmerz zu sein. Der, welcher nicht im Schmerz ist, überlebt gerade des anderen (sich zeigende) Hinfälligkeit; er genießt, was sich nur dadurch genießen lässt, dass ihr Fehlen bemerkt wird. Schmerz und Hinfälligkeit sind identisch. Der Schmerz ist die symbolische Vorwegnahme der Hinfälligkeit, er kündigt sie an. Das meine ich mit: Der andere kann es genießen, dass er mich überlebt. Ich habe die vielen Tonlagen im Ohr, in denen ich gefragt worden bin und fortwährend gefragt werde, *wie es meiner Schulter geht*. – «Frage doch auch einmal mich, ... wie es mir geht. Ich bin nicht meine Schulter, durch die sich die Ratte der Geschichte frisst.»

Mutter ruft an und will wissen, wie es mir geht. Ihre auf meinem Anrufbeantworter gestrandete Stimme klingt zerrissen und im Unterton klagend. – «Du wolltest dich doch melden, sobald du aus dem Krankenhaus zurück bist. Bin besorgt. Mutti.» Ich fühle mich, durch ihre späte Art der Fürsorglichkeit, auf eine seltsame Weise unter Druck gesetzt, latent erpresst, jetzt, wo ich an sie in der Vergangenheit denke, und empfinde, dass, aus dieser Gegenwart heraus, die Vergangenheit eine andere wird, sich mit einer Gegenwart vermischt, die von anderer Beschaffenheit und Empfindlichkeit ist. Meine Mutter ist nicht mehr meine Mutter, nicht mehr diese Mutter, die in entscheidenden Momenten nicht da war oder da war, ohne wirklich da zu sein. Aber etwas in mir muss sich erinnern, um geheilt, oder wenn auch nicht das, so doch wenigstens verstanden zu werden. Es muss eine Übersetzung geben, von der einen in die andere Zeit.

Subjekte. Objekte

Das Subjekt der Geschichte *ist die Geschichte*. Es irritiert mich ungemein, wie gerade jetzt, im dreißigsten Jahr der «Friedlichen Revolution» (ein Topos, den ich bis heute nicht verstanden habe), darüber gestritten wird, wer am Zusammenbruch der D.D.R. die größten Verdienste hat. Alle wollen es gewesen sein – die Initiatoren des sozialistischen Weltuntergangs, und da könnte ich ja auch gleich noch kommen und sagen: Ich war's! Mein Debüt siebenundachtzig bei Aufbau in Ostberlin, «Zweite Inventur», schwarze, subversive Gedichte, in denen der Untergang naht, das Ende, der große Verfall, woraufhin eine sehr junge und hoffnungsvoll frisch von einer politischen Hochschule ins ZK, Abteilung Kultur, Sparte *Schriftsteller*, auf diesen scharfen Posten gekommene Kulturfunktionärin vor meiner Wohnungstür stand und endlich fragte, nachdem wir *zum Tee so beieinandersaßen*: – «Warum nur sind sie denn so traurig, Ihre Gedichte? Der Autor hat doch alles.» – Ende der Parodie.

Schön wäre es schon, Literatur könnte so unmittelbar die Lage der Welt verändern. Aber sie wirkt auf sie ein und bereitet Veränderung vor – und das ist schon viel. Im Streit um den Einfluss auf die Geschichte, wie er gerade die Medien beschäftigt, geht es aber um alles andere als Literatur, sondern um das politische Vorrecht diverser Gruppen und Parteien auf historische Wahrheit beziehungsweise darauf, sie für sich zu behaupten. Es geht um das Primat der Handlungskompetenz, und das ist eine Frage der Machtverteilung und Sicherstellung eigener Bedeutungspotenziale, die dann gern absolut gesetzt werden. Oft unterschlagen dabei wird die marode Struktur des Systems, das sich am Ende selber abschaffte. Aus einer geheim gehaltenen und noch am 30. Oktober 1989 abgegebenen Wirtschaftsanalyse von Gerhard Schürer, Vorsitzender der Plankommission beim Ministerrat der D.D.R., geht hervor, dass der Staatsbankrott der D.D.R. nicht mehr aufzuhalten war. Hier soll Schürer auch die Idee gehabt haben, schriftlich oder mündlich, das ist nicht überliefert, die Mauer zum Abbau der Auslandsverschuldung, die innerhalb der letzten zwanzig Jahre von zwei auf 49 Milliarden angewachsen war, für harte Devisen an den Westen zu verkaufen. Eine grandiose Vorstellung – aber Menschen wurden ja auch verkauft wie gehacktes Vieh. Warum sollte es den Steinen da besser ergehen? Alles war für den Ausverkauf bereit, und die Ideologie sowieso. Jetzt hieß es nur noch: Wer kommt am schnellsten und am besten / im Westen an. Die Stasi sah mit nichts in der Hand das verlorene Spiel, das eine Weile noch im Pokerfacemodus gespielt werden konnte, im Grunde aber zu Ende für sie war. Und so kam auch die Wende (und hier trifft das Wort wortwörtlich zu): dem Zug der Zeit nicht hinterherlaufen und abgehängt werden, sondern ihn führen (!). Hans Modrow, Erster Sekretär der SED-Bezirksleitung in Dresden, machte es vor, als er sich plötzlich an die Spitze der Montagsdemonstrationen stellte, die mein Vater bis zu ebendiesem Tag als einen Versuch des Klassenfeindes sah, die D.D.R., deren Krisen und Konflikte «nicht auf der Straße gelöst werden könnten», in den Abgrund zu stürzen (in dem sie ja schon angekommen war), um nun orientierungslos geworden und verwirrt zu sagen: – «Wir brauchen dringend Reformen, und die Menschen haben es erkannt!», während sich eine große Übelkeit vom Magen her in mir auszubreiten begann und ich kämpfen musste, um nicht zu kotzen. – «Kann es nicht sein, Mutter, dass letztendlich die Stasi selbst es war (die *Avantgarde*, wie sie ein mieser kleiner Spitzel unter den Ostberliner Jungpoeten allen Ernstes einmal genannt hat, um sich selbst aufzuwerten und sein schäbiges Handeln in Gold auszulegen), die den morschen Laden angezündet hat, um einen neuen zu eröffnen?»

Wem gehört die Geschichte, wenn sie sich nicht selber gehört (?). Das Land war kaputt, und es hat nur einen Windzug gebraucht, einen Schlag des Schmetterlings mit seinem Flügel irgendwo in der Karibik des Kapitalismus, und die Laube fiel um. Ein gestrichenes Adjektiv auf dem Zettel von Günter Schabowski zur Pressekonferenz, in der es um die neuen Reiseregeln der D.D.R. ging, hatte genügt, die Mauer zum Einsturz zu bringen – und das war er, dieser historische Hauch, der zum Erdbeben führte. Eine Implosion, ein Infarkt, politische Natur, die sich selber abschafft.

Vom Verlag 1,88 Euro Tantieme bekommen, abgerechnet die USt v. 19 % = (?) – «Bitte, Schatz, borgst du mir mal deinen Taschenrechner?»

Die vielen Risse im Gewebe des Systems waren der Grund für dessen Scheitern, die nicht mehr ins ideologische Bild passenden Aporien und Elementarwidersprüche – kurz, der Mangel an Sprache, der immer auch ein Diskursmangel ist. Ich habe sehr früh schon auf die Grammatik geachtet, mit der die Macht, nein, nicht *sprach*, sondern das Sprechen verhinderte, denn es war immer auch eine familiäre, biografische Erfahrung, eine Einschreibung ins Innere engster Bindungszusammenhänge, die eine Empfindsamkeit dafür herausgebildet hat (bis zu einer Aphasie in der Kindheit), und in dieser Grammatik waren alle formalen Mechanismen der Ausgrenzung und Unterdrückung, der Bevormundung und Auslöschung des Subjekts schon zu erkennen; man musste nur auf die Sätze achten, auf ihre plump reduzierte Syntax, in der es keine Beweglichkeit der Satzelemente mehr gab, um das System in seiner Erstarrung, seiner zum Tode hin festgefrorenen Existenz zu sehen, die nur mit den hilflosen Mitteln autoritärer Gewalt eine Weile noch am Leben blieb – mehr künstlich als wirklich, mehr simuliert als tatsächlich. Mein Vater war durchdrungen von dieser nicht sprechenden Sprache der Macht, von diesem kalten, notorischen Schweigen, obgleich irgendwo irgendwer sprach, dass ich ihn mir heute nur als einen tieftraurigen, einsamen Mann denken kann, der für kein Gefühl einen Ausdruck hatte und für keinen Gedanken eine eigene Form. Sein emotionales «Nun pass aber auf!», wenn er eine besondere Empörung verspürte und ihr mit dieser Ankündigung, der dann nichts mehr folgte, Kraft und Gewicht geben wollte, ist schon die rhetorische Hohlform dafür, *dass die Worte fehlten* oder nicht fehlten, sondern stumpf geblieben sind, leer und ohne Anschluss an einen Sinn. In dieser tragischen Konstellation, in einer Sprache ohne Sprache zu leben, konnte es nur eine Frage der Zeit sein, dass dieses steife Systemgewebe reißt. Und die Sprache, deren subversive Funktion in dem Generalverdacht bestand, immer etwas mehr auszusagen als das, was gesagt werden darf, war die Schere, die das Gewebe zerschnitt.

... Und die Dichter waren die Scherenschleifer (!).

Nun aber ist die Geschichte kein Sprachspiel, auch wenn sie, auf der Ebene ihrer Zeichen, eines ist. Ihre Physis, ihre Atmung, ihr Verhältnis zur Zeit wird zur Matrix einer Körper- und Bewusstseinserfahrung, wie sie der Einzelne, an sie gebunden und in sie gefallen, «geworfen», wie Heidegger meint, im Prozess seiner Selbstentfaltung macht. Äußere und innere Linien greifen ineinander über, Subjekt und Geschichte verflechten sich und bilden einander ab, die Sprachlosigkeit meines Vaters wird zu jener des Systems, dem er diente, seine Demenz am Ende zu einem politischen Parallelismus, wenn man sie zu lesen versteht. Und so und nicht anders *lese ich mich auch*, als eine Figur, über die ich etwas wissen möchte, weil sie von den Umständen spricht (und der Möglichkeit, sie zu verlassen). – Alles Singuläre hat eine Verlängerung und ist objektiv.

Ob nun Kirche oder Opposition, ob «gewendete» Stasi, die sich manipulativ in die Vorgänge eingeschaltet hat, oder «gewöhnliches» Volk, dem keine höhere Intention mehr zugeschrieben wird und das nach elementaren Bedürfnissen handelt, nach einem oft blinden, primären Instinkt – mehr oder weniger haben sie alle einen Anteil daran, dass es zur Abschaffung der Verhältnisse kam und zur Gruppenfahrt in die letzte, große Grube; selbst die Bonzen im Staats- und Parteiapparat, deren Borniertheit zu einem kollektiven Desaster wurde und zum Untergang schlechthin, hätten noch ein Recht auf die Behauptung, revolutionär gehandelt zu haben, da sie sich selbst im Wege standen und genau darüber stürzten; Subjekt aber ist keiner (ohne den anderen) allein. Das

Geflecht der Widersprüche in seiner letzten Gestalt ist der Grund aller Gründe, dass es zum Niedergang kam, ihr aporetisches, inneres Wesen, in dem wir alle zu Statisten werden, zu Handelnden, die gehandelt worden sind. Ich weiß, wie unschön das klingt und wie sehr ich dafür kritisiert werden werde, aber es schmälert nicht die Verdienste derer, die verdienstvoll gehandelt haben – es wertet sie gerade dadurch, dass ihnen eine große Ohnmacht beigegeben ist, die Ohnmacht nämlich, immer auch verstrickt mit dem Gegenteil zu sein und mit Effekten über das Erkennbare und Verstehbare hinaus, auf (!).

Umso trauriger ist es und umso schäbiger auch, wenn die Symbole gestohlen werden, die für jenen politischen Wandel stehen, für den es den gebräuchlichen Topos von der friedlichen Revolution gibt, gestohlen und neu kontextuiert wie in einer Collage im Satiremagazin. Der Montag als der Tag der Straßenproteste in Leipzig, Dresden oder Berlin ist historisch eingeschrieben und in seiner Bedeutung nicht teilbar. Ebenso die Metapher: «Wir sind das Volk» – inklusive ihrer Ironisierung: «Und ich bin der Volker», jener grandiosen Paraphrase darauf, dass am Ende die Komödie triumphiert, der komische Held, den die Zeit über sich selbst stolpern lässt. Pegida, die man, so seine Erklärungs- und Deutungssekundanten im tendenziell rechten Milieu, als *Notgemeinde* und schwarzes soziologisches Loch verstehen soll, das aus- und hochkochen lässt, was alles nicht stimmt «im Staate Dänemark», um es hier kurz und mit Shakespeare zu sagen, Pegida und ihr siamesischer Zwilling, die AfD, sind Meister darin, Symbole zu stehlen und für Zwecke einzusetzen, für Inhalte, die gänzlich andere sind als jene, für die sie einst gestanden haben (und im Gedächtnis der politischen Kollektive noch stehen). Das Herauslösen und Einfügen einzelner Wirklichkeitsteile aus ihrem ursprünglichen Bedeutungskontext in einen neuen, in dem sie ihre Substanz, ihren genuinen Sinn verlieren – in der Internetsprache *copy and paste* genannt –, ist eine Technologie der Wahrheitszerstörung, wie sie in dieser radikalen und professionell durchgesetzten Form noch niemals betrieben worden ist, auch wenn es sie praktisch immer schon gab, seit es Medien und ihre Datenträger gibt. So ist das Inszenierte an die Stelle des Tatsächlichen getreten, wie das Tatsächliche im Inszenierten verschwindet.

Eine rhetorische Figur aber, die immer wieder auf einer Pegida-Veranstaltung auftaucht, beschäftigt mich länger: *Im Widerstand sein*. Wer ist gegen wen und warum im Widerstand? So genau lässt es sich gar nicht herausbekommen, es ist ein Topos an und für sich, eine jedem Inhalt vorweggenommene Grundhaltung – man könnte auch sagen: ein Trotz. Der Redner wirft irgendetwas der Menge vor die Füße, und sie skandiert sofort: «Wi-der-stand! Wi-der-stand! Wi-der-stand!» Gemeint sind dann entweder die «Lügenpresse» oder die «Rautenpolitik» von Frau Merkel oder die «Messerstecherkultur» der Migranten, eine leere Substitution, die unendlich fortlaufen kann. Hauptsache *Widerstand*! Darauf warten sie – einen Anlass zu haben, um im Widerstand zu sein, der indessen keinen substanziellen Grund finden kann, keine Form der Zuweisung, die nicht auch austauschbar wäre. Genau diese Labilität aber, diese Leerstelle im Diskurs, ist eine Gefahr, weil sie aufs Übelste instrumentalisiert werden kann – und ja auch wird. Zweitens, und das finde ich noch erschreckender, haben wir es mit einer Affektverschiebung zu tun, die von den verdrängten oder verleugneten Objekten (der nicht mehr ansprechbaren D.D.R.) so weit abgerückt ist, dass wir sie nicht mehr erkennen. Die Beliebigkeit der Tatsachen, gegen die rebelliert wird (oder in rüdester Weise gemotzt), führt eine zweite und tiefer liegende Intention vor: die eines pauschalen Dagegenseins; nicht wie Bartlebys «Ich möchte lieber nicht», das ja ein System aus seiner eigenen Logik heraus kollabieren lässt, sondern eher wie die leere Negativität eines Oblomow, dessen letzter Sinn des Lebens sein Mittagsschlaf ist. Genau diese Metonymie aber, *Widerstand* als die große Geste der Freiheit mit *Mittagsschlaf* zu übersetzen, regt mich so wahnsinnig auf.

Im Widerstand gingen die Menschen 1989 auf die Straße, 1968 in Prag oder in Berlin 1953. Im Widerstand waren wir gegen unsere Väter, war eine Kunst und Literatur jenseits der politischen Vereinnahmungen, war Pfarrer Brüsewitz, als er sich 1976 in Zeitz selber verbrannte, um auf die politischen Missstände in der D.D.R. hinzuweisen. Was aber für ein Widerstand soll es sein, im Begleitschutz der Polizei am gestohlenen symbolischen Montag einen Kreis um den Dresdener Altmarkt zu laufen, despektierliche Transparente zu schwenken, die im spontanen Exzess auch zum Mordaufruf werden, und Reden anzuhören, die in ihrer Wirklichkeitsverdrehung und falschen Zeichenbesetzung genau das tun, wogegen sie agitieren? Dieser Widerstand kostet nichts, riskiert nichts und bedarf keiner Energie außer der, die man für einen Spaziergang benötigt; er ist keiner. Widerstand braucht ein Objekt, das affiziert werden kann, eine Ge-

genposition, ein Gesetz, das er nicht einhält. Die Demokratie ist ein zu schwacher Vater dafür, das ist vielleicht ihr Defekt; ihr nun aber Autorität vorzuwerfen, wie wir sie aus der D.D.R.-Zeit kennen, ist nicht nur sachlicher Unsinn – immerhin wird ja alles gedruckt und gesendet und auf allen Kanälen bestens verteilt, was vorgibt, eben das nicht zu können –, es *erschafft*, was es braucht, um existent zu werden: Autorität. Im Grunde muss die D.D.R. wieder her, um das alles nachzuholen, was einmal verpasst worden war: Nein zu sagen und im *wirklichen* Widerstand zu sein. Es ist eine Menge nachgeholter Mut dabei, jetzt auf die Politik einzuschlagen und damit die Bonzen der SED zu meinen. Natürlich gab es den Mut der Masse im Herbst neunundachtzig, aber wie viele Jahre der Unterwerfung im Leben der Sklaven gingen diesem Ereignis voraus? Wie viel verdrängte Wut, Lüge, verlorene Zeit? Ist darüber getrauert worden? Ist die Scham abgebaut, die entsteht, wenn man sich seiner eigenen Lügen gewahr wird? Und ich glaube auch nicht, dass die Pegidamitläufer von heute irgendetwas mit den Empörten der Straße von damals zu tun haben, sondern vielleicht sogar auf einer anderen Seite standen, der Nomenklatura und Privilegien; diese Verbitterung, das heute nicht mehr zu haben, hätte mein Mitleid nicht.

Die größte Demütigung, an die ich denke, wenn ich daran denken muss, ist die der verweigerten Bildung. Es gab diese Initiation Prag '68, die mich zum Lesen, zum Nachdenken, zum Widersprechen brachte; wir, die «verkommenen Subjekte», wie mein Vater es sagte, weil sein Sprachschatz etwas anderes als Ein- oder Ausschluss nicht hervorbringen konnte, wir, die Söhne der Funktionärseliten im Dresdener Beamtenmilieu, die in den Kellern ihr Leben im Nullzustand probten, im Provisorium der Erwartungslosigkeit, mit Hesse, Nietzsche und Freud, die ich in noch sehr jungen Jahren allesamt las, atemlos, erregt wie bei einem Geschlechtsakt, die entfaltete Welt im Schatten der kleinen, muffigen D.D.R., die geheime Botschaft der Bücher, die Orte der Flucht, *Widerstand* (wie ich ihn gern, siehe oben, freihalten möchte in seiner Substanz), wir, deren Zukunft ohne Zukunft war, weil wir irgendwann damit angefangen haben, was seinen Abschluss erst finden konnte, als alles vorbei gewesen ist: *Nein zu sagen.* Der eine lauter als der andere, mutiger, entschlossener – aber gesagt hat es jeder, von uns, dem Gegenteil der F.D.J. (ausgeschrieben «Freie Deutsche Jugend»).

Vielleicht ist das mein Misstrauen, dass es die stumpfen Parteigesichter sind, die sich damals dem Staat an den Hals geworfen und Karriere gemacht haben und heute den alten Zeiten nachtrauern, wenn sie montags Punkt 18.00 Uhr auf dem Altmarkt erscheinen und sich gegen alles und jeden im «Widerstand» fühlen, deren tieferer Grund ein Machtverlust ist. Laut einer Umfrage des Instituts für Demoskopie Allensbach geben 38 Prozent der AfD-Wähler an, die Verhältnisse in der DDR seien vor der Wende 1989 *doch recht erträglich gewesen.* Unter den Wählern der Linken, hier zum Vergleich, sagen das nur 16 Prozent. Nun wird es auch andere Leute mit anderen Motiven geben, bei Pegida mitzumarschieren, wirklich Abgehängte, Gedemütigte, wie mein Bruder einer war, Ludwig, dessen Lebensgeschichte eine Versagensgeschichte im wiedervereinten Deutschland ist, ein Symptom aller Mängel und Fehler im neuen System (das «neu» nur für den Osten war und deshalb so beladen mit Illusionen und ihrer Ent-/täuschung; aber was haben die Menschen denn gedacht, dachte ich oft, was und wie der Kapitalismus ist? Haben sie wirklich geglaubt, die Gurke sei eine Banane, wie jene «Zonen-Gaby im Glück» auf dem Titelblatt der «Titanic» vom November 1989?). Aber dann sehe ich wieder ein gut genährtes Wohlstandsproletariat, dem es besser geht als jemals zuvor und wie es seine Wäsche hereinholt, weil ein Fremder zu nah an ihren Gartenzaun kommt, und fühle mich entmutigt, noch länger nach Erklärungen des Unerklärlichen zu suchen, des *Phänomens*, das in sich selbst paradox bleibt.

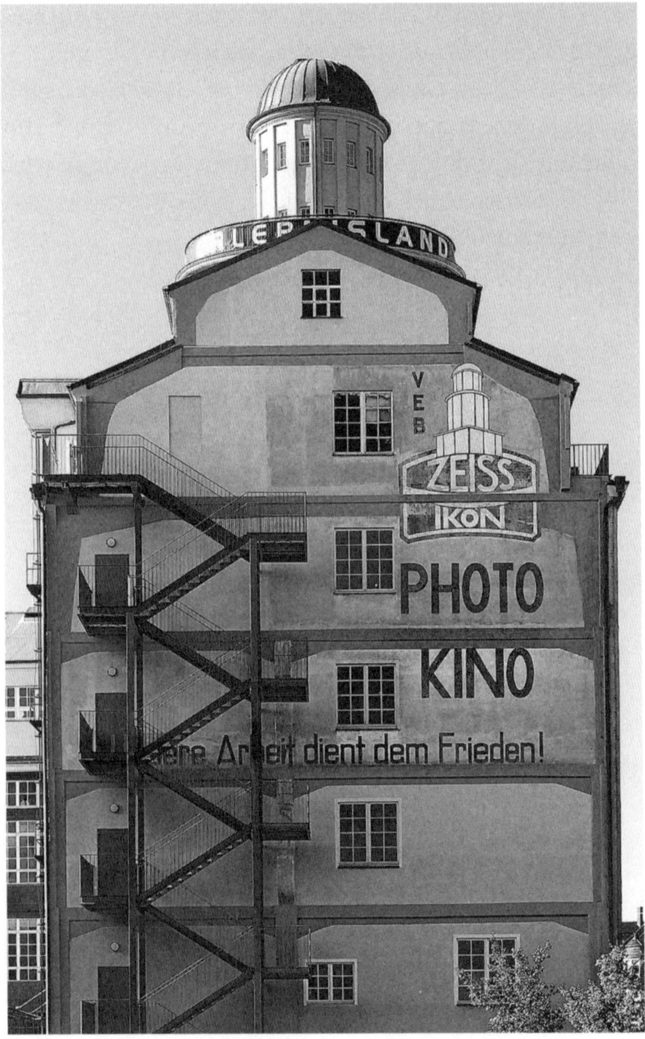
VEB
ZEISS
IKON
PHOTO
KINO
dient dem Frieden!

In den Fabriken [1]

– «Solange du deine Einstellung zur Gesellschaft nicht änderst und besser auch in Fächern wie Staatsbürgerkunde wirst, es wird mir ja berichtet, was du da für wirres, imperialistisches Gedankengut äußerst, Freud, wer war denn das, aus dem Westen. Ich meine, deinen Vater schätzen wir sehr, und ihm zuliebe haben wir schon viele Augen zugedrückt. Aber auf die Oberschule, mit dieser Haltung? Da müssen wir ja auch die anderen Schüler, die strebsam sind und etwas werden wollen, schützen. Dein Einfluss, hier, auf die anderen der Klasse, ist nicht gut, und wäre dein Vater nicht. Aber das weißt du schon alles. Ich kann jedenfalls nichts mehr für dich tun, wenn du jetzt nicht unterschreibst und eintrittst, wie alle anderen auch, die für den Frieden sind.» Und dann legte sie mir das Statut auf den Tisch, auf dem *Freie Deutsche Jugend* stand, daneben ein Antragsformular, und wiederum daneben ein Ausweis mit der Aufschrift *Gesellschaft für Deutsch-Sowjetische Freundschaft*. – «Werde endlich vernünftig! Du bist doch nicht so dumm, dein Leben wegzuwerfen. Bei deiner Herkunft und Begabung.» Es regnete nicht, was ich passend gefunden hätte, aber ein Regen, ein Dauerregen, kündigte sich an. Ich schaute aus dem Fenster und sah in die Wolkenfront, in der eine Bewegung war, als wäre eine Herde schwarzer Schafe irre geworden und liefe nun in Panik ohne Richtung und Ziel auseinander. Dann wieder konzentrierte sich der kleine Ausschnitt am Himmel auf einen Punkt, auf eine schwarze, verdichtete Substanz, die der Form nach wie ein Mensch aussah. Ein kleiner, ein schutzloser Mensch, bis dann der Regen fällt, dachte ich, schreibe ich auf.

– «Kommt, wir hauen ab», sagte Schiller an einem düsteren Novembertag, den wir wie immer am Freitagabend in einem unserer Keller verbrachten, provisorisch hergerichtet mit kaputten Stühlen und zerbeulten Matratzen vom Sperrmüll, ein Tonbandgerät spielte Emerson, Lake & Palmer, alle vier Platten hintereinander, verzerrt und dumpf und in schlechter Qualität, weil die Bänder schon vielfach überspielt und geflickt und beschädigt waren, aber Hauptsache, überhaupt, tranken billigen rumänischen Rotwein, rauchten Karo oder, aus dem Kubanischen Kulturzentrum in Ostberlin zu bekommen, Ligeros, pechschwarzer Tabak, so stark, dass man asthmatische Anfälle bekam, wenn man ihn noch nicht gewohnt war und zum ersten Mal inhalierte, später dann stellte sich eine Verdunkelung der Stimme ein, ein dunkles Röcheln, als hätte man Staub in der Lunge, und mixten unsere Drogen nach einer Rezeptur unseres befreundeten Arztes in der Poliklinik am Fetscherplatz, Dr. Matthias Wendler, Mitte, Ende dreißig, Emerson, Lake & Palmer-Fan wie wir, Literaturleser wie wir, Nietzsche, Schopenhauer, Dostojewski – «na», sagte er immer, wenn ich mir einen Krankenschein holte, um ein paar Tage nicht in die Fabrik zu müssen, und die Diagnose war immer dieselbe – der Magen (!) –, «das neue Kapitel ist fertig?, wir schreiben ein Buch?», Dr. Wendler, die letzte große Rettung in der Idiotenrepublik, ein Gleichgesinnter, ein Freund, Dormutil und Faustan in gleicher Menge, zerrieben zu einem Pulver, das in den Rotwein kam, dazu Kohlecompretten und schwarzer Tabak: Das war unsere Antwort. – «Kommt, wir hauen ab», sagte Schiller, «ich weiß, wo wir im Harz über die Grenze kommen. Den Wartburg von meinem Vater kann ich knacken. Hauptsache weg.» Dann fuhren wir, jeder mit leichtem Gepäck, ich saß hinten und redete nicht und hörte nicht zu, was die anderen sprachen, und las, um nicht auf dieser Welt zu sein. – «Ich weiß nicht mehr, nach welchem Muster die Minen hier ausgelegt sind», sagte Schiller, als wir dann im Grenzgebiet standen und zu Fuß hinüberlaufen wollten, durch einen Kiefernwald über Felder bis an die Grenze und raus, es wäre, sagte Schiller, ganz leicht, ein Kinderspiel, ein Fingerschnipsen, ein einziger, mutiger Schritt. Jetzt aber konnte jeder Tritt mit dem Fuß auf die Erde der letzte sein, Schiller, dieser Idiot, weiß plötzlich nicht mehr Bescheid, wo er doch drei Jahre lang hier auf und ab gegangen ist, als Grenzsoldat noch in der Hoffnung, danach Medizin zu studieren. Wir sahen auf unsere Spuren, die sich ins Moos gedrückt hatten wie ein Text in die Landschaft, und liefen sie, die uns eine letzte Sicherheit gaben, zurück, langsam und schweigend und gedemütigt vom eigenen Versagen und gebeugt von der Angst. – «Dann machen wir eben wieder Action», sagte Schiller, nachdem auch er, der sonst andauernd sprach, lange geschwiegen hatte und durch die nun hereingebrochene Dunkelheit fuhr, die sich wie ein Schleier auf die Felder und Hügel der Landschaft legte und sie zu einem Rätsel vereinte, das mir eine seltsame Sicherheit gab, denn, dachte ich, in einem Rätsel, das nicht gelöst werden kann, wird man auch nicht gefunden. Links und rechts der Allee, die zur Autobahn führte, standen Pappeln, die ich zählte, um mich abzulenken, so sehr ungewiss, was uns erwarten würde, wenn wir wieder in Dresden ankommen. – «Vielleicht», sagte Jürgen, «verhaften sie uns ja von der Stelle weg und schicken uns nach Bautzen.» – «Oder nach Arnsdorf», sagte Schiller, wo es die größte Psychiatrieanstalt in Sachsen gab, in der man sang- und klanglos untergehen und verschwinden konnte, ohne dass je noch ein Hahn nach einem kräht. – «Immerhin haben wir ein Auto gestohlen.» – «Das Auto meines Vaters», sagte Schiller, «das ich ihm ja zurückbringen werde.» Und dann strich er sich durchs lange, lockige Haar, als wäre es damit erledigt und aus der Welt. Schiller war älter und unser Vorbild, und er hatte die längsten Haare von allen, die ihm weit über die Schulter hingen und auf die er stolz gewesen ist wie sein Vater auf den Nationalpreis. Einmal kamen zwei Volkspolizisten, zerrten ihn aufs Revier und schnitten ihm alle Haare ab; da ist er sechs Wochen nicht auf die Straße gegangen, lag krank im Bett und las Dostojewski. Ein Studium hatte er geschmissen und landete im Straßenbau unter rohen, zornigen Arbeitern, die vom Leben nichts mehr erwarteten und den ganzen Tag nur über Fußball oder Fotzen sprachen, wie ich es selbst auch erlebte. – «Da wirst du hart», sagte Schiller, «da hast du endlich keine Zuversicht mehr und keine Hoffnung. Zuversicht und Hoffnung sind das Sedativum der Realität», sagte er, «das uns vergiftet und abhängig macht, durch das wir korrumpierbar sind.» Und tatsächlich hatte ich niemanden gekannt in dieser Zeit, der so wenig Angst gehabt hat und dermaßen illusionslos im verlorenen Leben stand, dass es sich fast schon wieder schön finden ließ. Es ging eine Freiheit von ihm aus, von der wir alle noch weit entfernt waren, der Freiheit, anzuerkennen, in keiner Freiheit zu sein – und ich am entferntesten, immer noch in der Ambivalenz zwischen Anpassung und Verzicht, ein braver, blonder Streber, der immer stottern musste, wenn er sich in

Lügen verfing, in schulischen Lügen, in Anschauungslügen, in Gefühlslügen, wie es erwartet worden war, um eine eins zu bekommen, und der rebellierte, sich weigerte, Nein gesagt hat. Noch, dachte ich, hast du es in der Hand, das Heft der Karriere, vorherbestimmt, Karriere machen zu können, vielleicht eine große, eine außergewöhnliche, doch um welchen Preis, dachte ich dann und gab es auf. Oder ich war schon aufgegeben, ein Aktenvorlauf in der Staatsverwaltung.

Macht aus dem Staat Kartoffelsalat. Wer hatte das an die Wand vom Centrum-Warenhaus geschrieben? Die Feuerwehr kam und überklebte es, da die Ölfarbe nicht abzuwaschen war, mit einem Plakat, *Wählt die Kandidaten der Nationalen Front,* ehe ein paar Tage später dann alles neu gestrichen wurde. Dieser Satz aber schimmerte immer noch durch. Man musste nur nahe genug herangegangen sein, um ihn lesen zu können.

Mein liebster Ort wurde die Bibliothek. Tagsüber war ich in der Fabrik, in der ich niemals sein und arbeiten wollte, weil sie mir immer schon wie ein Synonym für die Versklavung der Welt erschienen war, wenn ich mir in den Ferien das Geld verdienen musste, um an die Ostsee zu fahren oder ein paar Sachen zu kaufen, die meine Eltern nicht kaufen konnten, am Abend aber, in den wenigen Stunden des Alleinseins, die mir zwischen Schichtschluss und Zubettgehen blieben, ging ich in die Bibliothek nahe des Staatstheaters am Postplatz und las alles, was mich im Moment interessierte und mir das Gefühl gegeben hat, ein geistiger Mensch zu sein. Ich war so sehr durchdrungen von der Sprache der Literatur, von Romanen oder Gedichten oder Philosophie, und es waren vor

allem die Klassiker, die ich las, weil mir die Literatur der
D.D.R. zu dieser Zeit nichts zu sagen hatte, die für mich
eine einzige Zeit der Kränkungen war, der Ausgrenzung
und Abweisung – denn die Lehrerin meiner damaligen
Klasse hatte schon gute Gründe, als sie mich warnte und
sagte: «Wenn du in gesellschaftlicher Arbeit so sehr versagst und hinterher bist, dann wird nichts aus Studium
und Abitur», und ich sah auf meine Noten und dachte:
Du dummer Vogel kannst mich mal.

Dieser *dumme Vogel* aber hatte mit allem, was er sagte,
recht, denn ich blieb, was ich mir niemals vorstellen
konnte, tatsächlich sitzen, während man links und rechts
an mir vorbei auf die Oberschule ging und danach an
eine Hochschule oder Universität. Ich, Kind eines hohen
Beamten, vorherbestimmt, etwas «Großes» zu werden,
kam in die Fabrik, und warum? – An eine größere Kränkung kann ich bis heute nicht denken. Immer, wenn ich
einen ehemaligen Mitschüler traf, der das Abitur ablegen
und studieren konnte, wechselte ich die Straßenseite, so
schnell es irgendwie ging. Die bloße Vorstellung, gleich
gefragt zu werden, was ich so mache und wie das Leben
in den Fabriken ist, war mir wie eine offene Wunde, in
die Salz gestreut wird. Ich schämte mich, aber es war
keine Versagensscham, keine Scham darüber, gescheitert
zu sein, zumindest in der Relation, die ich für mich festgelegt glaubte und die einen höheren Bildungsweg einschloss; es war die Scham vor einem mir verweigerten
Wissen.

Bei Lacan gibt es unter den vier Diskursen einen, der
Diskurs der Universitäten heißt und das Begehren nach
Wissen beschreibt. Nirgendwo habe ich später besser er-

klärt gefunden, was diese Scham darüber, nicht studieren zu können, für mich bedeutet hat, als in diesem Diskurs, in dem sich das Begehren symbolisch verhält. Die Welt der Zeichen war mir von einer Eigentlichkeit, vor der die Eigentlichkeit in der Realität zu verschwimmen und sich auszulöschen schien. Es war ein solcher Hunger nach Wissen in mir, dass ich bald schon nicht nur Romane, Gedichte und Philosophie las, sondern auch Werke der Naturwissenschaften und sogar der Mathematik. Die offenen Bestände der Bibliothek, ihr geordnetes System und die Physis der Bücher, die ich riechen, sehen, berühren, lesen konnte – fast möchte ich sagen: die ich *essen konnte* (denn kommt nicht jenes Wort vom *Verschlingen der Bücher* daher, dass man unbewusst die Vorstellung hat, sie sich tatsächlich *einzuverleiben*?) –, waren meine Quellen eines tiefen Begehrens nach Erkenntnis, Sprache und Wissen. Ich ging immer dienstags und donnerstags zur Bibliothek, weil sie an diesen Tagen länger geöffnet hatte, nahm so viele Bücher mit, wie ich tragen und ausleihen konnte, verlängerte oft um zwei und drei Wochen, und las dann halbe Nächte hindurch, mit einer Taschenlampe unter der Bettdecke, weil ich noch im Hause meiner Eltern war und das Zimmer mit André und Ludwig teilte, die ich nicht stören durfte. Je fremder und schwieriger mir die Schriften wurden, desto größer war der Wille, sie zu verstehen, es war eine Art Entzifferungslust, eine Lust zur Übertragung vom Nichtverstehen ins Verstehen hinein, die mit der Ahnung von etwas ausgefüllt wird. Ich *ahnte*, was es zu verstehen gab, und das war der Weg, auch zum eigenen Schreiben, das immer im Schnittpunkt einer Ahnung beginnt, einer Ahnung *von etwas*. Dieses unbestimmte *Etwas*, das nie ganz erkannt werden kann, aber als Ganzes erscheint, ist ein Energiefeld, von dem ich besessen war, das mich erfüllte und glücklich machte; ein Arm voller Bücher, die ich öffnen, lesen und wieder schließen konnte wie die Tür zu einem Kino, in dem ein Film von der Welt gezeigt wird, war das Schönste, vielleicht sogar das einzige Schöne in dieser Zeit. Und im tiefsten Inneren war ich, wenn ich las, unter der Bettdecke nachts, in einem Hörsaal, an einer Universität oder höheren Schule, irgendwo dort, wo der Diskurs des Wissens seinen Betrieb hat, seinen Ort der Praxis und der Gespräche.

Die Schmerzen im Arm und Rücken werden so heftig, dass ich zur Notaufnahme gehe und ein MRT machen lasse. Resultat: Die Sehne, die genäht worden ist, *gibt es nicht mehr*. Sie ist wieder gerissen und hat sich bis zur Unkenntlichkeit zurückgebildet. – «Da wird nicht mehr viel zu machen sein», sagt der Radiologe, der das Gutachten erstellt. – «Was heißt das?» – «Bitte, das besprechen Sie besser mit Ihrem Arzt.» Ich gehe nach Hause und lese Flaubert, die Klumpfußszene in «Madame Bovary», in der alles zu meinem Fall geschrieben steht.

Buch Ludwig

Jedes familiäre System hat einen Riss, ein Loch, einen Abgrund, der alles in sich hinabzieht, was ungelöst (und unlösbar) ist. Lange dachte ich, ich wäre dieses Symptom, in dem zu einem Ausdruck drängt, was an negativer Energie zur Konstitution einer Familie gehört – ihr krankes Gewebe, ihr pathologisches Dispositiv. Heute, während ich darüber nachdenke, durch Dresden laufend und den Blick nach innen gerichtet, dorthin, wo die Erinnerung mir ihre Geschichten erzählt, die in der Sprache zu etwas anderem werden, der Wahrheit stets näher als der Wirklichkeit, weiß ich, dass es Ludwig war, dem diese Rolle zukam und der sie ausgefüllt hat mit seiner ganzen traurigen Existenz. Sein Leben, so kurz wie die Hälfte des Tages, war nichts als eine Aneinanderreihung von Schmerz, unterbrochen von Augenblicken und kurzen Zeiten der Hoffnung, um dann doch wieder enttäuscht und verbittert zu werden. Jede Krankheit, jeder Sturz, jedes Pech, das ein Mensch haben kann – Ludwig ereilte es. Und es gibt ein Bild für dieses Unglück, eine Metapher: Steine. Ludwig sammelte Steine, so leidenschaftlich und ausgestattet mit einem autodidaktischen Wissen, das so fundiert war wie bei einem Spezialisten vom Fach, und tatsächlich hatte er diverse Kontakte zu Geologen im Erzgebirge, die immer nur staunten, über was Ludwig alles Bescheid gewusst hat, die Anatomie und Historie der Steine betreffend. Er fuhr zur Bergakademie nach F., um sich auszutauschen und ein paar neue Exemplare zu zeigen, die er irgendwo auf einem seiner

Streifzüge über die Floh- und Gerümpelmärkte der Stadt gefunden oder erworben hatte, und jedes Mal, erzählte Oma, deren vielleicht liebster Enkel er war, habe man vor Erstaunen stumm dagesessen in der ehrwürdigen Akademie und immer nur gesagt, dass er als *Professor für Gesteinskunde* auch hätte seinen Platz finden können, hätte es nur einen Weg für ihn gegeben, ihn auch zu erreichen. Aber für Ludwig war gar nichts erreichbar, nicht einmal ein unterer Klassenabschluss, weil Ludwig, mit diesen Worten sagten es seine Lehrer und daraufhin alle, *verhaltensgestört* war und dringend behandelt werden musste, isoliert von den anderen, die *gesund gewesen sind*, um dann in einer Sonderschule für Kinder mit Verhaltensstörungen auf eine Weise erzogen zu werden, die man nur verbrecherisch nennen kann, gewalttätig und auf Dauer traumatisierend, mit dem seltsamen Ziel, dass diese ausgesonderten und weggesperrten Kinder irgendwann einmal zu den gesunden Kindern, die vielleicht weniger gesund als die kranken waren, zurückkommen können, was in aller Regel nie der Fall gewesen ist, so sehr waren sie beschädigt und ihrer Umwelt entfremdet, zusätzlich beschädigt und zusätzlich entfremdet, denn entfremdet und beschädigt waren sie ja schon. Wenn ich Ludwig von dieser Schule abholte und er den ganzen Weg über, eine halbe Stunde am Dresdener Zoo vorbei durch den Großen Garten nach Hause, weinte und schluchzte und in seiner Art, nach wenigen Worten ein zwanghaft schnalzendes Geräusch mit der Zunge in die Lautfolge des Satzes zu legen (ein fordernder Ton der Unterbrechung und besonderen Aufmerksamkeit, den zu verstehen keiner von den sogenannten Erziehern auch nur andeutungsweise imstande war und wofür er von Vater am Abendbrottisch oft noch eine verpasst bekommen hat), sagte: – «bitte, mach, dass ich nicht mehr, nie mehr dorthin muss», dann hatte ich eine Ahnung davon, was sich an dieser Schule tagsüber ereignet haben musste und was sich erst recht in jenen Heimen ereignet, aus denen die Kinder überhaupt nicht entlassen werden, weder am Abend noch am Wochenende noch irgendwann. Aber wie, denke ich, wenn ich auf einer der wenigen mir erhalten gebliebenen Fotografien sein tieftrauriges Kindergesicht sehe, mit dem er irgendwohin in die Luft schaut (während André immer einen Gegenstand sieht und im Präsens des Bildes *anwesend* ist), hätte ich es verhindern können? Auch wenn ich *der große Bruder* war, scheinbar so mächtig wie der Vater für ihn. Ich werde immer wieder darauf zurückkommen, wie ich am Grabplatz stehe, eine Weile allein, nur ich und der Friedhofspfarrer und die Urne von Ludwig, die er vor uns her trägt wie eine Trophäe und gleich in den Boden herablassen wird, solange das letzte Sonnenlicht noch durch die Tannen scheint und der Tag sich seinem Ende neigt, und ich es zu mir selber sage: Ich habe nicht gut genug auf dich aufgepasst, Ludwig, ich habe dich nicht gut genug beschützt. Die Steine, überall in seiner kleinen Ein-Zimmer-Wohnung am Rande der Stadt, Platte, wie man sie nannte, diese monströsen Neubausiedlungen der D.D.R., die nach der Wende immer gespenstischer und einsamer und verlorener wurden und in denen zu leben so etwas wie nicht zu leben hieß, weil es weit und breit einfach nichts anderes gab als diese mausgrauen Plattenbauklötzer, hier und dort ein Geschäft, ein Kiosk, ein Friseur, und dann nichts als Plattenbauklötzer, so abseits wie die Psychiatrie im neunzehnten Jahrhundert, und wo einer im Grunde nur noch depressiv werden konnte und wahrscheinlich täglich an Selbstmord dachte, wenn er schon depressiv gewesen ist und nun dem finalen Untergang nah, und wo ich mich immer, wenn ich Ludwig doch einmal besuchte, weil ich gerade in Dresden gewesen bin und wusste, wie sehr er sich über einen Besuch von mir freut, hoffnungslos in diesem Irrgarten der immergleichen mausgrauen Plattenbauklötzer verlief, einem Labyrinth aus grauem Beton, das umso verwirrender wurde, da sich nichts in ihm unterschied und alles von gleicher öder Hässlichkeit war, ein realsozialistisches Purgatorium, das postsozialistisch noch an Grausamkeit gewann, der neunte Kreis der Hölle, und ich unterwegs, meinen Bruder zu finden, seine kleine Ein-Zimmer-Wohnung, Erdgeschoss rechts, ohne Ausblick, außer auf einen Parkplatz voller am Rande stehender Tonnen, zwischen denen die Kanalratten huschten, um dann, in dieser Wohnung, nichts als Steine zu sehen, überall, auch in einer nicht genutzten Wanne im Bad, in kleine Holzkisten sortiert vor und neben dem Bett, in den schmalen Regalen der Küche, auf und in allen Schränken, je nach Wert und Bedeutsamkeit dem Auge nah oder verborgen, Steine. Die Ordnung der Steine nach Wert und Bedeutsamkeit hatte dabei nichts mit deren Materialität zu tun, sondern einzig und allein damit, was sie für Ludwig bedeutet haben. So konnte es sein, dass ein paar Raritäten irgendwo verkramt in einer Ecke lagen oder in einer dritten oder vierten Reihe auf dem Regal, während vorn, sofort sichtbar und alle Aufmerksamkeit auf sich ziehend, ihrem Wert nach mindere Exemplare lagen, irgendetwas an ihnen aber besonders war, für Ludwig. Wenn ich mich recht erinnere, waren es im Material schöne Steine, die eine Beschädigung hatten, eine Wunde, wenn man das von Steinen so sagen kann. Hier war es ein verwaschener Farbton, dort ein Einriss, eine fehlende Rundung, irgendetwas, das der Vollkommenheit abträglich war und der Schönheit ein Makel. Es mag sein, dass nur mir das derart aufgefallen war und Ludwig selbst kein Bewusstsein darüber hatte, warum er was nach oben legte, auf die Oberfläche, wo es mit den Blicken immer in Kontakt bleiben konnte. Ebenso kann es sein, dass es Zufälle waren, die darüber entschieden, welcher Stein im System seiner Aufbewahrung bevorzugt oder benachteiligt wurde, aber auch dann, im Zuge einer Zufälligkeit, die für sich genommen eine neue Ordnung eröffnet, eine neue Systematik des Sinns, bleibt eine Spur der Bedeutung, die gelesen werden kann. Es gab eine Verbindung zwischen dem Blick und dem Ding, die etwas zur Sprache brachte, hervorholte, und, wenn ich es so interpretieren soll, es war die Berührung mit einem Schmerz, der mit der Substanz der Steine verschmolzen war und in alle Ewigkeit stumm. Dieser Einschluss von Schmerz in etwas, das sich sammeln und aufbewahren ließ, das berührt und betrachtet, getauscht und verkauft oder gleich wieder weggeworfen werden konnte, war eine Art des symbolischen Handelns an der Sprache mit ihrer Bewusstseinsbedingung vorbei, am Wissen vorbei, das der Schmerz von sich selbst hätte haben können; es war eine dauernde Vergegenwärtigung dessen, was keine Bezeichnung mehr hatte, aber vorgekommen ist, wie ein Bild, das angeschaut wird von einem Blinden. Vater hatte es auch, dieses andauernde Sprechen an seiner Bedeutung vorbei, weil ihm das, was er sagen wollte, immer versperrt geblieben ist, umgeben von einem Nebel, der es unsichtbar machte und mit keinem Wort mehr zu greifen. Dieses *Es nicht sagen können*, dem ein *Es nicht sehen,* das heißt *Es nicht zulassen können* vorausging, war die tiefe, mythische Verbindung zwischen

Vater und Ludwig über alle Gewalttätigkeiten hinweg, die gerade Ludwig ertragen musste in Form von Schlägen der verschiedenen Anlässe und Intensität. Dass nun beide in aller Ewigkeit nebeneinander liegen, war gewiss chronologischer Zufall, weil beide fast zeitgleich gestorben sind und dadurch in derselben Reihe des Friedhofs begraben wurden – dennoch aber, es ergibt auch einen Sinn über den Zufall hinaus.

Als es um die Auflösung der Wohnung ging, was eigentlich nur heißen konnte, alles so schnell wie möglich weg und entsorgt zu bekommen, denn Ludwig besaß nichts, das noch von irgendeinem Wert gewesen war, blieb die einzige Frage, die wir uns stellten: Was aber passiert mit den Steinen?

– «Immer am Tage von Ludwigs Beerdigung bin ich krank», sagt Mutter am Telefon. «Ich kann dann gar nichts tun, liege nur auf dem Sofa und sehe ihn sterben.» – «Ich hätte besser auf ihn aufpassen müssen. Ich hätte seine kleine Hand in der meinen nicht loslassen dürfen.»

Ludwig wettete um fünfzig Pfennige, dass er mit dem Fahrstuhl fahren könne, ohne das Gitter zu schließen. Der Fahrstuhl war nun aber so konstruiert, dass die Bodenplatte einen Sperrkontakt gab, sobald man sie betrat. Um die Wette zu gewinnen, musste Ludwig Halt an den Seitenwänden finden, damit die Bodenplatte in der Position eines leeren Fahrstuhls verblieb. Daran waren alle, die es bislang versuchten, gescheitert; sie pressten sich mit Rücken und Beinen zwischen die Wände, damit die Füße nicht den Boden berührten, verloren aber nach

Sekunden schon alle Kraft, die man dafür aufbringen musste, und fielen herunter; der eine, weil er schwächer war, gleich, der andere einen kurzen Moment später, der nicht einmal ausreichend war, um mit dem Fahrstuhl überhaupt loszufahren, zumal sie aus dieser fest gekeilten Haltung heraus mit der Hand auch gar nicht an die Schalterleiste kamen. Ludwig also musste etwas erfinden, das noch keiner vor ihm erfunden hatte, er musste etwas sehen, das noch keiner vor ihm gesehen hat.

Zwei kleine Leistenvorsprünge, die keine weitere Bedeutung hatten und kaum zu sehen gewesen sind, da sie im gleichen Farbton der Holzwände waren, etwa zehn Zentimeter über dem Boden, ausreichend, um keinen Kontakt auszulösen, wenn man sich darauf abstützen könnte, wurden Ludwigs Idee. Er stellte sich zum Spagat zwischen die Wände, stand, wacklig, aber immerhin, mit den Außenseiten der Füße auf den zwei schmalen Leisten, drückte den Knopf, den er aus dieser Position heraus bedienen konnte, und fuhr los – mit offenem Gitter, wie es abgemacht war. Ich kam von der Schule, Biologie siebte Klasse: DER MENSCH, vorbei an einem Hochhaus mit der Aufschrift DER SOZIALISMUS SIEGT, die am Abend beleuchtet war, damit sie nie nicht zu sehen sein würde (und heute natürlich abmontiert ist, aber für mich immer noch lesbar durch einen Schatten im Farbton), durch eine Unterführung hindurch, über der die Straßenbahnen in alle Richtungen fuhren und in der es, vor allem montags, nach Erbrochenem roch, weil die Nacht vom Sonntag zum Montag für die meisten die schrecklichste war, so ohne Hoffnung, dass die neue Woche besser als die letzte sein könnte, stand in der Ernst-Thälmann-Straße auf Höhe einer Kunstgalerie, die später zum Treffpunkt subversiver Künstler wurde (die Vater «Elemente» nannte) und daraufhin von der Stasi geschlossen, als ich schon unseren Hauseingang sah, umstellt von einer Menschenmenge, so wild wie eine Meute hungriger Tiere und immer wieder abgedrängt von Feuerwehr und Polizei. Ein Krankenwagen stand auf dem Bürgersteig davor, mit offener Wagentür, aus der eine Trage herausgereicht und auf ein Fahrgestell gesetzt wurde, die Feuerwehr brachte eine Leiter in Stellung, die zum obersten Stockwerk führte, wo auch der Fahrstuhl mit einer Öffnung in den Schacht endete, und zwei Sanitäter mit einem Köfferchen in der Hand huschten hilflos zwischen den Menschen, die nur Blut sehen wollten, herum, weil sie gar nicht wussten, wie und wo sie jetzt helfen und etwas ausrichten konnten. Es war eine Geisterszene, ich war geschockt und nicht imstande, weiterzugehen. Karsten kam mir entgegen und rief, dass der Ludwig im Fahrstuhl stecken geblieben sei und so mörderisch schrie wie ein Ochse während der Schlachtung, weil da etwas passiert sein musste mit furchtbaren Folgen. Er habe wohl, sagte Karsten, während der Fahrt das Gitter geöffnet, sei dann ausgerutscht und mit einem Fuß in die Spalte zwischen Schacht und Gondel gekommen, wo er jetzt festgeklemmt sei und das Bein nach unten ziehe mit jeder noch so kleinen Bewegung.

Ludwig hatte eine Wette abgeschlossen, dass er, der dauernde Versager, das Opfer auf jedem Spielplatz, der Zappelphilipp von der Hilfsschule, aus dem nichts mehr wird und der immer in der ersten Reihe sitzt, weil er dort am besten beobachtet und diszipliniert werden kann, und der auch zu Hause, wenn wir zum Essen in der Küche saßen, seinen Platz ganz vorn zugewiesen bekam –

und vorn heißt hier, in nur einer Armlänge von meinem Vater entfernt –, Ludwig hatte eine Wette abgeschlossen, im Fahrstuhl mit offenem Gitter zu fahren, und er hatte eine Idee, wie er diese Wette gewinnen könnte, und sie funktionierte ja auch, bis eben hierhin. Ludwig hatte es einmal allen gezeigt, aber jetzt waren es furchtbare Schreie, die aus dem Fahrstuhlschacht nach draußen drangen, immer wieder in Worte geformt, Fuß, Bein, abgerissen, eingeklemmt und abgerissen, und je lauter er schrie, desto mehr sah jeder für sich in die Dunkelheit der Szene hinein, wie ein menschliches Glied blutend und verletzt in der Mechanik eines Fahrstuhls steckte und vielleicht schon ganz herausgerissen war. Ich stand im Erdgeschoss zwischen Haustür und Fahrstuhl, drängte immer wieder die schaulustigen Leute heraus, die noch am liebsten bis zu Ludwig selbst, der irgendwo zwischen zwei Stockwerken festsaß, vorgedrungen wären wie der Finger auf einem Gemälde von Caravaggio, der in Jesus' Wunde sticht. Zwei Feuerwehrleute rannten die Treppe herauf, um den Fahrstuhl von oben, wo die Seile der Gondel mit einer Kurbel von Hand bewegt werden konnten, auf die Höhe einer Zugangstür zu holen, nachdem lange und vergeblich versucht worden war, die Gondel mit einem Stemmeisen so weit zur Seite zu drücken, dass Ludwig sein Bein selbst befreien und aus der Spalte herausziehen konnte.

Ein Mann von der Feuerwehr war ins Innere des Schachtes geklettert, seilte sich ab und stand auf dem Dach der Gondel, die er mit einem Stemmeisen zu bewegen versuchte, während er zugleich aber, wie er das tat, Ludwigs lauter werdende Schreie vernahm und den Plan gleich wieder aufgab. Nun also sollte die Gondel vom letzten Stock her nach oben gezogen werden, und gerade, als die beiden Männer, die eben die Treppe heraufgestürmt waren, damit begonnen hatten, die Seilwinde, die lange nicht benutzt worden war und harte, knarrende Geräusche machte – vom Ton her so, als würden jemandem die Knochen gebrochen; jedenfalls dachte ich das in diesem Moment –, in Bewegung zu setzen, schrie Ludwig noch einmal lauter als jemals zuvor, um gleich daraufhin vollkommen zu verstummen. Er war ohnmächtig geworden, das wurde mir sekundenschnell klar, und ich lief hoch zu den Männern, die sich nicht vorstellen konnten, was sie, indem sie die Gondel nach oben zogen, ziehen wollten, während Ludwgs Bein ja eingeklemmt blieb, Furchtbares taten. – «Sie reißen es doch heraus, das Bein», schrie ich den Männern entgegen, die plötzlich wie von einem Blitz getroffen innehielten, weil sie die Logik der Sätze schlagartig verstanden. Dann war es ringsherum still. Die Feuerwehrleute waren weiß wie die Wand, hinter der das Unglück seinen Lauf genommen hatte. Auch von Ludwig war nichts mehr zu hören, es war, als wäre die Realität stehengeblieben und übergegangen in einen sich endlos dehnenden Traum, der die Bilder in Nebel einhüllte und die Geräusche in Watte und in dem es keinen Ort und keine Zeit mehr gab.

Die Trage war abgedeckt, als die Sanitäter mit Ludwig die Treppe herunterkamen, nachdem es den Feuerwehrleuten endlich gelungen war, den Lift so heraufzuziehen, dass das eingeklemmte Bein nicht weiter verletzt werden konnte. Nichts, gar nichts war zu sehen, außer einem Körper, der gekrümmt unter einer Decke lag, die bis hoch zum Kopf alles bedeckte. Ludwig war still, aber nicht ohnmächtig. – «Was ist, was ist mit dem Bein?», fragte ich einen der Sanitäter. – «Wir wissen es nicht. Wir haben da nichts mehr gesehen, außer das Blut.» Dann fahren wir, ich neben Ludwig sitzend und ihm die Hand haltend, der selbst vollkommen abwesend ist und leer vor sich hin starrt, ins Krankenhaus Friedrichstadt, wo auch gleich eine Notoperation eingeleitet wird. Ich sitze vor dem OP und warte und schaue wieder und wieder auf die Uhr, als wüsste sie Bescheid und gäbe mir Antwort. Das harte Klicken der Zeiger, wenn sie von einer auf die andere Minute springen, ist jetzt das Einzige um mich herum, von dem ein Zeichen des Lebens und der Bewegung ausgeht. Ich fühle, wie ich älter und älter werde. Dann öffnet sich die Tür und der Chirurg kommt heraus. – «Da war nicht mehr viel zu retten», sagt er. Drei Zehen mussten wir leider entfernen. Von einem vierten die Hälfte.

Dennoch war Ludwig bei der Armee. Im rückwärtigen Dienst, aber immerhin. Wenn er im Urlaub nach Hause kam, in Uniform und gut geputzten Stiefeln, war Mutter stolz. – «Seht», sagte sie zu André und mir, «euer Bruder Ludwig, wie gut er aussieht! Seltsam, seltsam, dass nur einer meiner drei Söhne so chic in Uniform nach Hause kommt. Und ausgerechnet der Ludwig, von dem wir das am wenigsten erwarten konnten.» Es klang vorwurfsvoll, mehr noch aber enttäuscht. Bei der Armee zu sein und so gekleidet zu werden, musste für Mutter eine besondere Bedeutung gehabt haben, irgendetwas, das über den Vater hinausgeht, so mächtig wie der Staat oder mächtiger noch, etwas Unsterbliches vielleicht.

Gleich nach dem Wehrdienst zog Ludwig aus. Es war etwas, das ihn frühzeitig wegzog, wie mich auch, während

André noch lange Zeit im Elternhaus blieb. Er lernte Holzfacharbeiter, mit Teilabschluss, da er nur die siebte Klasse erreichte und später immer wieder Anlauf nahm, wenigstens die achte nachzuholen, um dann auch den Facharbeiter ganz abzuschließen – zu beidem wird es nicht kommen. Dennoch findet er Arbeit in einem holzverarbeitenden Betrieb, in dem es ihm, bis kurz nach der Wende, gut geht, gut in dem Sinne, einen geregelten Alltag und ein sicheres Leben zu führen. Dann wird der Betrieb abgewickelt und Ludwig sitzt auf der Straße. Er ist nichts, er hat nichts, er wird nichts. Jetzt beginnt, was man den großen Verlust nennen kann, das Sein als Verlierer, als Abgehängter, über den Rand der Geschichte Gefallener – Ludwig stolpert von einer Umschulung in die nächste, von einer Zeitarbeit in die andere, immer wieder in der Hoffnung auf eine feste Stelle und immer wieder enttäuscht. Er trinkt, er säuft, er besäuft sich. Dann ist er, den keiner mehr braucht, wochenlang verschwunden, wie vom Erdboden verschluckt. Als Vater bei mir in Rom war und nicht darüber reden wollte, weil ich *nicht mehr zur Familie gehörte*, war Ludwig gerade wieder nirgendwo zu finden, um dann, wie aus dem Nichts, wieder aufzutauchen, um Jahre gealtert. Vater war so voller Kummer, dass ich bis heute nicht verstehe, wie Liebe, Jähzorn und Gewalt, die Ludwig mehr als wir anderen zu spüren bekam, so ineinander verschmolzen sein können. Es war eine Art Möbiusband der Gegensätze, für die ich keine Erklärungen, sondern nur Indizien habe.

Dann aber gab es einen wunderbaren Tag. Ich war zufällig in Dresden, weil ich abends eine Lesung aus *Spiegelland* hatte, dem Buch, das mich zum Verräter werden ließ, jedenfalls für Vater und André, Großvater und zwei meiner Onkel, während Ludwig immer auf meiner Seite stand, mich bewunderte, stolz imitierte (wie ich einmal später erfuhr), und da kommt er strahlend herein, Ludwig, zeigt einen Brief und sagt, dass er bald schon Schichtdienstleiter bei der Straßenbahn würde, bei der er ein Jahr lang für einen Euro die Stunde die Wagen geputzt hat. – «Ganz sicher, hier», und seine Augen strahlten, als sei er gerade für einen großen Preis vorgeschlagen. – «Sie werden schon sehen, dass ich das kann. Und Schlamperei dulde ich nicht!» Ludwig war plötzlich laut geworden, als wäre er schon in der Rolle eines *Schichtdienstleiters*, der etwas verwaltet und Respekt verlangen kann, angekommen, und, wie sich gleich zeigte, auch angemessen streng. Dabei hatte er den Brief, in dessen Verlauf eine Festanstellung lediglich in Aussicht stand, nicht richtig gelesen, denn nur zwei Wochen später, so erfuhr ich es von meiner Mutter am Telefon, war der halben Zusage die Absage gefolgt, dass es nichts würde mit dem *Schichtdienstleiter*, da Ludwig, wie er es ja selber auch wisse, nicht die nötigen Qualifikationen nachweisen kann. Das habe man im ersten Durchlauf, die Stelle zu besetzen, leider übersehen, aber er könne ja gern weiter die Wagen putzen oder eine neue Umschulung beim Arbeitsamt beantragen. Danach war es völlig ruhig um Ludwig – oder eben ich bekam es nicht mehr mit. Er ging, hieß es, nicht mehr aus dem Haus, oder nur, um die nötigsten Dinge zu besorgen. Dafür sei er wieder voll und ganz mit dem Studium der Steine beschäftigt, die jetzt seine ganze Lebenszeit bestimmten (und später zu einem Problem der Entsorgung werden).

Die missglückte Operation. Versagensscham

Es ist eine tiefe Scham in mir, anderen gegenüber einzugestehen, dass die Operation an der Schulter missglückt ist – und nicht nur das, sondern eine gravierende Verschlechterung in der Funktionalität des Schultergelenks mit chronifizierter Schmerzsymptomatik eintrat. Es ist im Grunde jetzt schon passiert, was die Ärzte als wahrscheinliche Krankheitsentwicklung innerhalb der nächsten zwei bis drei Jahre vorhergesagt haben und weswegen keine Zeit mehr verloren gehen dürfe, um genau das zu verhindern: die Schulter eines alten Mannes zu haben, der sich mit dem Arm nicht einmal mehr eine Tasse Kaffee an den Mund führen kann, ohne den gesamten Oberkörper dabei mitbewegen zu müssen, was zu einer grotesken Verzerrung im Bewegungsablauf führt (und fürchterlich aussieht, unbeholfen und andauernd hilfebedürftig).

Und schon bin ich der alte Mann, der sich keine Tasse Kaffee mehr an den Mund führen kann, ohne den gesamten Oberkörper dabei mitzubewegen, zudem von Schmerz geplagt, mit jeder noch so kleinen Verrichtung des Armes oder der Hand, rechts wie links, da die linke Schulter kaum gesünder als die rechte ist und ebenso schmerzhaft, wie in einen Schraubstock gespannt, den irgendwer irgendwann und irgendwie bedient. Ich denke an Kafkas «Strafkolonie», sehe mich fixiert und mit dem Rücken nach oben auf einer Pritsche liegen, über mir die Nadelmaschine, die mir gleich meine

Schuld ins Fleisch schreiben wird, jene Schuld, die ich empfinde, weil meine Operation nicht geglückt ist und ich ein Beispiel für die Möglichkeit des medizinischen Versagens, ein Zeuge des Misslingens und Bote des Unglücks bin. Bei Canetti gibt es die Beschreibung des Machtzuwachses eines Führers allein dadurch, dass er einen Anschlag überlebt und seine Aura, für unbesiegbar, und das heißt auf symbolischer Ebene, für unsterblich gehalten zu werden, vergrößert. Jedes weitere Überleben stabilisiert diesen Mythos und generiert die Fantasie der Omnipotenz. Was hier nun positiv beschrieben wird, ist zu einem Dispositiv der Moderne geworden: Nicht mehr das Überleben kritischer Phasen setzt Effekte der Anerkennung und Autorität frei, sondern das *Nichtüberleben* wird sanktioniert (da alles andere normgemäß ist). Wir leben und arbeiten unter dem Erfolgsdruck, uns Misserfolge nicht leisten zu können, was eine Permanenz des Erfolges voraussetzt. Erfolg zu haben ist das Normale, Erwartbare, dessen Komparativ das Außergewöhnliche ist, und der wiederum wird zum neuen Ort des Erfolgs. Was für eine Spirale der Leistungsfähigkeit hier in Gang gebracht worden ist und was das für die Subjekte einer Gesellschaft bedeutet, die naturgemäß einen Mangel verwalten – den individuellen und den objektiven, den jeder Einzelne introjiziert hat –, liegt auf der Hand, und ebenso deren pathogenetische Verlängerung in die klinischen Bereiche der Psychiatrie. Das nun ist eine komplementäre Verkehrung jener mythischen Erfolgslegende, die ihre Energie aus dem Ansammeln von Überlebenssituationen bezog, in ein Bestrafungs- und Verleugnungsszenarium, wenn dieselben Überlebenssituationen nicht gemeistert werden. Und genau das ist meine Scham den anderen gegenüber, ihnen das Geständnis machen zu müssen, an einer Operation *gescheitert zu sein.*

Gewiss, nicht *ich* bin gescheitert, sondern *er*, der hier zur Person des medizinischen Fortschritts geworden ist – denn er hätte ja auch von einer Operation aus Mangel an Erfolgsaussichten abraten können, sich verweigern können, sagen können, so ist nun einmal das Altern – eine gewaltige Übung des Verzichts. Aber dann hätte er sich selber *kastriert* und wäre jener *Größenselbstfantasie* verlustig gegangen, die ihn konstituiert. Ich habe es sehr wohl beobachten können, wie begierig er darauf war, mich operieren zu können; und es war, so sehe ich es jetzt, kein in erster Linie merkantiles Motiv, das im kranken Gesundheitssystem immer auch noch eine Sonderrechnung schreibt, weil die nackte Zahl oft mehr als der nackte Mensch zählt, sondern eines seiner paradoxen Selbstbeanspruchung: *Ich bekomme auch diese Schulter in Ordnung* (oder bin, vor aller Augen – den Augen Gottes, die säkularisiert die Augen des großen Anderen sind –, gescheitert). Es ist der Ehrgeiz, das Schwere zu vollbringen, der größer ist als jede Demut vor dem Unabänderlichen (die es vielleicht in ihrer Reinheit auch gar nicht mehr gibt).

Etwas nicht zu vollbringen heißt, den Tod als den letzten Richter über das Leben anzuerkennen, anzuerkennen, dass wir uns beugen müssen. Unsere Fortschrittsparanoia, die alles auf die Genauigkeit einer Maschine verlegt, was im eigenen Selbst irregulär ist, hat einen Szientismus etabliert, der noch nie so groß und so totalitär war wie heute. Im Grunde ist auch das ein Sieg des Ostens über den Westen, des mechanischen Materialismus über die Metaphysik, des pawlowschen Hundes über den Fall Anna O.

Die missglückte Operation wird zur eigenen Versagensscham. Das ist die Rückübertragung des Scheiterns auf das Subjekt, das selbst gar nicht gescheitert ist. Bei Flaubert wird Charles, der vertrottelte Landarzt, der eine Klumpfußoperation an dem Stallknecht Hippolyte nur wider Willen ausführt und so dramatisch scheitert, dass das Bein schließlich amputiert werden muss, zum Schuldigen; heute wäre es der Operierte, dem nachgesagt würde, sich nur ungenügend informiert zu haben und verantwortlich für sein eigenes Unglück zu sein. Und so laufe ich seltsam geduckt, um noch zu verstecken, dass an mir etwas schiefgelaufen ist, was mich zu einem Boten des Unvorhersehbaren macht, des Nicht-mehr-Kalkulierbaren, der Kontingenz. Am besten, es fragt keiner und will keiner wissen: Oder ich lüge. – «Danke, alles gut, super verheilt, ein Arm wie im Fachbuch.»

Es ist die Hinfälligkeit, die uns zu Schuldigen macht. Sowie ein Zeichen der Ungenügsamkeit, Unverfügbarkeit, Funktionsverluste nach außen gelangt, in jene Welt, die uns ökonomisch verwaltet, ist man nicht mehr dabei; nicht gleich, nicht morgen, aber dann, sobald klar wird, nicht mehr die alte Form zu erreichen, die gewohnte Gesundheit, die so selbstverständlich die Abläufe des Alltäglichen regelt und auch notwendig ist, um sie regeln zu können. Allein die unendlich vielen Stunden, die ich zur Wiederherstellung der wenigstens noch erreichbaren Beweglichkeit des Armes durch therapeutische Maßnahmen – Gymnastik, Physiotherapie, Schwimmen, Massagen – und Konsultationen beim Orthopäden im wahrsten Sinne des Wortes *ver-/brauche*, sind durch gar nichts wieder aufzuholen und für einen Freiberufler wie mich, der es sich im Grunde gar nicht leisten kann, mehr als einen Schnupfen zu bekommen, das blanke Entsetzen. Ich habe es in meinen jüngeren Jahren grandios unterschätzt, was es heißt, mit nichts als seiner Sprache zu leben.

– «Wenn ich einmal zusammenrechne», sagte ich Mutter, «wer an meinem Körper so alles verdient, an meinen Schmerzen und Verletzlichkeiten, dann bin ich eine einzige Arbeitsbeschaffungsmaßnahme.» – «Bist du», sagte sie mit einem kurzen, hellen Lachen zurück, «in äußerster Ergiebigkeit.»

Es war bereits dunkel, als die zwei Herren von der Schriftaufsichtsbehörde vor meiner Haustür standen und meinten, ich solle ein paar Dinge des täglichen Bedarfs in eine Tasche stecken und mit ihnen ins Verwaltungsgefängnis kommen, weil ich Buchstaben gestohlen hätte. Zwei Vokale und drei Konsonaten, welche genau, das wüssten sie nicht, würde mir aber zum Beweis der Anschuldigung noch vorgelegt werden, sobald wir in der Schriftaufsichtsbehörde sind. – «Das kann nicht sein», sagte ich, «jeder Buchstabe, jedes Wort, das ich jemals benutzt habe, ist zu einer allgemeinen Sache geworden und damit von kulturellem Mehrwert, von Gewinn, Weltkulturerbe, wenn Sie so wollen. Ich verstehe schon», sagte ich weiter, «dass es ein grober Verstoß ist, ein kapitales Verbrechen, wenn man die Sprache plündert und ihr nichts hinzufügt oder zurückgibt, wie es zahllose Politiker oder andere Personen des öffentlichen Lebens tagtäglich tun, beispielsweise. Aber ich, ein Schriftsteller, ein Dichter? Ich weiß doch wohl noch genau, was ich wie oder wo schreibe und wofür ich welche Buchstaben verwende. Das ist doch kein Diebstahl», sagte ich, «sondern eine Gabe, ein Geschenk, etwas Hinzugefügtes, und nichts, das irgendwem plötzlich fehlt. Seit ich denken, lesen und schreiben kann, habe ich ein klares Bewusstsein darüber, wie kostbar und allen gleichermaßen zugänglich die Sprache ist. Da nehme ich doch nichts weg oder veruntreue es! Sehen Sie», sagte ich weiter, während die zwei Herren abwechselnd zum Fenster der Straßenbahn heraus und dann auf ihre Uhren schauten, die sie an goldenen Halsketten trugen, völlig unbeeindruckt von meiner Rede und mich geradezu wie Luft behandelnd, wie ein Ding, das ist *und das nicht ist*, «sehen Sie, fünf Buchstaben soll ich gestohlen haben, aber wo, bitte, ist eine Lücke, eine Falte, ein Riss im Alphabet? Finden wir, wenn wir es eilig mit einem Blick überfliegen, irgendwo ein schwarzes Loch? Die meisten Reden um uns herum sind schwarze Löcher, Gräber der Sprache, Mooraste, und niemand wird jemals zur Rechenschaft gezogen. Aber ich, weil ich Gedichte schreibe, soll mir unrechtmäßig zwei Vokale und drei Konsonanten angeeignet haben? Das ist doch absurd», sagte ich, «da hat doch nur jemand etwas nicht verstanden und für eine Privatnachricht gehalten, ohne den allgemeinen Sinn, das Transzendentale zu sehen. Ich schreibe nie», sagte ich, «über mich, wenn es nichts Allgemeines dabei gibt, nichts Allegorisches, nichts subjektiv Objektives. Also kann ich auch nichts entwendet und mir unrechtmäßig angeeignet haben.» Als ich dann kurze Zeit später der Schriftaufsichtsbehörde vorgeführt wurde, die aus sieben Männern, sechs Frauen und fünf Hunden bestand – die Hunde, erklärte man mir, seien ausgebildet, den Sofortverurteilten in die Kehlen zu beißen –, sie, an der Endhaltestelle der Straßenbahn auf einer Hühnerleiter sitzend, voller Übermut und Selbstbewusstsein, ich, vor ihnen im erzwungenen Kniestand, zitternd und nackt, ging es in ihrer Anklage plötzlich nicht mehr um Buchstabendiebstahl – wohl, weil sie verstanden hatten, dass es gar keinen gab. Dafür machten sie mich des Schwarzfahrens mit der Straßenbahn haftbar, was insofern richtig war, als ich tatsächlich keinen gültigen Fahrschein besaß, als ich mit den zwei Herren von der Behörde eingestiegen war. – «Wie aber», sagte ich, «sollte ich als Gefangener zweier Überführungsbeamter an einen Fahrschein kommen, zumal mir die Hände gefesselt waren? Außerdem dachte ich wohl, diese Fahrt wäre nicht kostenpflichtig, der Sachlage nach.» – «Unwissenheit schützt vor Strafe nicht», sagte jemand aus der Richterschaft, das wisse ich doch, und so studiert, wie ich sei. Immerhin hätte ich wohl einen Mund, um zu sagen, dass ich einen Fahrschein bräuchte. Dann hätten die Angestellten des Amtes schon reagiert und einen Weg gefunden, ihn für mich zu beschaffen, obwohl das ihre Aufgabe nun auch nicht mehr sei. Niemand aber wäre ein Unmensch, auch wenn er im Staatsdienst für die Rechtsordnung streite. Gute zwei Stunden später, ich hockte noch immer nackt auf der Erde und erwartete mein Schicksal mit einem höchst unguten Gefühl, nahm die Richterschaft nach einer ungewöhnlich langen Beratungspause im Wartehäuschen der Straßenbahnendhaltestelle wieder Platz auf ihrer Hühnerleiter und verlas im Chor aller Stimmen ihr Urteil: – «Tod durch Erhängen!» Mein Anwalt, ein Mann aus dem Kongo, der in Oxford Chemie studiert hatte und dann, als er damit fertig war und noch etwas Zeit zum Studieren übrig blieb, Jura, Spezialfach *Straßenbahnkriminalität*, mein Anwalt nun sagte, ich möge das Urteil anerkennen und auf einen Einspruch verzichten. – «Wenn ich es anerkenne und auf einen Einspruch verzichte, spart das Gericht recht viel Geld, das es dann als Provision an die Richterschaft ausschütten kann, wodurch nun wiederum diese milde gestimmt sein wird und vielleicht, vielleicht auf die Ausführung des Urteils verzichtet. Andererseits, ich widerspreche und riskiere den erbarmungslosen Tod.» – «Die Todesstrafe wegen einer Straßenbahnfahrt ohne Ticket? Was ist denn daran gerecht?», protestierte ich weiter. «Lebenslänglich, gut, meinetwegen, aber gleich aufs Schafott?» – «Nun», sagte mein Anwalt, «Sie sind neun Haltestellen schwarzgefahren, neun, und ab acht erhöht sich die Strafe auf das höchste Maß ihrer Möglichkeiten, so sind die Gesetze. Und einmal ehrlich, neun Haltestellen ohne Einsicht in die Dimension des Verbrechens, das ist schon ein recht starkes Stück. Und außerdem hätten sie ja auch die Hunde auf mich hetzen und mich sofort hinrichten können, was nun wirklich viel qualvoller gewesen wäre und auch ganz unumgänglich.» So also stehe ich jetzt unter dem Galgen, immer noch ungewiss, ob mir Gnade zuteil wird.

– «So also stehe ich jetzt unter dem Galgen, ungewiss, ob mir Gnade zuteil wird.» Dieser geträumte Satz nimmt alles in sich auf, was mich, mit jeder Faser der Existenz, betrifft.

Vaters Buch [3]

Er soll, sagte Oma, einen Klumpfuß haben, dieser Junge, den es nicht geben durfte und der heute, nur drei Jahre jünger als ich, gleichsam ein älterer Mann ist. Und er soll, das hätte seine Mutter in ihrer Liebe zu meinem Vater, dessen Name auch mein Name ist, ebenso heißen wie ich. Erst jetzt verstehe ich, was diese dunkle Gestalt im Hintergrund der Biografie meines Vaters für mich bedeutet hat; es ist da jemand, *der ebenso nicht ist*, und ihn wahr werden zu lassen, ihn anzusprechen, ihm zuzugestehen zu existieren, hätte Vaters Lebensbild zerstört, das ohne Fehl und Tadel, das *ohne Makel* sein sollte – nein, sein musste. Über den Tag der Geburt dieses Kindes schreibt Vater in seinen *Erinnerungsschriften*: «Stalins Tod am 5. März 1953 war Anlass für ein Gedenkmeeting. Die ergreifenden Worte des Politstellvertreters endeten …, und es braucht sich keiner seiner Tränen zu schämen, wenn wir uns jetzt von den Plätzen erheben und eine Minute stillen Gedenkens Josef Wissarionowitsch widmen.» Ich brauche nicht fortzufahren, um zu verstehen, dass Vater weit weg von seiner Geschichte sein wollte, bei Stalin, der am selben Tag, an dem *der unerwünschte K.* versehentlich geboren wurde, starb. Diese Verlängerung vom Intimsten ins Allgemeinste, das Sich-Verbergen im sozialen Dickicht des Kollektivs, war Abwehr gegen die Übermacht des strafenden Blicks, mit dem Vater ebenso groß geworden war wie mit den Imperativen der herrschenden Ideologie. Die Falle der Autorität, in der er bis zum Schluss gefangen blieb, war für ihn doppelt belegt: im protestantischen Komplex seiner Kindheit (die Mutter) und im Katechismus des neuen Staates, der Kommunismus und Postfaschismus in einem war (der Vater). – «Das alles aber reicht mir nicht aus, um zu verstehen, warum der kleine, fremde K. verleumdet werden musste, verraten und im Verrat ungeboren.»

Ich entschuldige nichts, aber ich möchte es können.

Als ich an meinem Roman «Ich hielt meinen Schatten für einen anderen und grüßte» schrieb, sah ich die Erzählfigur (also *ich = nicht ich = ich*) mit einem Klumpfuß – neben Hasenscharte, krummem Rücken und Körpergröße einsachtunddreißig. Der Buckel war mir selbst schnell erklärt: Ich wuchs auf in der fortwährenden Angst, bucklig zu werden, da ich eine starke linksseitige Skoliose hatte, die in einem Gipsbett behandelt werden sollte, was mir die schrecklichste aller Vorstellungen war und nur deshalb nicht zur Anwendung kam, weil das Krankenhaus über zu wenig Kapazitäten verfügte. Dann zogen wir nach Dresden, und das Thema war plötzlich, so als hätte es nie existiert, verschwunden – auch das gehört zum Idealisierungsmythos Dresden, der sich mit meiner Ankunft schnell herausgebildet hat: *Ich muss in kein Prokrustesbett*. Eine Hasenscharte hatte der Freund meiner Kindheit, Robert, dem ich ein Auge ausschoss, weil ich im wilden Spiel auf der Heide hinter dem Haus ein Partisan war, der seine Heimat verteidigt, und er der elende Nazi. Es war eine Form des Gedenkens und der Schuldübertragung auf meine Figur. Für die Körpergröße habe ich keine Referenz, aber der Klumpfuß, immer wieder erwähnt und beschrieben, er kam aus einem dunklen Bereich meines Wissens, er hatte eine Funktion, die ich lange nicht verstand und für die es keine Übersetzungen gab. Erst, als Mutter in einem Zusammenhang mit jenem von der Familie abgetrennten Kind mir erzählte, da rufe jemand seit Wochen fast jeden Tag an und wolle *seinen Vater sprechen*, ein Irrer wahrscheinlich, der Geld haben will und irgendein Märchen erzählt, das höre man ja heutzutage immer mal wieder, dass da die grausigsten Lügen und Erfindungen aufgetischt werden, nur um sich irgendwo einen kleinen, schäbigen Vorteil zu verschaffen, er wolle *seinen Vater sprechen*, was für ein haarsträubender Quatsch, *seinen Vater*, den solle er mal schön woanders suchen, und dann auch noch erwähnte, dieser Mann würde behaupten, einen Klumpfuß zu haben, der ihn quälte bis auf den heutigen Tag, wusste ich, was es auf sich hatte *mit dem Klumpfuß in meinem Buch*.

Alles, was wir unterdrückt halten wollen, taucht an anderer Stelle, mit anderen Worten, neu auf. Die Lesung eines Textes kann deshalb auch nie abgeschlossen sein. Immer wieder verschieben sich die Bezüge, ändern sich die Bedeutungskoordinaten, tauschen Metapher und Metonymie, allegorisches und lexikalisches Sprechen ihre Position. *Spiegelland* war ein Buch der Verletzung, und es hat Verletzung erzeugt. Auch dieser erneute Versuch zu verstehen, Spuren zu folgen, die ins Innere der Verhältnisse führen, dorthin, wo sich die Gesellschaft am tiefsten eingeschrieben hat und transformiert in seelische Energie, die auf ein politisches Außen zurückwirkt, wird Verletzung erzeugen. Kann man es sich aussuchen und ändern? Wäre es richtiger, in einem Schweigen zu bleiben, weil das Nichtschweigen an einen Schmerz gebunden ist, der zur Wahrheit gehört?, die eine einzige und unhintergehbare Wahrheit der Existenz, von der wir immer nur Auszüge lesen, Fragmente, Wörter, in denen ein Ganzes erscheint wie in einem Wassertropfen die Welt. Warum hatte Vater, als wir den Vesuv heraufgelaufen waren und oben angekommen das Thema berührten, nicht zu mir gesprochen, sondern die Sprache verweigert, indem er nur eines wissen wollte: Wer hat dir das gesagt, anstatt: Warum habe ich es *dir nicht gesagt* (oder uns allen)?

Mein Vorwendevater war autoritär, hartherzig, bisweilen cholerisch, in seiner tiefen verborgenen Einsamkeit unnahbar und kalt. Ich sehe ihn in seinem Zimmer immer allein, weil keiner seine Nähe ertrug, in der alles zu Eis erstarrt war. Bei Tisch suchten wir alle einen Platz, der möglichst weit weg von ihm blieb, erstens, weil er mit der rechten Hand Ohrfeigen verteilen konnte, immer wieder bei Ludwig, wenn er schnalzte oder unanständig aß, und zweitens, weil sein kräftiger Polizistenkörper eine innere Spannung verströmte, etwas, das in einer Art von notorischem Bereitschaftsdienst war und augenblicklich auf Abweichungen von der Norm reagierte. Diese Spannung des Körpers war wie ein elektrisches Knistern der Luft, ein Strom, der die Atmosphäre schwer und die Situation gefährlich werden ließ. Ich kann mich an kein einziges Gespräch bei Tisch erinnern, es sei denn, es wären Befehle gewesen, Anweisungen, Vorschriften und Zwangszustände. Alles war eingelassen in eine Form der Gesetze, und auch er selbst, Vater, war nichts anderes als die Anerkennung, ein Gesetz zu sein – das Gesetz, Gesetze zu befolgen und auf deren Befolgung zu achten. Mag sein, dass Vater an anderen Orten ein anderer Mensch war, zumal im Kreise seiner Familie, die immer in Konkurrenz zu meiner Mutter und uns stand – aber ich sehe ihn *eben so,* und dass ich dieses Bild habe, ist traurig genug.

Immer wieder mache ich die Beobachtung, dass Bilder in uns starr werden, sich festschreiben, nicht mehr korrigiert werden können. Das geschieht, wenn wir an einem anderen Ort sind und den verlassenen Ort noch im Gedächtnis bewahren. Dann friert der Ort ein, liegt in der Erinnerung wie eine Fotografie in ihrem Album, unverrückbar, abgeschlossen, fest auf einen Untergrund geklebt. Kehren wir später einmal zurück, müssen wir sehen, dass alles, auch wenn es dasselbe ist, etwas anderes wurde. Der Ort ist unverständlich und fremd. Er hat sich, über die Jahre unserer Abwesenheit hinweg, entzogen. Auch ich war in Vaters Bild über mich nicht mehr weitergegangen, als ich das Haus verlassen hatte und, frühzeitig erwachsen geworden, eine eigene Familie gründete. Hin und wieder drangen noch ein paar Zeichen der Veränderung in sein Bild von mir ein, aber ich blieb, was ich einmal für ihn gewesen bin: *ein Sohn, der ihm Kummer machte, «weil er nicht ein solcher geworden ist, wie sein Vater einer war (Kaspar Hauser, Roman)».* Mein Bild von ihm war ebenso starr. Als ich *Spiegelland* schrieb, gab es nur den Vorwendevater, einen anderen hatte ich noch nicht.

Mein Nachwendevater war ein gebrochener Mann, nicht äußerlich und gleich zu erkennen, aber deutlich dadurch, dass er immer seltsamer, verschlossener und auch unverständlicher wurde, bis er in die schwarze, endlose Nacht fiel. Sprechen konnten wir kaum noch, so sehr lebte er in einer verschlossenen Welt, die sich immer neue Stoffe erfand, um zeitlich gefüllt zu werden: der Zweite Weltkrieg, der Luftkrieg im Zweiten Weltkrieg, der Krieg auf den Meeren im Zweiten Weltkrieg. Dann der Erste Weltkrieg, der die Ursache des Zweiten Weltkrieges war. Dann die Ahnengeschichte seiner Familie, das Schicksal der Sudetendeutschen, die Geschichte der KPdSU bis zu Gorbatschow mit Glasnost und Perestroika, und immer wieder das Ende der D.D.R., für das er keine Erklärungen fand. Immer lagen zahlreiche Bücher aufgeschlagen herum, wenn ich sein Zimmer betrat, in dem er auch schlief. Er schrieb daraus ab, strich an, zitierte, war vertieft und vergraben, *um nicht da sein zu müssen*. Sein Studium der Dinge wurde zu einer Abwehr des Lebens, zu einer Vorform der Flucht. Ich konnte neben ihm sitzen und von meinen Söhnen erzählen, von meiner Arbeit, meinen Problemen, und er las mir ein Dekret der tschechischen Übergangsregierung vor oder zeigte Tabellen der Verluste auf deutscher und auf sowjetischer Seite während der Schlacht im Kursker Bogen vom Sommer 1943. Es gab keine thematischen Anbindungen mehr, keine Rede und Antwort. Natürlich war ich verletzt und schwor jedes Mal, nicht mehr hinzugehen, wenn ich in der Nähe war. Einmal aber hat er mich doch überrascht, als er fragte: – «Hast du schon mal was von der Frankfurter Schule gehört? Adorno? Ich lese das gerade. Nun, etwas schwer verständlich, aber die Kritik am Kapitalismus, das hätten mal unsere Genossen lesen sollen, das hätte hier gedruckt werden müssen.» Ich war sprachlos. Mein Vater und die Kritische Theorie. Das musste ein Versehen sein, ein Unfall durch Zufallslektüre, egal, wie und ob er es verstand. – «Vater», sagte ich, «das habe ich schon mit dir zu diskutieren versucht, als du außer Marx, Engels und Lenin gar nichts gekannt hast, abgewiesen und schlechtgemacht hast du es sowieso.» – «So, habe ich?» – «Und nicht nur das. Es war dir fremd und feindlich und man sollte ins Gefängnis dafür. Einfach, weil ihr nichts davon verstanden habt. Weil es außerhalb der Domestikationen lag. Weil es westlicher Schweinekram war.» Nein, Vater schrie nicht zurück, er war zu schwach, zu müde, zu sehr geschlagen vom Verlauf der Geschichte, in der er unter die Räder der Ereignisse kam. Gleich nach der Wende ließen alle ihn fallen, die treuen Genossen. Er, bis eben noch machtvoll im Amt, war auf einmal nur *Altbestand*, den man irgendwie loshaben wollte. Die Wende und die Wendehälse. Vater, sagte Mutter, habe geweint, als er am letzten Tag vom Dienst kam, ohne dass irgendwer ihn verabschiedet hätte. Der Mohr hatte seine Schuldigkeit getan. In den Grenzen meiner Möglichkeiten tat er mir leid.

Als Vater Mutter für einen Einbrecher hielt und sie mit einem Messer bedrohte, wussten wir, dass es so weit war, und suchten ein Heim. Ich fuhr mit Mutter mehrere Einrichtungen ab, füllte Anträge aus, rechnete die Finanzen durch, kaufte für Vater Kleidung und Gebrauchsgegenstände, die er im Heim auf der Bautzner Straße, unweit der ehemaligen Stasizentrale, in der auch ich einmal festgehalten und verhört worden war, benötigen würde. Vater kam in ein Doppelzimmer mit Blick in den Garten. Sein Nachbar war einmal Lehrer gewesen und stierte den ganzen Tag in die Luft, als läge dort des Rätsels Lösung. Nachts wandelte er unruhig herum, und Vater konnte nicht schlafen. Wir kümmerten uns um ein anderes Zimmer, aber dann starb der Mann, so plötzlich, wie ein Wind um eine Ecke weht, und Vater blieb, wo er war.

Ich war in Istanbul zu dieser Zeit, hörte nur von Mutter am Telefon, wie es ihm von Woche zu Woche schlechter erging. Bald schon erkannte er sie nicht mehr, hielt sie für eine Krankenschwester oder sonst jemand Fremdes, der gerade bei ihm im Zimmer war, nachdem er sich verlaufen hatte. Mutter aber fuhr jeden Tag zu ihm, eine Stunde hin, eine Stunde zurück, versorgte ihn, öffnete die Fenster, schüttelte das Bett auf oder schob ihn, wenn es das Wetter hergegeben hat, in den Garten. Und dann redete sie mit ihm, so wie sie vielleicht auch mit uns geredet hatte, als wir Kinder waren. Dass er nichts mehr verstand und keine Antworten gab, störte sie nicht, es gehörte zu diesen Tagen, es war unabänderlich. Die kleinsten Dinge erzählte sie mir im Detail, wie er wieder nichts gegessen habe und schon ganz abgemagert sei, wie er in seinem Portemonnaie nach ein paar Geldmünzen suchte, weil er glaubte, er müsse eine Rechnung bezahlen, und wie er immer wieder auf dasselbe Foto blickte, das in einem kleinen Holzrahmen auf seinem Nachttisch stand: Er und meine Mutter kurz nach der Hochzeit im Garten des Hauses in N., Oma im Hintergrund, Opa daneben. Es ist Sommer. Vater ist Polizist und hat seine nagelneue Uniform an, in der er – ich wundere mich, es so zu empfinden – gut aussieht. Oder ist es nur die Jugend, der helle, strahlende Blick, der gesunde, kräftige Körper in seiner fotografischen Pose? Ebenso schön meine Mutter, große dunkle Augen, blondes langes Haar, im leichten Kleid, das keine Falten wirft, so gut liegt es an und formt die Figur. Was für ein Paar, denke ich, und was daraus wurde. Was Vater gedacht haben wird, wenn er Stunde um Stunde auf dieses Bild sah, ohne es noch wirklich zu sehen, weiß keiner. Vermutungen allenthalben, wie alles, was jetzt mit und um ihn geschieht, in seiner Form, ihn zu erreichen, nur vermutet werden kann. – «Ach», sagte er einmal, als er für Momente so klar war wie vor seiner Krankheit, «meine Tage sind schön. Ich rolle immer so gegen Mittag mit meinem Wagen zum Aufenthaltsraum, da ist der Fernseher groß, und am Abend wieder zurück, und da ist der Fernseher klein. Das finde ich sehr interessant.» Und dann lachte er wie jemand, der schlagartig weise geworden war und wusste, dass diesem Lachen nun nichts mehr folgt.

Ich rufe Heidrun an, um sie zu bitten, mich ein paar Tage bei sich aufzunehmen, so lange, bis ich kein Fieber mehr hätte und mit dem Auto nach Hause fahren könnte. – «Morgen, am Freitag, muss ich früh die Wohnung verlassen, weil gegen Mittag die Reinigung kommt», sage ich, «und dass ich mit einer Grippe im Bett liege, hält die Geschäftsordnung in keiner Weise auf.» – «Dann kommst du natürlich zu mir.» Ich stehe auf, ziehe mir den Bademantel an und versuche, etwas aufzuräumen und Sachen in die Koffer zu packen. Ich weiß nicht, wie lange ich hier war. Zwei Tage oder ein Jahr, es ist egal und spielt keine Rolle. Woran wir uns erinnern, ist wichtig, was wir denken und erzählen. Dieses Einpacken am Ende, dieser Überfluss an Dingen, die sich wie von selbst angeschafft haben, ich habe es immer gehasst, und am Ende schmeißt man es weg. Ein starker Schwindel zwingt mich zurück ins Bett. Ich werde Heidrun bitten, mir das alles irgendwie in die Tonne zu werfen, diesen ganzen lästigen Kram. Dieser dumme Mangel am Mangel. Nur einen kleinen hellgrauen Stein, den ich immer bei mir habe, wenn ich länger irgendwo bin, so als könnte er mich beschützen, lege ich sorgfältig zur Seite, damit er nicht verloren geht.

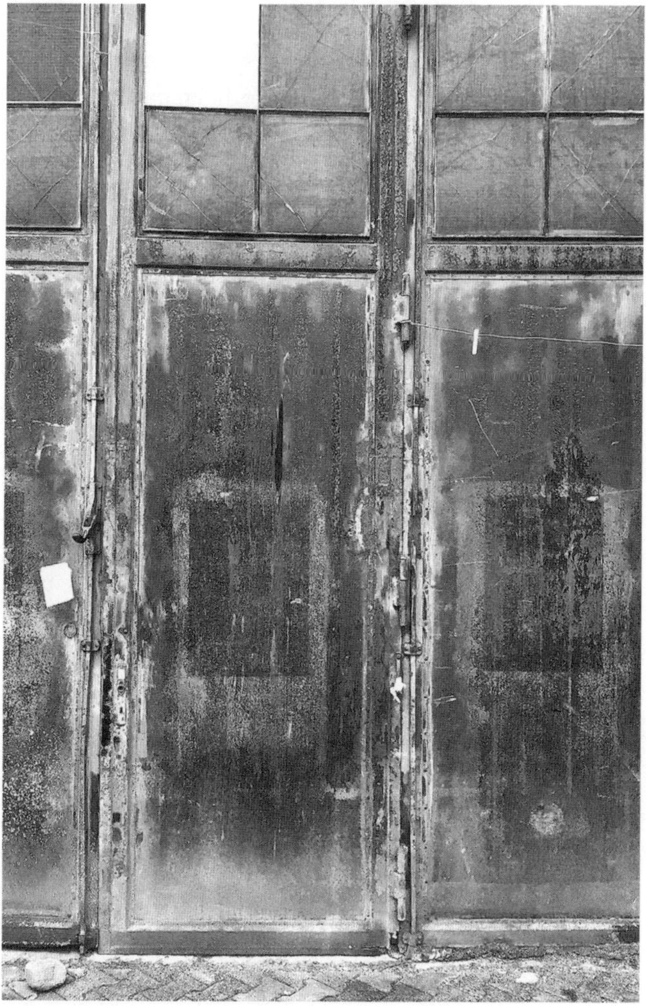

In den Fabriken [2]

Mein erster Arbeitstag in der Fabrik war an Scheußlichkeit nicht zu überbieten. Eben noch war ich wenigstens *Schüler*, mit sauberen Händen, die sagten: *Du musst nicht hinab in den Dreck*. Jetzt, an diesem heißen Tag im September, änderte sich alles. Von nun an hatte ich einen blauen Arbeitsanzug zu tragen, wie alle ihn trugen, musste früh um halb sechs durch das Fabriktor kommen, damit ich pünktlich um sechs an der Werkbank stand, und die Welt meiner Bücher, die mich in den letzten Jahren der Oberschule vor der Oberschule in Schutzhaft nahm, wenn ich die Nächte hindurch las und die Tage damit betäubte, kam mir abhanden. Nicht sofort, nicht von einer Stunde zur nächsten, aber doch so, wie es der soziale Rhythmus meinem Körper aufgezwungen hat. Ich war andauernd müde, da ich kaum mehr als fünf Stunden schlief, und sobald ich ein Buch aufgeschlagen hatte und darin zu lesen begann, verlor der Blick bald die Zeile und erkannte keine Buchstaben mehr. Zum ersten Mal machte ich die Erfahrung, dass es nicht nur eine politische Grenze gibt, die das Lesen blockiert, nicht nur Zensur und Verbote und Bücher, die sorgsam unter Verschluss gebracht und ausgegrenzt wurden, ausgesetzt wie wilde, verstoßene Kinder, sondern dass die Funktionen des Lesens selbst verloren gehen konnten, als Technik und physischer Akt – einfach, weil man zu müde geworden war, zu kraftlos, neben dem strengen Dienst an der Werkbank auch noch Romane und Schriften der Philosophie zu lesen. Nun hatte ich zwei Feinde, gegen die ich mich wehren musste: die Welt des Systems in der jeweils wechselnden Maske von Lehrern und Brigadieren, Partei- und F.D.J.-Sekretären, Ausbildern im vormilitärischen Dienst – und alle diese Namen und Gesichter verschmolzen zu einem einzigen Körper, zu einer Person, die mein Vater war –, *und der Begrenzung der eigenen Kräfte*. Denn wenn ich abends nach Hause kam, war ich fertig vom Tag, und wenn ich früh aus dem Haus ging, in den Schichtbus stieg und in die immergleichen aschgrauen Gesichter sah, die hoffnungslos und erschöpft in den Tag hineinstarrten und so leer waren wie alles, was sie in unendlicher Wiederholung erwartete, gab es nur den einen Gedanken: im Kampf gegen die Zeit und die Müdigkeit nicht unterzugehen. Später, um mehr Kraft zum Lesen und Schreiben zu haben, besorgte ich mir von Dr. Wendler ein Präparat, das Aponeuron hieß, ein Antagonist zum Sedativum Faustan, mit dem wir uns ohnmächtig kifften. Damit kam ich über drei oder vier Tage die Woche, ohne viel schlafen zu müssen. Am Freitag, ganz sicher aber am Sonnabend, brach ich zusammen und schlief dann gut fünfzehn Stunden, traumlos.

Gleich am ersten Tag, als ich mit einem dicken Roman unterm Arm, den ich, wann immer dafür ein paar Minuten freizubekommen waren, lesen wollte, wurde mir klargemacht, wie unpässlich, wie fremd, wie provozierend es war, hier mit einem Buch zu erscheinen. «Du kannst ja die Wandzeitung lesen, wenn du dich weiterbilden willst», sagte eine Frau, die Inge hieß, Inge, alle hießen sie Inge, Inge oder Heinz, glaube ich, und als sie den Mund geöffnet hielt, so als wollte sie noch etwas sagen oder auch nur Luft tanken, sah ich ihre schwarzen, fauligen Zähne, in denen alles Unglück der Welt zu einem

Symbol geworden war, zu einem Signum der Arbeiterklasse. Literatur als eine Provokation zu empfinden, weil deren tieferer Grund die Freiheit ist, gehört zu einem Privileg, von dem wir heute gern träumen. Gut, die Arbeiterklasse hatte Massenartikel von Arbeiterschriftstellern oder solchen, die sich so etikettierten, um hinter der Maske ein bequemes, bürgerliches Leben zu führen, das der Staat alimentierte, aber diese *Massenartikel* bedeuteten nichts, außer dass sie zu jedem öffentlichen Anlass verteilt werden mussten und verschenkt wurden wie etwas, das man schnell wieder loswerden wollte. Der Roman unter meinem Arm, das war etwas anderes, der kam irgendwoher und wurde *tatsächlich gelesen*. Dieses Buch war von einer Aura umgeben, einem zarten Geheimnis, einem Aufruf zur Veränderung der Verhältnisse. Man näherte sich, man las den Titel auf dem Umschlag und den Namen des Verfassers und buchstabierte wie ein Kind, das gerade das Lesen erlernt, hinterher: Dos-to-jew-ski. – «Ist das ein sowjetischer Schriftsteller? Oder ein Dissident, und wir müssen es melden?» Und ehe ich darauf antworten konnte, brannten meine Haare, meine langen, blonden, in feinen Locken sich kräuselnden Haare, die über den Kragen meiner stahlblauen Proletarierjacke herab bis auf die Schultern fielen – auch das ein Zeichen für etwas, das mehr war als ein Protest gegen die Welt unserer Väter. Jemand hatte sich, ohne dass ich es bemerkte, von hinten an mich herangeschlichen, machte ein paar idiotische Faxen, über die Inge und Heinz mächtig lachten, ein Lachen, das ich in diesem Moment nicht verstand, entzündete ein Streichholz und hielt die kleine, spitze Flamme an eine Strähne meiner Haare, die sofort Feuer fing. Noch hatte ich kein Bewusstsein davon, ich sah nichts, spürte nur eine kräftig stechende Hitze und wusste, dass etwas Furchtbares geschehen war, ohne dass ich es mit mir in Verbindung bringen konnte. Es waren nur drei, vier Sekunden, die sich zur Ewigkeit dehnten und auch einen Namen hatten, in dem sie ihren Ausdruck fanden: *Arbeiterweihe*. Es gab die offizielle Arbeiterweihe – das war ein öder Nachmittag bei Kaffee und Kuchen und den leeren Reden der Funktionäre, dass man nun aufgenommen sei in den Reihen der Arbeiterklasse und Anteil habe an jener revolutionären Kraft, der die Geschichte gehöre und der Fortschritt und der Frieden der Welt, woraufhin oft ein Schweigen einsetzte, aus Scham und Verlegenheit oder einem Gefühl, eben der absoluten Leere begegnet zu sein, dem *Nichts*, auf das sich nicht antworten lässt, und es gab die andere, zweite Arbeiterweihe unter den Arbeitern selbst – eine Art von Gesinnungstaufe und erzwungener Zugehörigkeit, deren Praktiken gemein und gewalttätig waren. Je gemeiner und gewalttätiger das Ritual, desto größer die Anerkennung *im sozialistischen Kollektiv*, vorausgesetzt, man hatte bestanden, das heißt nicht geheult und gepetzt, was einem geschehen war. Für mich ging alles dermaßen schnell, dass ich gar nicht daran denken konnte, in einer lebensbedrohlichen Lage zu sein, als Heinz oder Inge mir auch schon eine Decke über den Kopf warfen, um die Flamme, die gleich auf den Stoff meiner Arbeitsbekleidung übergesprungen wäre und mich vollends in Brand gesetzt hätte, zu ersticken. Meine langen blonden Haare hatten ein Loch, die Kopfhaut war an den Stellen, an denen jetzt nichts war, verbrannt, und die blaue Jacke, wie alle sie trugen, nur dass meine noch neu gewesen war und frisch in der Farbe, war an der Schulter gerissen. – «Lass dir was einfallen, Idiot!» Das war sie, die siegreiche Stimme der Arbeiterklasse, ihr derber Humor, ihr Gesetzbuch ohne Gesetz, und da war nun auch ich, *getauft* sozusagen.

Ein paar Jahre später, ich gehörte nun schon gewissermaßen *dazu*, wie eine Tonne für Kehrricht, die am Ausgang der Halle gestanden hatte, oder sonst irgendetwas, das einen festen Platz für immer besetzte, äußerlich versteint und im Ablauf der monotonen Bewegungsabläufe wie ein rotierender Zombie, selbst schon zu jenem Teil geworden, das er mechanisch zu bearbeiten hatte – etwas war aufzukleben oder abzukratzen, anzuschrauben oder ineinanderzustecken, ich habe es vergessen, so unwichtig war es, so simpel und stumpf –, da geschah, aus einem solchen derben Verständnis von Spaß heraus, ein *Unfall mit Todesfolge*, so die offizielle Version. Tatsächlich aber handelte es sich um einen Vorfall von Tötung, der dann auch in einem Gerichtsprozess verhandelt wurde, aber unter Ausschluss der gemeinen Arbeiterschaft (wohl um zu verhindern, dass da etwas in die schwarzen Kanäle des Westens absickert und als Titelüberschrift in der Boulevardpresse auftaucht: «So sind sie, die Witze im Osten», oder: «Es war wohl lustig gemeint»). Gesehen haben wir nichts, aber gehört. Erst den dumpfen Knall, so als wäre ein Sack Lumpen aus einem Fenster im höheren Stock eines Hauses auf weichen, erdigen Boden gefallen, ein in die Breite sich ausdehnender, stumpfer, tiefdunkler Ton, ein Aufprall von etwas, das noch einen Schutz um sich hatte, eine Hülle, einen Mantel, und der eben dadurch vielleicht zu überleben war, wir hatten keine Vorstellung, und erst, als kurz darauf die Sirenen heulten und zwei Sanitäter unseren Gang entlangrannten, nervös sich etwas zurufend, das für uns unverständlich war, und ein dritter schließlich mit einer Trage kam, ahnten, wussten wir, es war etwas sehr Ernstes passiert.

Sie sind interessant, diese Bilder. Plötzlich stehen sie hell vor meinem inneren Auge, bis in die Einzelheiten klar, so als wäre ich gerade dabei, sie zu erleben. Dann aber, wenn sie wie ein Blitz aufgetaucht und wieder verschwunden sind, verhallt mit dem schwachen Echo der Sätze, kehrt jene Dunkelheit zurück, aus der sie kamen und in die sie gingen. Es ist die Dunkelheit einer Geschichte, die nichts von sich weiß und nur in der kurzen Frequenz eines Lichtes, das man sich vielleicht auch nur eingebildet hat, zum Vorschein kam. Davon leben wir. Das ist die ganze Erzählung. Ein anderes Bild: Wir sitzen wie die Hühner auf einer Stange vor unserer Werkbank, auf der die zu montierenden Teile im Kreis herumgereicht werden, von Position eins, jemand nimmt einen Rohling aus einer Kiste, bis Position zehn, jemand legt ihn, etwas verändert, in eine Kiste zurück – und dazwischen sind ein paar Dinge passiert; es ist Zeit vergangen; ich habe zwei, drei sexuelle Erregungen gehabt, spontan, aus dem Nichts heraus, vielleicht, weil die Haut der Teile sich weiblich anfühlte, weil ein Teil mit einem Loch nach oben über die Transporttrampe rutschte, gerade so groß, um ihn dort zu versenken, weil einer der Kollegen mir zurief: – «Hast du schon mal die Moni gefickt?» – «Welche was?» – «Die mit ohne Zähne und mehrmals mit jedem?», woraufhin ich unter die Werkbank blickte und mir gegenüber seine Hand mit ihrem Geschlecht spielen sah, etwas hineingab und wieder herauszog, hinein und heraus, wie eine Welle, wenn sie ausläuft am Strand, sich zurückzieht und wieder nähert und ewig so fort. Diese plötzliche Lust, unwillkürlich, unhintergehbar, sie war vielleicht das Produkt einer archaischen Überlebenskultur, ein Körperreflex, Depressionsabwehr, ich habe oft darüber nachgedacht, *was es eigentlich war*, dieses persistente Schwänze- und Fotzengerede, das Zeichnen von Genitalien auf jede Wand. Sexualität war es nicht, eher Pornografie. Aber auch nur auf der Oberfläche ihrer Bildlichkeit und in der Obsession ihrer Zeichen. Dahinter lauerte Angst, schreckliche, grausame Arbeiterangst, für immer hier verloren zu sein und vergessen von der anderen, helleren Welt.

– «Ich kann dir sagen, was da passiert ist. Da hat einer den Pressluftschlauch an die Arschbacken des anderen gehalten und volle Kanne aufgedreht. Und jetzt 15 Jahre, dafür, arme Sau.»

Parallel zur Arbeit in der Fabrik gab es die Verpflichtung, an einer vormilitärischen Ausbildung teilzunehmen, eine Vorbereitung auf die Armeezeit. Alles in diesem Land war militärisch organisiert, offen oder versteckt, in seiner Bezeichnung klar oder rhetorisch verwaschen, aber dem Sinn nach dasselbe. Die Organisation, der unsere Ausbildung angegliedert war, hieß G.S.T. – Gesellschaft für Sport und Technik. Dort Mitglied zu sein hatte den enormen Vorteil, den Führerschein für Pkw machen zu können, worauf andere zehn oder fünfzehn Jahre warten mussten. Ich aber war kein Mitglied und ohne Privileg, litt an den Stunden, die wir über die Erde kriechen oder eine Holzwand überwinden mussten, mehr noch aber, wenn wir den sogenannten Theorieunterricht hatten und lernen sollten, wie wir uns bei einem Atomschlag, der naturgemäß immer von den Feinden im Westen ausging, richtig verhalten. Mit einem Diaprojektor Aspectar 150a (ein Gerät, das wir selbst einmal zusammenschrauben und verpacken mussten – deshalb erinnere ich mich auch so genau daran) waren Fotos auf einer Leinwand zu sehen, die zu jeder Empfehlung ein passendes Bildmotiv zeigten. Erstens, nach einem Atomschlag mit einem Staubsauger die Tapete absaugen, zweitens, und so weiter. Ich weiß noch, dass ich einmal tatsächlich kotzen musste, so übel schlug es mir auf. Und obwohl jeder im Raum den ganzen Unsinn begriff, gab es keinen, der widersprach oder lachte oder eine abschätzige Bemerkung machte, dass das doch alles absurd sei. Selbst der Referent, ein junger Mann von knapp dreißig Jahren in Uniform und mit diversen Abzeichen am Revers, musste sich hin und wieder ein Grinsen verkneifen, etwa bei einem Bild, einer mit Hand gezeichneten Karikatur, die einen Jungen abbildet mit langen Haaren und Kofferradio im Arm (im Jargon: *Gammler mit Heule*), aus dem laute Musik dröhnt (gezeichnete Noten, die wie Sprechblasen aus dem Lautsprecher blubbern und zweifelfrei *Westmusik* sind), und vor diesem Jungen ein Luftschutzbunker, an dessen Tür er rüttelt. Darunter die Zeile: *Dieses Exemplar muss draußen bleiben!* Das war die Warnung an alle, sich vom Westen nicht beeinflussen zu lassen und den falschen Moden anzuhängen und stattdessen die Sittsamkeit der F.D.J. auszuüben, ihr keusches Gelübde (eine Art alkoholfreies Bier übertragen auf die Belange des Geistes oder, besser, der Ideologie, in der es keinen Geist gab). Die Übergänge eines orthodoxen Protestantismus zur profanen Gläubigkeit an den Staat, der, wenngleich religionslos, die Rolle gern übernahm, ein Objekt der Anbetung zu sein, waren fließend, und meine puritanische Großmutter und mein kommunistischer Großvater, der seinem inneren Wesen nach immer ein Nazi geblieben war und nach dem Krieg nur wie so viele seiner Generation die Etiketten vertauschte, waren quasi die Eltern – eine Allianz der religiösen und der politischen Verbote.

Die G.S.T. aber hatte eine Uniform, die auch uns, den Abtrünnigen, dem Ausschuss und verdorbenen Rest, gefiel. Die Jacke, olivgrün, tailliert, mit Achselklappen auf der Schulter, Brust- und Oberarmtaschen, war bald schon Kult. Jeder wollte so eine Jacke, doch in keinem Bekleidungsgeschäft gab es sie zu kaufen, nirgends zu erwerben, nur eben bei der G.S.T. selbst. Ich weiß heute nicht mehr, was diese Uniformjacke so attraktiv gemacht hat, dass selbst wir uns damit schmückten – erweitert um aufgemalte Ostermarschzeichen, und, provozierender noch, mit einer Spritzenkanüle im Knopfloch, die das Symbol für generellen Widerstand war *gegen alles und jeden*. Immerhin war sie Teil einer Uniform, die im Status der Macht stand. Vielleicht spielte sogar die Idee der Vernichtung durch Identifikation eine Rolle, das In-die-Haut-des-Gegners-Schlüpfen, um ihn von innen her zu zersetzen, wie bei einem Bartleby-Effekt. Aber das hätten wir dann unbewusst getan, aus einem Instinkt heraus und jenseits einer bewussten Strategie. Auf jeden Fall begehrten wir diese Jacken und trugen sie bei fast jeder Gelegenheit und bei fast jedem Wetter, im Frühling wie im Sommer, im Herbst wie im Winter, die Ärmel hochgekrempelt und mit dünnem T-Shirt oder auch gar nichts darunter, wenn es warm war, mit dickem Pullover und Schal, wenn es kalt war, sie schützten uns, in ihrer äußeren Symbolik, die wir vereinnahmt hatten und seitenverkehrt reproduzierten: Wir machen euch mit euren Waffen platt (!).

– «Doch wer ist *wir*?» – «Ich weiß es gerade nicht. Vielleicht dasselbe, was *ich* ist, wenn ich *ich* sage. Eine geborgte Kollektivität, um nicht allein zu sein.»

Der dicke Heinrich war zu dick, um in den Fuchsbau zu springen. Im Grunde hätte er, seiner Konstitution nach, am G.S.T.-Unterricht gar nicht teilnehmen dürfen, an dem praktischen Teil jedenfalls nicht, der eine normale Gesundheit und Sportlichkeit vorausgesetzt hat. Aber der dicke Heinrich musste, ob er nun wollte oder nicht, und er musste springen, obgleich es jeder sehen und entsprechend abschätzen konnte, dass er niemals in den schmalen, kleinen Fuchsbau passte. – «Spring, fette Sau», rief der Ausbilder ihm zu, «worauf wartest du noch? Auf Weihnachten und Ostern an einem Tag? Oder brauchst du Extrawürste, eine kleine Sonderbehandlung, ein bisschen Häschenhüpf rund um die Grube, wenn die anderen nach Hause gehen?» Wir wandten uns ab und sahen nicht zu, das heißt, *ich wandte mich ab*, um dann auch nicht mehr gesehen und gewusst haben zu können, wer sich nicht abgewandt und zugeschaut hatte in einer perversen Lust am Unglück des anderen. Dann sprang er, der dicke, viel zu dicke Heinrich, aber er berührte mit den Füßen nicht einmal den Boden, so klein war der Aufriss der Erde, so schmal der Graben, dass auch alle anderen, um ein Vielfaches dünner, kaum Platz darin fanden. Der dicke Heinrich klemmte fest, wie in einer Falle, und schrie. Er hatte sich die Rippen gebrochen.

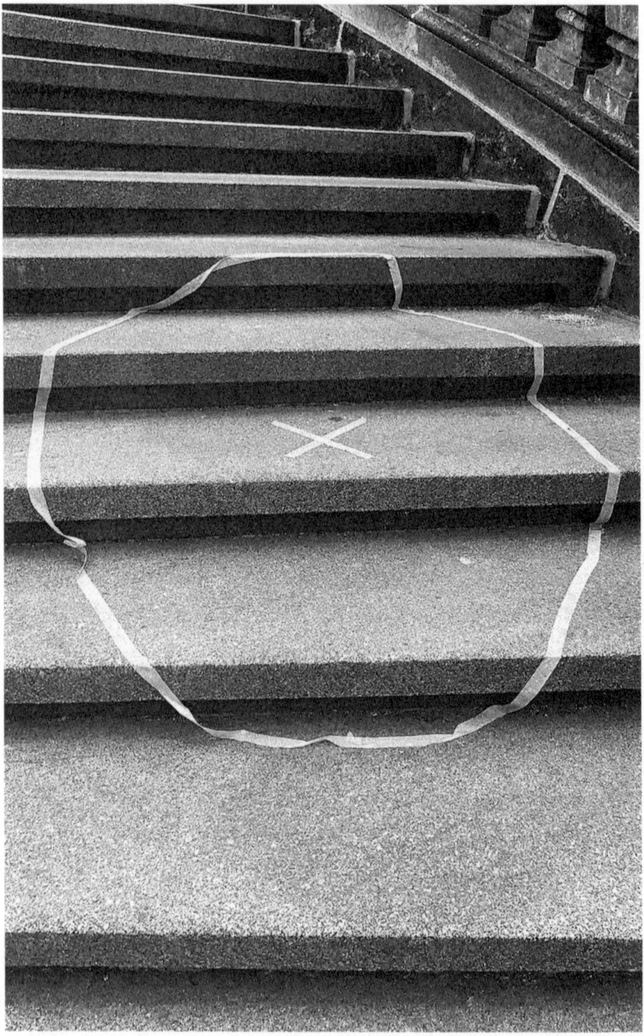

Mutters Buch [1]

Die Schmerzen kehren zurück. Kaum zu ertragen. Ich nehme die Opiate wieder und spüre, wie sie mich sedieren, die Gedanken trüben, das Bewusstsein verändern. Es ist die Wahl zwischen Pest und Cholera, Müdigkeit und Schmerz. Aber ich weiß auch gar nicht, was genau der Schmerz sagt, was er will, dass ich denke. Vielleicht ist er ein Agent meines Textes und reagiert darauf, was in mir zur Sprache drängt und das Bild meines Wissens verändert. Vielleicht hat er mit den kaputten Schultern nichts mehr zu tun, und ich habe einen falschen Verdacht und schiebe alles auf die Physiologie, und vielleicht ist das der Grund meiner Erbschaft: ein Loch, eine Leerstelle, etwas, das kein Wort und keinen Namen mehr hat. *Das Rätsel*. Rätsel eins ist gelöst: der Halbbruder K. Rätsel zwei ist eine ältere Schwester, die tot auf die Welt kam, zwei Jahre vor mir. In meiner inneren Anrufung habe ich sie immer Klara genannt. Wenn ich der erwachsene Bruder für Ludwig und André sein musste, der Vaterersatz, der selbst seine Mutter nicht fand, und eine solche Angst mich überkam, ich könnte der Verantwortung nicht mehr gerecht werden, für Ludwig und André, die an mir zerrten, mich überforderten, viel zu viel wollten, dann rief ich nach Klara, «du musst kommen, du musst mir helfen, du musst es tun, was ich nicht mehr kann, geliebte, große Schwester!» Ich stellte sie mir vor, wie sie ausgesehen hätte, ihre Augen, ihre Nase, ihr Mund, wie sie gesprochen hätte, leise oder laut, schnell oder langsam, wie sie ihr Haar getragen hätte, frei und lang über die Schultern oder gebunden zu einem Zopf. Sie war da, es gab sie, in meiner inneren Welt. Je einsamer ich wurde und je verlassener ich war, desto häufiger sprach ich zu ihr wie zu einem Wesen aus Luft. Nie habe ich jemals mit irgendwem darüber gesprochen, dass Klara lebte und in mir ihren Ort fand, ihr Recht und ihre Möglichkeit zu sein. Aber Klara war auch noch etwas anderes, ihr Fehlen die Anwesenheit einer Schuld: *Ich war da*, mich gab es, ich besetzte, was ihr gehört hat – einen Platz. Wie der dicke Heinrich in ein zu kleines Loch sprang, um sich dabei die Knochen zu brechen, so stürzte ich auf die Erde ins Leben, dorthin, wo die Erde schon einen Menschen gehabt haben sollte, der durch ein Unrecht wieder zurückgeholt wurde in die Ewigkeit davor, die auch zu einer Ewigkeit danach werden würde. Der Anschluss der Bilder und Sätze im Text zeigt eine Schuld, von der ich nichts wusste – und das ist der Schmerz. Ich gehe vom Schreibtisch weg und suche die Aufzeichnungen meines Vaters, um zu sehen, ob Klara in seiner Geschichte erscheint. (…) Nein, nichts. – Eine Leerstelle.

Aber alles, was ist, ist es dadurch, *dass etwas nicht ist*. Und dieses *Nichtseiende* ist.

Vor ein paar Jahren hat mich eine tiefe Liebe erschüttert, für die ich auch heute noch keine genauere Zuordnung habe, woher sie kam und wohin sie ging, und von der ich so sehr überwältigt wurde, dass ich nahe daran war, den Verstand und mein Leben bis zu diesem Moment zu verlieren. Sie stand plötzlich da, hielt meine Hand und sagte mir ihren Namen: – Klara. Diese Geschichte will ich hier nicht erzählen. Mir geht es um die große Ab-

wesenheit, die anwesend ist, um das *Loch* im Gewebe der
Existenz. Es muss etwas geben, einen Ort, an dem sich
unser Begehren begründet, ohne dass es dort auch gefüllt werden kann, weil es ohne Objekt ist. Dann aber
verschiebt sich diese leere Form zu einer Sache der Welt,
wird ein Ding mit Kontur, wird *etwas und jemand*, und
alles bricht zusammen, was bis dahin von Festigkeit war
und Struktur. Dieser Ausbruch des Verlangens macht
dich schutzlos und nackt, du bist gefangen im Netz eines
anderen, und dieser andere bist immer auch du. Das,
vielleicht, meinte Lacan, wenn er sagt, … «dass der
Sender vom Empfänger seine eigene Botschaft in umgekehrter Form empfängt».

Immer wieder, gerade jetzt, in Zusammenhang mit diesem Buch, von dem mir noch die Gewissheit fehlt, was es
wird, krame ich in den Fotografien herum, die zerstreut
und ungeordnet in einer Holzkiste liegen. Die beliebige
Folge von Motiv und Chronologie, das wilde Durcheinanderliegen von Bildern, die alle eine andere Geschichte
erzählen, in deren Summe nichts zu einem Ganzen sich
ordnet, *ist die Ordnung*. Es hat einen Grund, dass ich nie,
all diese vielen Jahre und Jahrzehnte hindurch, auch nur
einmal Lust verspürt hätte, das ganze Bildgebäude so zusammenzusetzen, dass es einen Zusammenhang ergibt,
ein Zeit- und Handlungsgerüst nach dem Muster, wann
etwas war, wie und warum. Denn das ist die große Lüge
der Alben, dass sie von einer Wahrheit ausgehen, die in
ihrer Anordnung liegt. Vielleicht lässt sich die Wirklichkeit darauf ein, auf diese Art beherrschbar zu sein – die
Wahrheit jedenfalls nicht. Sie ist plötzlich da, im Kurzschluss zweier Motive, die nichts anderes miteinander
verbindet, als dass ein Blick sie gleichzeitig sieht. Und

in dieser zufälligen Gleichzeitigkeit ereignet sich etwas, von dem wir keine Ahnung hatten: Die Motive gehören zusammen, sie zeigen, in ihrer Unvereinbarkeit, wie zugehörig sie sind und wie logisch ihre logische Unverbundenheit ist. Das kann man nicht erfahren, wenn die Fotos aufgeklebt sind und starr ihre Rolle im Album der familiären Geschichte einnehmen, um von dort, von diesem reservierten, festen Platz aus, immer wieder dasselbe zu erzählen, dieselbe Vermutung von Wahrheit, dieselbe Fiktion. So hat es sich ereignet, dass ich eines Tages wie vom Blitz erstarrt vor einem Foto saß, das auf einmal so dalag, vor mir, auf dem Tisch, in Abstand gebracht zu allen anderen Fotos und dadurch bedeutend: meine Mutter als junge Frau.

Klara. Sie war Klara, mit der ich zwei Jahre durch den Abgrund einer Liebe ging. Ich starrte wie verrückt auf dieses Bild meiner Mutter und erkannte das Gesicht meiner Geliebten dahinter, die langen blonden Haare, die großen dunklen Augen, den runden, vollen Mund. War das möglich? Wie konnte es zu einer solchen Ähnlichkeit kommen? Und wieso habe ich niemals ... auch nur im Entferntesten ... daran gedacht? Dann war es wieder meine Schwester, dann irgendetwas, das noch ungeboren und vom Begehren mit keinem Namen besetzt war. So bleibt es immer *das Fehlende*, bis zum Schluss. Das, was ich suche. Das, was es ist.

Ich schrieb, gerade nach Hause gekommen und noch unter Schock, eine halbe Nacht hindurch auf, was sich zum Entsetzen aller am vormilitärischen Ausbildungstag ereignet hatte, und dieses Aufgeschriebene nahm ich am nächsten Tag mit und zeigte es den Freunden. *Der*

dicke Heinrich war zu dick, um in den Fuchsbau zu springen.
So fing, was ich geschrieben hatte, an, und mit diesem ersten Satz, der einen Raum öffnete und über eine Resonanz verfügte, von der aus sich alle weiteren Sätze von selbst weiterschrieben, war ich *Schriftsteller*, was natürlich kein Beruf ist, sondern eine Einbildung. Zwar hatte ich auch vorher schon geschrieben, kurze Texte, Parabeln, Gedichte (oder was ich dafür hielt), aber diesen Versuchen fehlte die Zeugenschaft, sie waren stumm und nur für sich selbst, sie sprachen *niemanden an*, und das machte sie leer. Dieser Satz nun war anders, er war sich selber voraus und hatte schon die ganze Geschichte im Blick, ihr furchtbares Ende – er war das Tor, durch das ich hindurchging, angefeuert von einem begeisterten Publikum, den Zeugen des Vorfalls. Es ging eine Wirkungsmacht von diesem kleinen Text aus, nicht länger als fünf, sechs Seiten, aber das war egal, was ich spürte, war der Strom der Energie, der sich über das Lesen im anderen ausgedehnt hatte, ihn bewegte, erregte, zornig werden ließ, bis man anfing, sich gegenseitig diese Seiten zu geben und abzuschreiben, und sie weiterzugeben und weiter abzuschreiben, bis es eine erste, winzige Auflage gab, mit Heftklammern verbunden und mit einem Deckblatt versehen, das den Titel in großen Lettern herausgestellt hatte: *Der dicke Heinrich war zu dick, um in den Fuchsbau zu springen.*

Was war das? Widerstand? Die Macht der Sprache? Ich war berauscht von dieser Wirkung, denn immerhin bildete sich infolge meiner kleinen, empörten Schrift eine Gruppe heraus, die bereit war, gegen den Ausbilder, der Heinrich auf dem Gewissen hatte, vorzugehen und ihn anzuzeigen. Dass diese Anzeige nichts bewirkte und im

Gegenteil noch diejenigen, die sie vorgebracht hatten, ins Abseits stellte, sie bei jeder sich bietenden Gelegenheit benachteiligte und umso heftiger der Drangsalierung preisgab durch ebenjenen Mann, der Anlass für sie gewesen war, ist eine andere, hier nicht mehr erzählte Geschichte. Und auch diese zweite Geschichte hätte einen Stoff abgegeben, so aufwühlend und für einen neuen Strom an Empörungen sorgend wie die erste. Das zu können mit nichts als Buchstaben, Wörtern und Sätzen, dafür konnte es nur die Bezeichnung *Schriftsteller* geben, nicht als Status und Berufsbezeichnung, die ja nur lächerlich ist, sondern als ein Phänomen der sprachlichen Konzentration, von der aus die Welt sich verändern und beeinflussen ließ. Ja, ich glaubte fest, von diesem Ereignis an, dass es die Möglichkeit gab, *in Widerstand zu sein*, und das nicht nur in der völlig ohnmächtigen Art und Weise eines partikularen *Ich mache das nicht*, dem dann nichts weiter folgt. Zu dieser Zeit ahnte ich schon, dass ich nichts werden würde in diesem Land, dass ich verloren gehen würde in den Niederungen der Arbeiterklasse, dass mir nichts anderes blieb, als eben *Schriftsteller* zu werden. Aber das war Rettung und Schutz und Abwehr gegen alle Zudringlichkeiten eines feindlichen Außen, das war ein Feld, auf dem ich leben und gewinnen konnte – alle anderen Felder waren verloren.

Bücher, das Lesen und Schreiben, meine eigene Produktion, nichts war mir wichtiger, nichts sonst konnte mich am Leben halten. Glücklich waren die Tage, in denen ich nicht in die Fabrik gehen musste und schreiben konnte, am glücklichsten die, in denen ich krankgeschrieben war, von Dr. Wendler, der schon die Krankschreibung ausgefüllt neben sich auf dem Schreibtisch liegen hatte, noch ehe ich ins Sprechzimmer hereingekommen war und sagen konnte, was mir gerade gesundheitlich fehlte. Es war früh kurz nach neun, ich kam aus der Praxis Dr. Wendler am Fetscherplatz, ging zur nächsten Telefonzelle und rief in der Fabrik an und meldete mich krank. Der Magen, wie immer. Wird dauern. Vielleicht zehn, vielleicht zwanzig Schreibmaschinenseiten. So eine Gastritis ist zäh. Und chronisch, wenn man so verzweifelt ist wie ich. Dann fuhr ich zum Postplatz und setzte mich in ein Café, in dem ich bei Mineralwasser und Tee lange sitzen und mich aufhalten konnte, ohne gestört zu werden. Man kannte mich hier schon, ich saß immer am selben Platz, gleich am Eingang mit Blick auf die Straße. Und dann sah ich dem Menschenstrom zu, der an mir vorüberfloss, müde und grau, irgendwohin, wo es ganz sicher ebenso zuging wie in den Hallen meiner Fabrik und wo man gleich mir andauernd auf die Uhr schauen würde, um zu sehen, wie viel Zeit wieder vergangen war, weil die Zeit der große Feind war, den es zu besiegen galt, so als wäre sie nicht auch Lebenszeit gewesen und verkürzte Existenz. In diesem Café mit Blick auf den Gleichklang der Tage fühlte ich mich frei, frei, meine Verzweiflung in Worte zu fassen und ihr eine Form und eine Sprache zu geben, durch die sie zu beherrschen war. Ich habe, wenn ich geschrieben habe, immer aus Verzweiflung geschrieben, und wenn ich einmal nicht geschrieben habe, dann war ich auch nicht verzweifelt. Es gibt keinen Grund zu schreiben, wenn man nicht verzweifelt ist, dachte ich immer, vielleicht aus Eitelkeit, aus Übermut, aber das lag mir fern und ergibt keine brauchbaren Texte, Texte, die unbedingt sind und unmöglich wieder weg und aus der Welt zu denken. Mein Anspruch wurde so ungeheuer groß, dass es nur noch das Scheitern gab und in der Variante des Scheiterns der einzig mögliche Erfolg lag. Man muss, dachte ich, das Unmögliche wollen, damit das Mögliche möglich werden kann. Es klingelte, und ein Mann in blauem Anzug und hellem Trenchcoat stand vor meiner Tür in der Wernerstraße 20, *von der Firma*, wie er es selber gleich sagte und dabei elegant seinen Dienstausweis zog. Ohne abzuwarten, dass ich ihn hereinbitten würde, was ich nicht einmal vorgehabt hätte, trat er in den Korridor meiner Wohnung, als wäre es seine. «Sie wollen also Schriftsteller werden und in Leipzig studieren. Wir wissen es. Wir wissen alles. Was Sie schreiben und wann Sie schreiben und wem Sie es zu lesen geben. Es ist jedenfalls nichts, das unsere Gesellschaft voranbringen könnte und braucht, vielleicht sogar störend, wenn man genauer hinsieht, vielleicht sogar feindlich. Nun, Sie sind ein verwirrter junger Mensch, und nur Ihrem Vater haben Sie es zu verdanken, dass wir Sie so laufen lassen, glauben Sie es. Andererseits, wir lassen niemanden fallen, wenn er nicht selbst fallen will. Warum sollen nicht auch Sie eine zweite Chance bekommen, vielleicht wäre es auch schon die dritte, die vierte, ich habe das nicht mehr gezählt, so viel gibt Ihre Akte an Einträgen her.» Jetzt machte er die erste Pause, holte tief Luft und sah sich um – Bücher, überall Bücher. – «Und, alle gelesen? Nun», fuhr er mit leiser Stimme fort, so als dürfte keiner hören, was er gleich sagen würde, «Ihrem Vater zuliebe, glauben Sie mir, er ist ein verdienstvoller Genosse, dem Sie große Sorgen bereitet haben. Am Institut liegt Ihre Bewerbung. Sie wissen, dass es die letzte für Sie ist? Nach einem Abendabitur, das wir Ihnen quasi noch genehmigt haben, und all den Ablehnungen danach, Regie, Kunstgeschichte, Bibliothekswissenschaft, wir sind informiert, über alles,

glauben Sie es. Regie, mit einer solchen Verdrehtheit im
Kopf, was denken Sie denn, wo Sie sind und mit wem
Sie hier reden.» Dann noch einmal eine Pause. Ich war
wie erstarrt und blickte hinaus auf den Hof, auf eine
Gartenanlage hinter dem Haus, in der die ersten Blüten
an den Ästen standen wie aus Versehen, aus einem Irrtum in der Natur. – «Nun, kommen wir mal zum Punkt.
Leipzig. Wir brauchen da immer gute Leute, auf die wir
uns verlassen können und die uns berichten, was da so
alles hinter verschlossenen Türen passiert und unter der
Bettdecke raschelt. Wir können ja unsere Augen nicht
überall gleichzeitig haben. Und angehende Schriftsteller,
Poeten, wie soll ich sagen, Mimosen und Sensibelchen,
die werden schon auch mal verführt und auf falsche
Gleise gesetzt. Da stehen wir ja schützend davor. Und da
können Sie nun wirklich einmal helfen und uns zeigen,
auf welcher Seite Sie stehen. Für Frieden und Sozialismus oder dagegen. Das entscheiden ganz allein Sie.» –
«Auf Wiedersehen!», sagte ich, ohne lange nachzudenken, ging zur Tür und öffnete sie dem ungebetenen
Gast. – «Auf Wiedersehen? Uns sehen Sie nicht wieder.
Aber wir sehen Sie, und das sehr genau, worauf Sie sich
verlassen können.»

Als nach der Wende die Skandale aufbrachen, wer alles
«dabei» gewesen ist – und oft waren es andere, als man
es dachte –, habe ich immer wieder zu hören bekommen,
meistens im Westen, … «ich weiß ja nicht, wie ich mich
verhalten hätte, wenn». Und jedes Mal dachte ich, um
Himmels willen, es ist doch noch keiner ein Held, nur
weil er kein Schwein ist.

Nachdem ich mit meiner Mutter wieder einmal zum

Friedhof gefahren war, um an die Gräber unserer Familie zu gehen, fiel mir auf, dass die Verzweigung der Wege auf dem Gelände derselben Anordnung folgt, nach der die Gärten der Eltern und Großeltern, Onkel und Tanten in der Gartensparte *Heimathöhe* einmal voneinander entfernt gewesen sind, dasselbe Zickzack vor und zurück, zurück und zur Seite, eine Kopie des Lebens auf dieser letzten, ewigen Erde, eine Metapher. Als Kind war ich gern in der Gartensparte *Heimathöhe*, fuhr mit dem Fahrrad an den Sonntagen hin, ging zuerst zu den Großeltern, wo es Kakao und Kuchen gab, spielte dann mit Großvater Schach, um danach, am späten Nachmittag, noch zu einem meiner Onkel zu gehen, den anderen musste ich meiden, weil er Verwandte im Westen hatte und dorthin auch ausreisen wollte. Und nun, dachte ich, liegen sie hier beieinander und können niemals mehr weg.

Das Glück des Sisyphos. Mutters Buch [2]

Mutter habe heute den ganzen Tag geputzt. Sie habe, sagte sie, die Küche einmal gründlich sauber machen wollen, in allen Ecken, Rissen und Kanten, aber dann sei eine solche Müdigkeit über sie gekommen, dass sie sich augenblicklich habe hinsetzen und ausruhen müssen. Sie merke nun schon, dass sie alt geworden und nicht mehr in gleicher Weise belastbar sei wie früher oder auch zu Zeiten, als Vater noch lebte. Jedenfalls habe sie sich hingesetzt in der Absicht, nur einen Moment auszuruhen, zwei, drei Minuten, nicht länger, und dann gar nicht bemerkt, wie sie plötzlich eingeschlafen sei, halb sitzend, halb liegend, das linke Bein auf der Couch, das rechte im rechten Winkel aufgestellt am Boden, wodurch ihr der Fuß, von Wasser und abgelagertem Fett angeschwollen, noch dicker geworden sei und so sehr zu schmerzen begonnen habe, dass sie davon erwacht sei. Zuvor habe sie noch einen Traum gehabt, in dem die Küche überschwemmt worden sei von einer giftigen Lauge, und aus allen Ritzen und Löchern seien fette schwarzbraune Kakerlaken von der Größe einer Streichholzschachtel gekrochen. Und als sie so, in dieser Haltung, erwacht sei, seien zwei Stunden vergangen gewesen, und sie habe noch den Lappen, mit dem sie die Uhr an der Wand und die Regale daneben habe abwischen wollen, in der Hand gehalten wie im letzten wachen Moment, und die Flasche mit dem Reinigungsmittel habe offen auf dem Boden darunter gestanden, und daneben haben alle anderen Putzutensilien gelegen, griffbereit und nach einem klugen System ihrer Verwendung. Es habe alles noch so dagelegen, als hätte sie es gerade benutzt, und dann sei ihr, wie im Märchen, der ganze Ablauf der Arbeit wie eingefroren, wie auf hundert Jahre versteinert. Als sie zu sich gekommen sei und ihre seltsame Lage erkannt habe und den Riss in der Zeit, habe sie gewusst, ihre Arbeit heute nicht mehr zu schaffen, das, was sie sich vorgenommen habe, nämlich einmal gründlich die Küche zu putzen.

Aber ihre Küche ist doch gar nicht schmutzig, dachte ich, das kann sie ja gar nicht, schmutzig werden, weil sie sie jeden Tag putzt. Und selbst wenn sich in den hinteren Reihen der Regale oder unteren Fächern der Schränke Staubschichten abgesetzt hätten, Reste von Öl oder Fett, unwahrscheinlich ohnehin, dann hätte sie die Arbeit doch auf mehrere Tage verteilen können. Aber dann hätte es auf den Tag des Putzens bezogen einen solchen Zeitüberschuss gegeben, dass sie ins Nachdenken gekommen wäre, ins Grübeln darüber, warum man überhaupt putzt, wenn sowieso immer wieder schmutzig wird, was man gerade abgewischt oder blank gerieben hat. Diese Frage nun ließe sich leicht auf das Leben selbst übertragen, auf vielleicht alles, was einer tut und warum er es tut und mit welchem Erfolg, und dann wäre eine Melancholie die sichere Folge, dachte ich, sodass ihre Entscheidung zu putzen, eben in dieser obsessiven, betäubenden Art, vielleicht gar nicht so verkehrt gewesen ist.

«Wir müssen uns Sisyphos als einen glücklichen Menschen vorstellen», schreibt Camus. Zwar wuchtet er immer wieder denselben Stein auf den Berg, der ihm, noch ehe er sein Ziel erreicht, immer wieder aus den Händen und in die Tiefe fällt, aber er hat *eine Aufgabe*, und zudem eine, die nie zu einem Ende führt. Die Vorstellung von einem Ende und dem Erreichen des Ziels wird somit unerschöpflich und wiederholt sich unendlich oft, immer wieder angetrieben von der illusorischen Hoffnung, diesmal erfolgreich zu sein. Wäre die Aufgabe erfüllt, würde nichts an ihrer Stelle sein, nur erdrückende Leere. Dann müsste ein neuer Stein her und ein anderer Berg, an dem sich das Ritual der Vergeblichkeit von Neuem vollzöge. Vorher aber müsste auch die Strafe neu ausgesprochen werden, damit sie zur Erlösung werden könne.

Eine kleine Drehung der Perspektive, ein anderer Blick, und was wir tun, ist absurd. Sisyphos kann glücklich werden, weil ihm die Evidenz dafür fehlt, er kennt zwar die Wiederholung, nicht aber das Absurde. Mutters Zwang zur Wiederholung, ihr uneinholbares Verlangen, einen Moment von absoluter Reinheit zu erreichen, den ein letztes Körnchen Staub stets verhindert, ist eine Lösung für etwas unlösbar Anderes, es ist *eine Antwort*. Aber was hat es mit uns gemacht, wenn wir wie Diebe in der Nacht auf Zehenspitzen über den andauernd feuchten, klebrigen Fußboden tapsten, der gerade wieder eingebohnert war? Mutter fand im Sisyphosmythos ihr System, aber es war niemals meines oder unseres. Wie hinter Glas sehe ich zu, was ich tue, ohne es zu wollen. Ich will diese Ordnung der Dinge nicht, die nur für sich selbst ist, für ihren eigenen Erhalt; und genau dafür werden Leute bezahlt, diese leere Ordnung schafft Arbeit, sie füllt sich mit Unverzichtbarkeit an und rechtfertigt eine komplizierte Verwaltung. Nicht die Dinge sind es, die uns erschöpfen, sondern dass sie verwaltet, abgelegt und zugeordnet, repariert und gewartet werden müssen, und was Zeit einsparen sollte, weil es das Leben erleichtert, verliert sie damit, dass es uns seine Ordnung aufzwingt. Am Ende, hinter den Fortschrittsversprechen, herrschen die Zwänge und Abhängigkeiten, es sei denn, eine Dienerschaft übernimmt hierfür den Dienst. Ich habe es immer gehasst, zu viele Dinge zu besitzen, die alle einen Anspruch auf meine Zeit haben, gleichzeitig habe ich mich mit ebendiesen Dingen andauernd belastet. Mein Ideal ist ein leerer Raum, aber ich habe überall sinnloses Zeug herumliegen, Gebrauchsgegenstände, die ich eilig angeschafft habe in der Erwartung, sie täglich zu brauchen, und die dann nur dadurch noch auf sich selber hinweisen, dass sie irgendetwas von mir verlangen, dass ich es tue. Wie meine Mutter tagtäglich putzt, ohne dass es notwendig wäre, so ordne ich Dinge, die ich gar nicht verwenden kann, es ist dieselbe Neurose, die wie geölt ins Getriebe der produzierenden Gesellschaft passt, in die leeren Bezirke der Absurdität. Aber etwas muss von außen so eingewirkt haben, dass es seinen inneren Ort fand, und es muss etwas sein, das mehr ist als eine blinde Kapitalproduktion, die ja noch nicht garantiert, auf ein Bedürfnis zu stoßen. Vielleicht ist es die Schuld der Sprache, in der die Verhältnisse einer Zeit und Gesellschaft länger aufbewahrt und schließlich reproduziert werden, als diese selbst gedauert haben. Die Sprache archiviert die Historie, sie trägt sie der Zeit hinterher wie ein Höfling die Schleppe des Herrn.

Mutters wahnhafte Obsession, ihre Zwangsvorstellung von einer Welt ohne Makel und Schmutz, kam nicht aus ihr selbst, sondern von irgendwoher, sie war ein Produkt, das neu produziert. Ich möchte sie in Schutz nehmen – meine arme, alte Mutter, vor meiner Erinnerung, wie sie den ganzen langen Tag in Kittelschürze und die Haare zum Dutt hochgebunden mit nichts als dem Putzen der Wohnung verbringt, dann abends müde ins Bett fällt, um am nächsten Tag dasselbe wieder zu tun … und wieder … und wieder. Was musste sie da für eine Arbeit verrichten, um eine andere nicht leisten zu müssen? Aber vielleicht hat sie, ihre Generation, das nicht gelernt, anzuerkennen, dass immer etwas schmutzig ist, nicht passt oder fehlt. Und ich habe *das Fehlende* zu meiner Substanz gemacht, zum Mittelpunkt meiner eigenen Geschichte. Die Teile fügen sich zueinander, das Bild vervollständigt sich, wenn ich mir die abwesende Mutter hinzudenken kann, im Leben der Fotografien. Ihr permanentes *Ich kann nicht* ist mein *Du musst* geworden. Soll sie heute putzen, solange die Kraft reicht, von morgens um sieben bis abends um acht, ich finde es herrlich, wie sie den Tod durch Stillstand überlistet, die Depression am Absurden durch das Absurde. Im Ritual liegt eine Würde, die es schön werden lässt. Und was ist das Schreiben, das mich am Leben erhält, anderes als tägliches Putzen?

Ein einfacher Satz: In allem, was ich suche, suche ich meine Mutter (nehme ich an).

Die Wiederholung: Der dauernde Schmerz in beiden Schultern, der über den Rücken bis in die Arme ausstrahlt, absorbiert jede Energie. Es ist ein Verbrauch von Kraft allein dadurch, dass man irgendwie über die Stunden kommen muss, der durch nichts mehr ausgeglichen werden kann. Die Zeit verrinnt mit dem Schmerz, der Schmerz wird zur verrinnenden Zeit. Es ist eine Demütigung, Schmerz zu empfinden, weil der Schmerz mich ignoriert und meinen Willen missachtet. Im Schmerz müssen wir erkennen, dass unser Körper uns nicht gehört, aber wir können ihn, auch wenn er uns nicht gehört, nicht verlassen. Ich möchte heraustreten aus meinem Körper, der ein Gefängnis mit Folterbank ist und mich so sehr beleidigt. Aber alles, was von dieser Vorstellung bleibt, ist eine letzte Negation, von der aus es keine Umkehr mehr gibt, keine Korrektur. Allein das hält mich ab, es zu tun – dass in der Handlung eine Geste des Unumkehrbaren liegt.

Ich war an diesem Punkt, das Unumkehrbare zu wählen, als ich in dieser Fabrik war und die Vorstellung hatte, da kommst du nie wieder raus. Ich treffe Heidrun wieder. Wir sitzen im «Stadtstreicher», einem hübschen Lokal an der Elbe, gegenüber die Wohnung, in der ich ihr ein halbes Jahr nah war. *Stadtstreicher* und *Stadtschreiber*, das liegt seinem Klang nach so eng beieinander, dass es auch vom Sinn her verbunden sein muss. Die Sprache lügt nicht oder eben nur, wenn sie lügen will. Wir haben unseren Stammplatz in einer hinteren Ecke des mit allerlei Kitschgegenständen vollgestellten Saales gefunden, einem Biedermeiersofa mit Spitzendeckchen über der Lehne und einem verschnörkelten Teetisch davor, auf dem zwei rote Kerzen im weißen Porzellanständer stehen, daneben das Silberbesteck und zwei kunstvoll gefaltete Servietten aus Stoff. Von hier aus und nebeneinander auf der Chaiselongue sitzend wie ein uraltes Ehepaar, das nicht mehr zu reden braucht, um sich doch alles zu sagen, überblicken wir das ganze Restaurant, wer kommt und wer geht, wer wen erwartet oder allein bleibt, weil der Erwartete nicht erschienen ist. – «Wir werden», sagte Heidrun einmal, ich zwanzig, sie zweiundzwanzig oder ich zweiundzwanzig und sie vierundzwanzig, «erst später zueinanderfinden, ganz spät, am Ende unseres Lebens vielleicht und beide mit gebeugtem Rücken am Stock, aber wir werden uns finden und erinnern, dass etwas war.» Daran muss ich denken, jetzt, wo wir so nebeneinandersitzen und in den Raum hineinschauen wie ein uraltes Paar, das nicht mehr sprechen muss, um etwas zu sagen. Es sind die Augen, die jung bleiben, wenn alles andere alt geworden und aus seiner Form gefallen ist, wie bei meinem Vater, als ich das letzte Mal im Heim an seinem Bett saß wie neben einem, den schon der Tod in seinen Händen hält, und dessen Augen noch einmal so wach und hell gewesen sind, als wäre er wieder das Kind, dem noch alles bevorsteht, denke ich und schaue Heidrun tief in die Augen, als wären sie mein noch zu schreibendes Buch.

Schuld. Erinnerungsmythos [3]

Wir liegen im Bett, es regnet, auf den Fensterscheiben zeichnen sich Wasserspuren ab, Linien in einem Muster wie Sätze in einem Text, «wir können zueinander nicht kommen», sagt Heidrun, «du hast einen Sohn, und eine Frau», ergänzt sie nach einer Pause. «Und ich habe das alles gerade durch, wie es ist, wenn man verlassen wird, weil der andere einen anderen nicht verlassen kann.» Sie meinte Wieland damit, einen verheirateten Psychologen mit zwei Kindern und Eigenheim irgendwo am Stadtrand, wo es nach wilder Natur riecht und eine Familie so richtig fest zusammenklebt. Ich hasste diesen Mann, der gut zwei Jahrzehnte älter war und mir mit dem Gesicht meines Vaters erschien, wenn ich im Traum an ihn dachte; ich hasste ihn, ohne ihn jemals gesehen zu haben, weil er mir Heidrun weggenommen hatte, und ich verachtete ihn für etwas, das ich ja auch tat und wofür der Jargon das Wort *Fremdgehen* kennt – ich habe kein Wort dafür, nichts, was es treffend ausdrücken könnte, weil es zu viele Schattierungen für dieselbe Sache gibt. So reflektierte ich auch niemals mit, dass ich ja ebenso verheiratet war, aber in einer Weise unglücklich, dass es mir wie ein Recht erschienen ist, mit Heidrun in einem Verhältnis zu sein, zumal ich *verliebt war*, was ohnehin alle Vorsätze und moralischen Appelle auf den Kopf stellt und vor aller Augen entsorgt. Und wenn ich in Heidrun verliebt war, konnte es keinen Zweiten geben, der es auch ist, gleichzeitig, völlig unmöglich. – «Er nutzt dich aus», sagte ich, «er ist ein mieser Typ, der sich nur amüsiert und seinem Alter davonläuft.» Mit dieser arroganten Eifersucht hatte ich Heidrun endgültig verloren. Nun aber liegen wir wieder im Bett, als hätte es keine Trennung gegeben und als wären wir beide füreinander frei. – «Es ist so viel Schuld in uns, wenn wir lieben», sagt sie. – «Ich weiß», sage ich, «und man kann nichts dagegen tun.»

Ich bin neunzehn oder zwanzig oder einundzwanzig. Das Foto mit meinem Sohn Leon auf dem Schoß, zwei oder drei oder vier, ich habe jedes Gefühl für die Zeit und die Jahre verloren, es kann eine Sekunde sein, es können zehn Jahre sein, das eine ist ausgelöscht, vollkommen leer, als wäre es niemals gewesen, das andere grell und dicht und ganz gegenwärtig, und da sitze ich mit meinem Sohn Leon auf dem Schoß in einem Fotostudio irgendwo in Dresden, wahrscheinlich bei Podkowa an der Schweriner Straße, wo ich mir auch schon die Passfotos für meinen ersten Personalausweis hatte anfertigen lassen, mit vierzehn, und dann verliebte ich mich in Podkowas Tochter, die hinter dem Tresen stand und die Aufträge annahm, in ihre langen blonden Haare, ihren runden schönen Mund. Ich bin dann immer wieder zu Podkowa gegangen und habe mir Passfotos anfertigen lassen, nur um seine Tochter hinter dem Tresen zu sehen und auf ihre Lippen zu schauen und mir vorzustellen, wie sie mich küsst. Ich bin hingegangen, sobald eine gewisse Zeit verstrichen war und es glaubhaft sein konnte, dass ich schon wieder Passfotos brauche, ließ mich für zweifünfundsechzig fotografieren und schaute sie, sobald ich sie sehen konnte, hochverliebt an, ohne je etwas zu sagen oder zu fragen oder sie einzuladen, einmal mit mir ins Kino oder spazieren zu gehen. Sie war älter, sie war reifer, sie war erfahrener als ich und hatte sicher auch einen Freund. Als ich nun dasaß mit meinem Sohn auf dem Schoß, um ein Bild für die Familie zu haben, einer Familie, die ich in Wahrheit nicht kannte, ebenso wenig, wie sie mich gekannt hat, war Podkowas Tochter nicht da, ich dachte an sie und suchte nach ihr mit meinen Blicken, aber der Tresen war nur noch mit ihrem Vater besetzt, einem alten, gebrechlichen Mann, dem man nicht mehr ansehen konnte, eine so hübsche Tochter zu haben. Dieses Foto mit meinem Sohn an diesem Tag bei Podkowa, der für mich ein Tag der Erinnerung an eine Liebe war, die es nur in meiner Vorstellung gab, gehört zu den Fotos in meiner Sammlung, die ich mir wohl am häufigsten und längsten angeschaut habe: Er mit Blick in die Kamera, ich mit Blick irgendwohin, wo immer meine Gedanken gerade gewesen sind, und dann, für den Moment meiner eigenen Betrachtung auf mich selbst, bin ich das Kind meines Kindes, so scheu, einsam und allein wie jemand, der sich im Wald verlaufen hat und den Heimweg nicht findet. – Ich bin neunzehn oder zwanzig oder einundzwanzig, schrieb philosophische Texte in Aphorismen wie Nietzsche, las Max Stirner «Der Einzige und sein Eigentum» und hörte Pink Floyd. – «Ja», sage ich, «ich habe einen Sohn, den ich nicht verlassen kann, den ich niemals verlassen kann, weil ich ihm ein Vater sein will, wie ich selbst keinen hatte.» – «Das weiß ich schon», sagt Heidrun und öffnet das Fenster, als der Regen vorbei ist und die Luft so angenehm klar, dass wir am liebsten hinausgegangen und an die Elbe gelaufen wären. Später sage ich dasselbe zu meinem Sohn, «ich will dir ein Vater sein, wie ich selbst keinen hatte», und dann plane ich die Flucht in den Westen und komme doch wieder zurück, «weil ich dich nicht alleinlassen konnte.» Aber das ist eine andere Geschichte, ein anderes Buch. Ein Buch für meine Söhne, das noch zu schreiben sein wird.

– «Da liegt ein Telegramm für dich», sagte Magdalena, die Heidrun nicht kannte, aber ahnte, dass es sie gab. Ich öffnete das Kuvert und überflog die wenigen Sätze, «komm», schrieb Heidrun, «komm, heute noch, damit ich sicher sein kann, dass du da bist, für mich und das Kind. Bin in Halle, bei meinen Eltern, und warte.» Ich halte dieses kleine Stück Papier in der Hand, das eine so große Nachricht enthält, die ich im Augenblick noch nicht fassen kann. – «Ich muss weg», sage ich zu Magdalena und packe gleich ein paar Sachen zusammen und werfe sie hastig in die Reisetasche. «Nach Halle.» – «Was willst du denn in Halle?» – «Ich muss zu Heidrun, ihr geht es nicht gut.» – «Die Buchhändlerin, ah ja, dachte ich es mir doch!» Magdalena ist außer sich, wirft sich mir vor die Füße in einem Anfall von Verzweiflung und Wut, ich stoße sie weg, mit dem Fuß, fast so, wie ich selbst einmal getreten wurde, in gleicher Verzweiflung wie sie. – «Ich muss!», sage ich, «ich muss, ich muss, ich muss!» Magdalena umklammert noch einmal meine Beine, um mich am Gehen zu hindern, springt plötzlich auf, da sie mich nicht festhalten kann, geht zu meinem Schreibtisch, auf dem mein Manuskript liegt, ein Roman von zweihundert Seiten, den ich in unzähligen Nächten geschrieben habe und nun einem Verlag schicken will, auf meiner ersten Schreibmaschine, die ERIKA hieß und heute noch in meinem Zimmer auf einem Regal steht wie ein Relikt aus der Steinzeit, das mich hin und wieder daran erinnert, mit wie viel Kraft und Zuversicht und unter welchen Umständen, mit unserem kleinen Jungen in einer kleinen Wohnung und meiner Zukunftslosigkeit in einer Fabrik, ich einmal geschrieben habe, *um Schriftsteller zu werden*; und auf ebendiese ERIKA war Magdalena eifersüchtig, weil ich nachts auf ihr schrieb anstatt neben oder mit ihr zu schlafen, mit einer Decke über dem Kopf, damit der Anschlag der Tasten nicht so laut gewesen ist und sie und unser Kind am Schlaf hinderte; aber das war nun gar nichts gegen Heidrun, in Halle, jetzt, und ich schon im Mantel auf dem Korridor, und sie mit meinem Manuskript in der Hand vor der geöffneten Ofenklappe, aus der die Flammen hochschossen und wild nach den Seiten griffen wie nach meinem noch sehr jungen Leben. – «Nein», schrie ich, «um Himmels willen, nein! Was machst du denn da? Das kannst du nicht tun!» – «So, kann ich nicht? Und du? Was kannst du tun? Fremdgehen, uns im Stich lassen, lügen, du Mistkerl, du Schwein!», und noch ehe ich auf sie zugehen und ihr mein Manuskript aus den Händen reißen kann, ist es schon im lodernden Schlund des Ofens verschwunden. Im Schock erstarrt sehe ich zu, wie das Feuer es frisst, Seite für Seite, Satz für Satz, und dann gehe ich, aber es wird zu spät gewesen sein, ich werde nicht mehr nach Halle kommen, an diesem Tag. Als ich vor dem Haus ihrer Eltern stehe und klopfe, kommt Heidrun zur Tür und macht sie mir auf. Es ist bereits dunkel, es schneit, nein, es schneit nicht, aber es ist bereits dunkel, «ich kam gestern nicht mehr weg», sage ich und will sie umarmen, aber sie weicht aus und wendet sich ab. Heidrun ist so bleich im Gesicht, wie ihr Bademantel weiß ist, den sie sich über die Schulter geworfen hat, sie sieht erschöpft aus, müde und traurig. – «Es ist zu spät», sagt sie, «es ist einfach zu spät», und ich verstehe sofort, was es bedeutet. Dann lief ich zum Bahnhof zurück und saß auf dem

Bahnsteig und wartete auf irgendeinen Zug, der irgendwohin fuhr. Jetzt, neben ihr im *Stadtstreicher*, wird mir schlagartig klar, dass auch das wieder eine Leerstelle war, ein Verlust von etwas, das gar nicht zur Welt kommen konnte, wie Klara, meine Schwester. Oder wie Ludwig, der viel zu früh ging.

Ich hatte so weit alles vorbereitet, es wäre schnell gegangen, schmerzlos, dachte ich jedenfalls. Das Unumkehrbare, es war mir ein Trost, ein Segen, ein warmer Mantel, der mich in den Schlaf holen sollte. Ich weiß heute nicht mehr, warum ich es damals nicht tat, vielleicht kam jemand vorbei und hat mich an meiner Absicht gehindert, oder mir war das Unumkehrbare plötzlich doch *zu sehr unumkehrbar* – ich kann mich einfach nicht erinnern, es ist weg, ausgelöscht, vergessen oder verdrängt, nur dass es da war, dieses Gefühl von einem Ende, dem ich ein Ende bereiten wollte, daran erinnere ich mich genau, und wie es mir lange Zeit eine Möglichkeit blieb, zu desertieren, aus dem Kreislauf der Kränkungen und Verzweiflung und Schmerzen auszusteigen, einfach, *nein, danke!* zu sagen und Schluss. Dieses Recht muss es geben, ob man es nutzt oder nicht, das Recht, die letzte Tür allein zu öffnen, und dieser Gedanke war immer hell, wenn er über mich kam, weil nichts anderes blieb.

Als ich Vater das letzte Mal sah, waren seine Augen erloschen. Er war kleiner geworden, abgemagert, fast wie ein Zwerg. Sein Gesicht, von Falten durchzogen, war zusammengefallen, weil er keine Zähne mehr hatte und die Prothese gebrochen war, die Nase war wie eine Nadel so spitz, die Haut wie vergilbtes Papier. Mund, Wangen und Kinn gingen formlos ineinander über, der Hals war eine zierliche Linie, die in seinem Nachthemd verschwand wie ein Weg, der plötzlich abbricht, mitten im Winter, mitten im Schnee. Nur die Haare waren noch dicht und voll wie früher, und so lang mit ihren silbernen Locken, die über dem Kragen hingen, wie ich sie nie haben durfte. Mit diesem Mann, dachte ich, mit diesem armen, alten, gezeichneten Menschen, der so hilflos auf seinem Bett sitzt und jenseits der Sprache die letzte Stunde erwartet, habe ich nun ein halbes Jahrhundert gekämpft, als wäre er ein Riese gewesen, ein Schlachtschiff, eine Armee. Was für ein Unsinn, dachte ich, was für eine grandiose Verkennung der Lage. Und dann brach sich das Licht der hereinscheinenden Sonne in seinem Blick, und für den Bruchteil einer Sekunde hat er mich erkannt – oder es kam mir so vor. Das, dieser Moment, war unsere einzige wirkliche Begegnung, und ich habe sie erlebt.

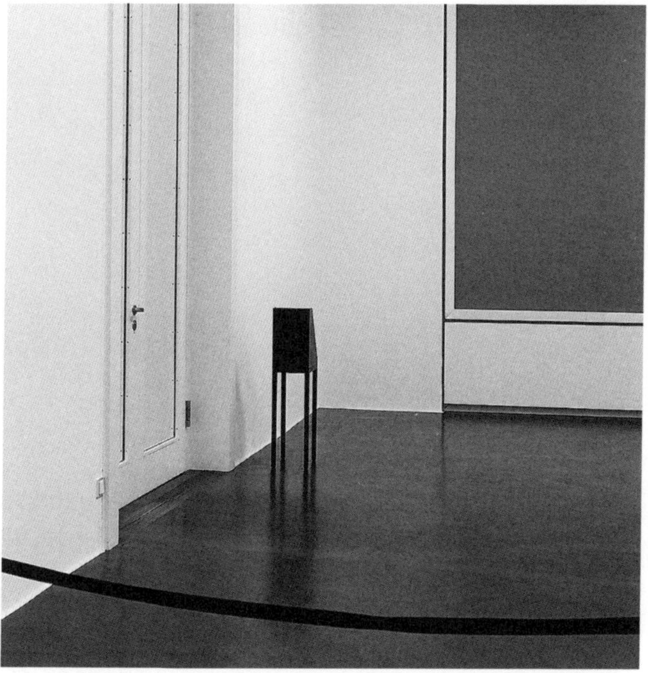

Danksagung

Ich danke dem Deutschen Literaturfonds für die großzügige Förderung. Ich danke der Stadt Dresden und der Ostsächsischen Sparkassenstiftung für das Stadtschreiberstipendium; im Besonderen danke ich Juliane Moschell und Julia Meyer, mit denen ich ein schönes Projekt realisieren konnte, und der Kulturbürgermeisterin Annekatrin Klepsch, die mich so herzlich ins Dresdener Stadtleben eingeführt hat. Ich danke meinen Dresdener Freunden für die vielen schönen Begegnungen und Gespräche, und ich danke ganz besonders meinem Lektor Martin Hielscher, der mich immer wieder ermutigt hat, sowie allen, die an der Produktion des Buches beteiligt gewesen sind. Ebenso danke ich meiner Frau, Ute Döring, die mir als gebürtige Dresdnerin besonders nah im Schreibprozess war – dafür und überhaupt.

Im April 2020

Bildnachweis

Motiv 1, Seite 16	© Kurt Drawert	Blicke. Von der Terrasse. Pieschen
Motiv 2, Seite 21	© Kurt Drawert	Blicke. Rückseiten. Pieschen
Motiv 3, Seite 33	© Kurt Drawert	Wege. Molenbrücke. Pieschen
Motiv 4, Seite 46	© Kurt Drawert	Blicke. Am Altmarkt
Motiv 5, Seite 58	© Kurt Drawert	Blicke. Albertinum [1]
Motiv 6, Seite 70	© Ute Döring	Blicke. Leipziger Straße. Pieschen
Motiv 7, Seite 74	© Ute Döring	Blicke. Canalettos Dresden
Motiv 8, Seite 104	© Ute Döring	Blicke. Albertinum [2]
Motiv 9, Seite 133	© Kurt Drawert	Wege. Johannisfriedhof. Altes Krematorium
Motiv 10, Seite 171	© Kurt Drawert	Begehren. Am Brühlschen Garten
Motiv 11, Seite 193	© Ute Döring	Knoten. Blaues Wunder
Motiv 12, Seite 214	© Ute Döring	Blicke. Ernemann-Bau. Ehem. VEB Pentacon
Motiv 13, Seite 253	© Kurt Drawert	Blicke. Motorenhalle. Wachsbleichstraße
Motiv 14, Seite 264	© Ute Döring	Spuren. Objekt klein a. Albertinum
Motiv 15, Seite 289	© Ute Döring	Räume. Objekt klein a. Albertinum

© Verlag C.H.Beck oHG, München 2020
www.chbeck.de
Umschlaggestaltung: Leander Eisenmann, Zürich
Umschlagabbildung oben: Kerstin Koletzki
Umschlagabbildung unten: Leander Eisenmann
Satz: Janß GmbH, Pfungstadt
Druck und Bindung: CPI – Ebner & Spiegel, Ulm
Gedruckt auf säurefreiem, alterungsbeständigem Papier
(hergestellt aus chlorfrei gebleichtem Zellstoff)
Printed in Germany
ISBN 978 3 406 75477 7

myclimate

klimaneutral produziert
www.chbeck.de/nachhaltig

KURT DRAWERT BEI C.H.BECK

Spiegelland. Ein deutscher Monolog (1992)
Roman. 160 Seiten. München 2020. Neuauflage
ISBN 978 3 406 75540 8

Der Körper meiner Zeit
Gedicht. 206 Seiten. München 2016
ISBN 978 3 406 69801 9

Was gewesen sein wird. Essays 2004 bis 2014
295 Seiten. München 2015
ISBN 978 3 406 67488 4

Franz Kafka
Die Verwandlung
Hrsg. und mit einem Nachwort von Kurt Drawert
96 Seiten. München 2014
ISBN 978 3 406 65992 8

Schreiben. Vom Leben der Texte
Monographie. 288 Seiten. München 2012
ISBN 978 3 406 63945 6

Idylle, rückwärts. Gedichte aus drei Jahrzehnten
272 Seiten. München 2011
ISBN 978 3 406 61263 3

Ich hielt meinen Schatten für einen anderen
und grüßte
Roman. 317 Seiten. München 2008
ISBN 978 3 406 57688 1